自强不息
獨樹一幟

“萃英记忆工程”丛书

我的蘭大

——诗词赋散文集 2

主编 阎军 孔玲

副主编 仲恒 蒋竺晏 王昊祺 李炳琰 刘晓武

蘭州大學出版社
LANZHOU UNIVERSITY PRESS

图书在版编目（C I P）数据

我的兰大 : 诗词赋散文集. 2 / 阎军, 孔玲主编
. -- 兰州 : 兰州大学出版社, 2023.3
ISBN 978-7-311-06295-8

Ⅰ. ①我… Ⅱ. ①阎… ②孔… Ⅲ. ①诗词－作品集－中国－当代②赋－作品集－中国－当代③散文集－中国－当代 Ⅳ. ①I217.1

中国版本图书馆CIP数据核字(2022)第094541号

责任编辑 钟 静
封面设计 汪如祥
书名题签 秦理斌

书　　名	我的兰大——诗词赋散文集2
作　　者	阎军　孔玲　主编
出版发行	兰州大学出版社　(地址:兰州市天水南路222号　730000)
电　　话	0931-8912613(总编办公室)　0931-8617156(营销中心) 0931-8914298(读者服务部)
网　　址	http://press.lzu.edu.cn
电子信箱	press@lzu.edu.cn
印　　刷	兰州银声印务有限公司
开　　本	710 mm×1020 mm　1/16
印　　张	24.25
字　　数	384千
版　　次	2023年3月第1版
印　　次	2023年3月第1次印刷
书　　号	ISBN 978-7-311-06295-8
定　　价	98.00元

(图书若有破损、缺页、掉页可随时与本社联系)

前　言

皋兰苍苍，黄河泱泱，腾龙翥凤，煊赫朱阳。青藏高原上黄河奔涌而下，在被坚硬而粗犷的线条勾勒出的崇山峻岭间冲刷出一方柔软的天地，人们说这里是“兰州”。岁月悠悠，不觉千载，直到洋人的尖牙利爪撕开了这片静谧而祥和的天空，暗色的阴霾轰隆隆碾过，这里的人们带着满身伤痕播下了光明与希望的种子，那座被现在的人们叫作“兰州大学”的学府应运而出，迈开了蹒跚却坚定的脚步。她从近代的难明长夜中走过，那里的每一寸土地都承载了她的鲜血；她从新中国成立之初的满目荒凉中走过，那里的每一株草木都润浸了她的汗水。到今天，她已经走过了一百一十余载，百十余年沐风栉雨，百十余年砥砺前行，带着岁月斑驳过的厚重与沧桑的兰大在春风里昂起头颅，绽放出耀眼的光芒。

一百一十余年中，兰大人薪火相传，他们的坚守与奋斗铸就了独属于兰大人的精神与担当，他们的笑容与泪水氤氲成独属于兰大人的感情与牵挂。平日里，它可以如绵绵春雨，润物无声，但当它凝聚在一起时，必然会迸发出惊人的力量，必然会站在西北一隅，发出响彻苍穹的声音。

2019年8月，一百一十年校庆前夕，在校党委宣传部等多个单位的大力支持和天水校友会副会长孔玲的全额资助下，我们收录了兰州大学校友、师生共91人的194篇诗词文赋，编撰成《我的兰大——诗词赋散文集》，献礼兰州大学百十年校庆，礼赞兰大精神。这本书承载了兰大人对这片土地浓烈的情感，读之使人动容，兰州大学教授、甘肃省文史馆馆员、中国屈原学会副会长张崇琛先生阅读此书时深情地说道：“金秋迎校庆，且喜见华章。披卷珠玑灿，舒吟翰墨香”，用“松筠傲霜雪，兰蕙竞芬芳。熠熠群星耀，煌煌伟业彰”来赞美兰大才俊，并希望兰州大学在日后的发展中“初心当永记，使命讵能忘。百尺竿头进，乘风更远航”。“通过一篇篇文章，可以清晰地触摸兰大历史的印记，感受其中的思想、精神、希望和梦想的光芒，体验源自于兰大人心灵深处的精神诉求。”兰州大学《秘书之友》杂志副主编、中国高等教育学会秘书学专业委员会常务理事王安应读罢此书产生了这样的感悟。弦歌岂断，薪火长传。兰大人怀念母校、感恩母校、赞美母校的情感随着百十年校庆的到来，越发地炽热。

2019年9月17日，早已阔别母校多年的校友们、坚守在兰大校园数十年如一日的教职工们、一袭青衫笔耕不辍的莘莘学子齐聚一堂，为兰大母亲庆生。有的人看到兰州大学芝兰华茂、勋绩卓然，缅怀百十年沧桑风雨、漫漫征程，畅想兰州大学在未来扬鞭秣马、振翼高翔，热血在胸膛中沸腾，挥舞着手臂，为兰大百十校庆唱出最美的赞歌。兰州大学新闻与传播学院院长冯诚先生这样致敬兰大的图书馆——积石堂：“110年积土成山风雨兴焉，110年晨钟暮鼓薪火相传”；历史系1962级校友李云龙先生通过他心心念念的兰大烈士亭，缅怀那个战火纷飞的年代里兰大人的担当与坚守；“崦嵫匆迫，日新盛德；鹈鴂先鸣，履霜含章”，兰大中文系九二级的马飞骧挥笔写下了铿锵有力、炳炳烺烺的《兰州大学赋》作为献给母校百十华诞的礼物。校长严纯华在央视《开讲啦》节目中说：“兰大人的标志是板凳能坐十年冷和不求奢华，谈吐中自有鸿儒的独特气质。”兰州大学今天的发展与成就也证明了严校长所言非虚：恢复高考以来，各大学本科教育培养出的院士校友人数排名中，兰州大学排名第六，杰青人数位列第八；每年来自西部十二省区的学生占到了兰大生源的百分之五十，毕业时，一半以上的学生选择留在西部工作，这些人里有七成是博士研究生。这些数据都鲜明地显示出兰州大学对祖国、对西部的贡献，诠释了兰大人“自强不息，独树一帜”的宝贵精神。

还有的人想起在这里度过的那段清浅时光：想起将军苑亭角淅淅沥沥的雨、萃英山峰顶洋洋洒洒的风，想起至公堂中的青砖绿瓦、天山堂里的琅琅书声，想起在宿舍中畅谈一夜的梦想、操场上轻轻拂过衣角的晚风，也想起了与自己共度几载光阴，在岁月里棱角清晰、栩栩如生的面孔和那抹被扯下酿酒、一醉多年的夕阳，于是便将镌刻在灵魂深处的痕迹烙印在纸上，将眸子中闪烁的泪光化作一篇篇伤感诗行，辗转成歌。严校长说：“世间的大学千所万所，能够接纳你的那一所，就是你最好的大学。”兰大母亲敞开胸怀，接纳、濡养了来自五湖四海的莘莘学子，兰大也就成了他们心中永远不能忘怀的家。1962年，刘天怡教授回忆起兰大第二次党员代表大会时写道："高楼华美栋连云，文理并兴扬至道。尊崇马列造新人，桃李弦歌尽欢笑。"王维平教授在《兰大人，继往开来创明天》中用深沉的笔调描摹出兰大人对这片土地独有的回忆："在新生报到时初遇萃英山难抑的复杂体验""在毕业季节里师生留影时表露的情愫缱绻""在夜幕深垂中新旧文科楼映出的灯光闪闪""在晨曦载曜间学校运动场呈现的律动场面"。"南倚巍巍兰岳壁，胡杨新耸楼丛。积石堂上百年钟"，兰大物理学院应祖建教授如此回忆自己的母校，并在滚滚黄河前许下了"东南飞孔雀，西北落归鸿"的誓言。张孔明、刘雁翔等校友的散文也把这份厚重的情感寄托在字里行间，时时浮现在我们的眼帘。

或许校庆晚会当天绽放的烟花转瞬间便了无痕迹，校庆过后，我们都会转身投入到自己的生活中，再昂扬、再深沉的情感也会归于平淡。但是，那份属于兰大人的精神永远不会消逝，相反，它会如一棵没有年轮的树，扎根在我们心底，随流年长成参天的模样，越发地苍翠、挺拔。我们认为，应该用一种方式将兰大人的感怀与思想保留下来，这些都蕴含着兰大人在不平凡的岁月里凝结、迸发的精神与力量，我们将它们收集起来，编撰成册，让它们在悠悠的历史长河中永垂不朽，让兰大的后来人在十年、百年后看到它们时，思绪可以在哗然流水间上溯，回到这里，看一看当年兰大人的风采，读一读兰大人传承百代的精神。所以，我们整理成《我的兰大——诗词赋散文集2》，它既是对过去的追溯，亦是对未来的展望；既是上一本书的延续，亦是兰大人坚守奋斗的新篇章。

五十年前我初至兰大时，曾站在高高的物理楼顶上，仰望夜空，璀璨的星斗点缀在黑色的苍穹上，漫天星光似瀑布般洒下，彼时的我仿佛站在了一场梦境中。从那以后，我时常和朋友们说起，说兰大的星空美丽而绚烂，但最能形容它的词应该是"清澈"。这几日，想起那些满身浩然正气，一起走过来的坚定而朴实的兰大人，那片清澈的星空每每穿过思绪的轻烟，就浮现在我的眼前。我想，兰大人可能就像那清澈的星空一样，承载着最平凡的伟大，纯净得不掺一点杂质，在塞北的风尘中静默地坚守着，博大得仿佛能包容一切质疑与轻视，毫无怨言地在不为人知的角落里熠熠生辉，那光亮微弱却倔强。

这座伫立于莽莽平沙中的校园中，走过了一代代的兰大人。兰大母亲捧着一颗心来，不带半棵草去，敞开胸怀，把自己的一切都给了她的儿女：塞北的黄尘滚滚洗礼了他们的骨肉，兰大的墨香悠悠充实了他们的行囊。当他们离去后，便怀着兰大赋予他们的赤诚建设我们的祖国，便怀着兰大教会他们的真挚为兰大贡献属于自己的力量。滚滚黄河水，巍巍萃英山，一代代的兰大人把根系深植于神州西北的苍茫浩土之上，裹挟着兰大人的厚重与坚定，我们的冷铁或许会卷刃，但我们的刀锋将永远向前，或许层峦叠嶂一时掩盖了我们的光芒，但我相信，在我们兰大人的铿锵步履下，一定会走出一篇浩浩华章，吾校虽瘦，必肥华夏！

编　者

目录 / CONTENTS

第一辑　兰苑古韵

第二辑　毓秀文章

第三辑　积石赋彩

第四辑　萃英翰香

第一辑 兰苑古韵

李吉均

（兰州大学“萃英大先生”）

作者简介

李吉均（1933—2020年），1933年10月出生于四川彭县，地理与地貌学家、第四纪地质学家，中国科学院院士，兰州大学西部环境与气候变化研究院教授、博士生导师，名誉院长，干旱环境与气候变化协同创新中心主任。

1952年，李吉均先生考入四川大学地理系，一年后随专业调整至南京大学地理系；1956年，本科毕业后被推荐到兰州大学地理系攻读研究生；1958年，获得硕士学位后留校执教；1962年，在北京大学地理系地貌专业进修。1972年，与施雅风合作编写《冰雪世界》科普册子；1978年被评为副教授，同年改革开放后率先迈出国门，到英、法、瑞士进行访问；1983年，晋升兰州大学教授；1984年被任命为兰州大学地理系主任，同年赴美国华盛顿大学第四纪研究中心高访一年。1991年，被遴选为中国科学院院士；1995年，担任中国地理学会副理事长及中国青藏高原研究会副理事长；1999年，被聘为南京师范大学地理科学学院教授。2001年，西部环境教育部重点实验室通过教育部验收，李吉均先生担任学术委员会主任。

李吉均先生长期从事青藏高原现代冰川、第四纪古冰川及青藏高原隆生及其在东亚和全球环境变化中的影响的研究，对黄河起源、黄土形成及中国东部庐山古冰川问题有独到见解。

西行随录三首

一

驼行蹒跚路迢遥，云拥天际众山小。
举头但望方来路，眼底云海浪涛涛。

二

昨夜云行万里风，今晨世界陡不同。
青青草原五色山，换就银装一夜中。
深涧忽闻潺潺水，炎夏未泯天已冰。
冰雪健儿相顾笑，瞬间又历一暑冬。

三

九天托出哈拉湖，人间天上一明珠。
天晴赛得明如镜，碧水汪汪染绮罗。
如茵绿草镶湖岸，山比银龙八方舞。
飘香百草招八骏，只缺鸦雀牛女图。
瑶池王母穆天子，未谙音容谙仙境。
渺哉茫茫俱往矣，欲数风流吾辈中。
为苏赤地三千里，请命降龙入斯境。
谈笑徒涉关山月，脚下风尘八千里。
指点且把玉龙伏，展图但示囚虎志。
叱咤天河中川水，奔泻流注人间去。
浇注万顷嘉禾绿，从此人间无旱魃。

刘天怡

（兰州大学"萃英大先生"）

作者简介

刘天怡（1914—1992），四川筠连县人，1914年3月出生于一个贫民家庭。1936年考入南京国立中央大学经济系，1937年抗战爆发后，随校迁入重庆，师从著名经济学教授白瑜先生。1948年获硕士学位，入美国威斯康星大学经济系攻读博士学位。新中国成立后，放弃即将完成的博士学业，于1950年初回到祖国，受到时任政务院总理兼外交部部长周恩来的接见。1950年夏，进入设在北京的华北人民革命大学政治研究院学习，同年冬结业，报名赴兰州大学任教。在兰大曾先后讲授过经济学原理、货币与银行学、外国经济史等八门课程，是我国外国经济史学科的开拓者之一，也是新中国第一批在该学科取得学位授予权的经济学家，并为我国培育出首批外国经济史硕士。1980年，创建兰州大学人口研究所，任所长，创办《西北人口》杂志，任主编。1984年，任兰州大学第二届学位评定委员会副主席；1985年，成为享受国务院颁发的政府特殊津贴专家，担任国务院学位委员会评审委员。

赞兰大二次党员代表大会诗

1961年11月18日

十二年间何美妙，庠序明辉红日照。
为置图书散万金，复求仪器穷海奥。
高楼华美栋连云，文理并兴扬至道。
尊崇马列造新人，桃李弦歌尽欢笑。
回首解放前，萃英门内道。
有园难静观，有堂空若庙。
追昔更抚今，温暖煌心窍。
欣逢党代会，集思益善道。
日新复是新，宏谋昌我校。
作舞发浩歌，思源励高蹈。

歌唱兰大同志奋战草窝滩开建景泰川农场

1970年11月30日

高举老三篇，心红斗志坚。
为灭帝修反，奋战草窝滩。

再歌兰大同志奋战草窝滩开建景泰川农场

1970年11月30日

战天铁臂举银锄，景泰川容顿改初。
渠道纵横阡陌出，万年沉睡草滩苏。

回川探亲

1972年3月

万里春风万里花，卅年游子喜还家。
峨眉叠嶂开丰矿，水浪回峦育细茶。
省视双亲称健朗，却看弟妹戒虚夸。
锦城欢乐渝州笑，不复当年怨苦嗟。

与墨池同窗十余人茶叙

1983年7月28日

忆昔少年读与嬉，而今重聚皆古稀。
墨池不减当年色，能赋天地旋转诗。

与青年学子共勉

1984年9月14日

中华好儿女，奋起若鹰扬。立志奔四化，致国于富强。
人生逢盛世，谁为小我忙。惜取少年时，积学为国光。

张崇琛

作者简介

张崇琛，1943年生，山东诸城人，中国古代文学及古代文化研究专家。1967年毕业于华东师范大学中文系，后师从著名国学大师姜亮夫先生。自幼受故乡及家族文化氛围熏陶，喜好文史，初中时即在报刊上发表作品。

大学毕业后，分配至甘肃省建工局，1978年调入兰州大学，从事教学与研究工作。曾任兰州大学中文系教授、古代文学学科点主任，硕士研究生导师，校学术委员会委员。

系《中国大百科全书·中国文学卷》撰稿人之一，同时兼任中华伏羲文化研究会副会长、中国诗经学会理事、中国屈原学会常务理事、甘肃省高校教师高级职务评审委员会文学组副组长。为中华辞赋研究院（香港）及甘肃省文史馆研究员，并为洛阳大学、临沂师院及西北民族学院等多所大学的客座教授。享受国务院颁发的政府特殊津贴。

1995年，被英国剑桥国际名人传记中心收录进

《国际著名学者传略》。1996年，获全国高校“宝钢教育奖”。

读《我的兰大——诗词赋散文集》有感

2019年9月27日

金秋迎校庆，且喜见华章。
披卷珠玑灿，舒吟翰墨香。
良师风范在，学子友情长。
回望萃英路，欣瞻校友墙。
松筠傲霜雪，兰蕙竞芬芳。
熠熠群星耀，煌煌伟业彰。
初心当永记，使命讵能忘。
百尺竿头进，乘风更远航。

姚强

作者简介

姚强，生于1953年2月，中共党员。1973年9月—1976年9月就读于兰州大学化学系物理化学专业。毕业后先后在兰州西北铁合金厂与湖北襄阳汽车轴承股份有限公司等单位工作，长期从事金属轴承防锈技术工作，曾担任襄轴技术处表面工程科科长，高级工程师。曾担任中国表面工程协会金属防锈专业委员会常务理事、中国轴承工业技术协会轴承防锈润滑专业委员会副主任委员、中南地区轴承行业防锈专业委员会理事长、湖北省轴承行业防锈专业委员会理事长。2003年企业改制后内退，2013年退休。

沁园春·兰大百十校庆畅想

2019年1月8日

金城兰大，誉满庭芳，书斋犹香。桃李满天下，俊杰辈出，鸿鹄奋翼，不负师望。旧时常念，纷潇沉浮，不尽狂澜走四方。忆寒窗，春色知几许，耕耘梦想。

鲲鹏展翅。天高任飞翔，破荆拨雾，舒臂冲霄，竞舞张狂。光阴如梭，承前启后，校诞喜逢庆寿贺。续史篇，同吟育栋材，雕琢新章。

读《兰馨集》部分诗词感怀

2019年6月19日

兰馨集文诗韵浓，奋笔留墨撰情真。
同学相知校园识，岁月征程洒芳馨。
热血青春每常忆，笑对沉浮感憾今。
满怀憧憬艰程越，壮志不弃化飞云。

兰州大学湖北校友会成立抒怀

2019年8月7日

金城兰大百十秋，勤耕育学岁月稠。
革故鼎新沉积业，桃李芬芳荆楚留。
长江惊涛东流去，千古绝句黄鹤游。
桑梓聚庆校友会，齐心砥砺闯九州。

念奴娇·兰州大学湖北校友会成立感怀

2019年8月18日

黄河九曲，宛如龙，浊浪翻波涛醉。金城学府育萃英，几度春夏秋。诵及昏晓，朝露寒暑，才俊尽风流。百年塾院，君诚厚德载物。 旧忆兰大岁月，往事如今，豪放不羁行。文澜有范霜叶红，桑梓荆楚相逢。珞珈山秀，东湖十里，欲乘黄鹤腾。校友会诞，续撰书苑博文。

贺兰州大学校庆一百一十周年，组句一首

2019年9月12日

退祛工装变学郎，新秋菊月忆衷肠。
莘子兰大勤耕志，当年情怀追夕阳。
忘却沧桑沉浮事，旧识新知伴烛光。
百十校诞举庆酒，感怀恩师育栋梁。

兰庭馨友诗词赏赋感怀拙笔留情

2019年9月17日

秋色风韵留指篇，群芳赏赋庆校诞。
旧识重聚书苑忆，刻骨铭志桃李园。
百十兰大润厚土，砚池笔墨古今撰。
金城萃英唱旖旎，纸笺入卷感九天。

有感兰馨庭群友菊花颂

2019 年 10 月 21 日

馨友群里颂菊黄，思绪万千拙笔张。
诗情画意今秋俏，书墨留笺在书房。
同窗一别几十载，趣事论谈古今唱。
纵酒风流忆往事，阅尽人生闻花香。

献给深圳馨友酒缘会议圆满成功

2019 年 12 月 7 日

年华两重天，忆旧兰庭园。
相逢君同乐，醉诵诗百篇。
神怡天地阔，万卷经史炼。
杯盏诉新情，笔墨续前缘。

李世英

作者简介

李世英，1957年1月生。兰州大学中文系1977级学生。1982年毕业留校任教，研究生导师为林家英先生。文学博士，现为中国戏曲学院教授。

陇南行

——兰大中文系1977级毕业四十年聚会志感

［正宫·端正好］辛丑年，阳春月，重逢日，情系陇原。底事千里来相会？总为同学缘。

［滚绣球］相识已逾卅载，情怀不减当年。天南地北成同道，各奔东西四海宽。惜时光流逝得急，憾岁月相见得晚。听得唤一声相聚，心旌摇动；遥想着重逢场景，紧把路赶。神驰过陇山。

［叨叨令］游校园喜新貌一行人前前后后的转，寻旧踪争合影青春记

忆重重叠叠的幻。忽见得校友墙把姓名密密匝匝的镌，踮脚尖觅本班好一似都在整整齐齐的站。想我的同学也么哥，想我的同学也么哥！砚席情萦心头总是急急切切的盼。

［脱布衫］相会在白龙江畔，惊初见华发又添。你拥抱我握手问好言欢，情难抑好一似万象洞千回百转。

［小梁州］朱家沟天鹅湖晨雾初散，诉衷情莺啼麻柳燕河湾。大智慧偏称乡下人，高乐高看惯了峰和峦。

［上小楼］老牛奋进师道严，京韵悠长有贻渊。立地斋大话师友，看孙郎豪气如山。志成长歌振林岳，晓芳舞姿正翩翩。

［满庭芳］花桥平安，古洞流泓，菩提千年。但听得寒鸦鸣河轮崢月琴叮咚，又有那繁华绚文雅端锦绣满眼。草堂仰诗圣，潭云厓石寒。泼墨崖挥洒文字，西狭颂栈道蜿蜒，兴邦振业千古叹。

［快活三］看不完玉峰秀色映虹霓，赏不尽橙子海棠临溪涧。红豆杉见证了俐俐夫妇心连心、锡民伉俪肩并肩。

［朝天子］天真之神小曲儿酸，陌路行者谈锋健，总是童心顽。羡奇观望峰平心，迷胜境窥谷忘返，何似在人间。但须力仁，只管向善，便是那净土一片。

［四边静］曲水柳摇曳在莽山川，政声如磐，友情弥坚。秉宇兄慷慨陈词预热急，之卓兄语出惊人话浪漫。

［倘秀才］四十年途程漫漫，四五天相聚何短。今夜个相携相伴逛江景，明日里流水青山各分散。徘徊流连，神摇意乱。

［煞尾］别离渐近聚嘉宴，相见时难别亦难。频举杯万语千言，都化作深情祝愿。首举杯祝友谊长存，同窗不散；再举杯祝珍惜当下，自然心宽；三举杯祝旅途顺利，一路平安。道一句“珍重”关山路远，说一声“谢谢”情满陇南。相见更何年？

注：阳春三月，莺飞草长，期盼已久的毕业四十周年纪念聚会如愿在陇南举行。在陇南的日子里，穿行徜徉在春光明媚的青山绿水之中，每时每刻都被同学、师生之间的深厚情谊所感动，每一个人都给我留下了深刻的印象。同窗情、师生情、山水情，情深谊长；欢乐感、温暖感、幸福感，交织跌宕。情动于中，不能自已，遂纵笔写来，成散曲一套。曲中将同行者网名融入写景抒情之中，引喻借代，或有粗疏之处；雪泥鸿爪，存想留念，取其情挚可也。南窗庭柯李世英谨记。

另将曲中以同行者引喻借代之处及其各自真实姓名附于此处。乡下人：段京肃；高乐高：高永中；老牛：孙义东；贻渊：朱贻渊；立地斋：赵建新；看孙郎：孙毅；志成：肖志成；晓芳：赵晓芳；寒鸦：王安霖；河轮：王合伦；月琴叮咚：张月琴；繁华：孟繁华；文雅：缪文雅；锦绣：梁锦秀；振业：于振业；玉峰：杨玉峰；橙子：冯诚；俐俐夫妇：刘俐俐、辛连兴；锡民伉俪：何锡民、李彦华；陌路行者：李保军；天真之神：成倬；平心：甘晖；力仁：杨力仁；净土：都兴宙；曲水柳：肖庆平；秉宇：陈秉宇；之卓：陈之卓。

桂栖鹏

作者简介

桂栖鹏，1957年生，湖北黄梅人。1978年考入兰州大学历史系，1982年毕业，获历史学学士学位。1988年硕士研究生毕业于杭州大学，获历史学硕士学位。1995年博士研究生毕业于南京大学，获历史学博士学位。大学毕业后曾任中学教师。硕士研究生毕业后一直任教于浙江师范大学，2001年晋升为教授。发表论著若干。曾任浙江省政协委员、浙江师范大学学报编辑部主任。

母校兰州大学百十华诞寄意三首

一

洗却泥尘赴学堂，肩挑箱被是行囊。
绿皮摇晃三千里，从此兰园入梦乡。

二

旧学新知未有涯，青灯伴我掇菁华。
力微更觉师恩重，细雨和风壮木瓜。

三

漂泊东南数十年，书山空蠹愧前贤。
皋兰厚土培根本，不学高明放纸鸢。

易建平

作者简介

易建平，湖南人，生于1957年。兰州大学历史系1978级学生。现任中国社科院世界历史研究所二级研究员，中国社会科学院研究生院博士生导师。2012年获中国社会科学院长城学者，2017年获湖南师范大学潇湘学者，2017年起任湖南师范大学历史与人类学研究所所长。

赠李天石同学

2017年12月18日

并马凉州雪急风，天狼欲射挽长弓。
少年剑气今何在？独立青茫一抹虹。

注：写于兰州大学历史系1978级入学四十周年前夕。

虞美人·重归校园

2019年12月25日

大河东去无穷水，掐指无穷岁。重归已是半轮回。满目高楼高树、绿葳蕤。 逢人笑语皆不识，历历浮前事。那花羞涩落其英。犹忆有人姣俏、立其中。

注： 步韵（新韵）翟兄亚军《贺兰州大学校友总会信息科学与工程学院分会成立》。翟兄原玉：“黄河古道宜风水，佑护千千岁。急流百转复几回，但见风云楼外叶葳蕤。重回母校人不识，频忆从前事。大国昌盛赖群英，正是天之骄子在其中！”

无 题

2019年8月16日

黄河未到秋先到，心事萧条只自知。
积石堂前双燕子，呢喃尚语旧时诗？

注： 兰州大学一百一十周年校庆，翟兄亚军主编之《兰馨集》举行发布盛会，有事不能参与，甚憾。谨以此致歉并遥寄诸同学。

兰州记忆

每逢月半爱登楼，偏是今秋怕说秋。
西北风从西北到，平平仄仄唱凉州。

次韵桂兄栖鹏《桃花》

山河望处失楼台，敢怒灰霾泛滥开？

诸事茫然无着所，樱红桥瘦梦君来。

注：桂兄原句："仙姿谁遣下瑶台，野岭长堤处处开。不向东君争国色，无边春意待人来。"

重回兰州大学二首

黄河石林（新韵）

到底丘山又不同，高天阔地走黄风。
毕星我劝新开眼，陇右浇他水万钟。

兰大校园

一自黄河离别后，雁滩望断总无涯。
今来重拜皋兰月，依旧清光入谢家。

注：2018年10月28日—11月3日，应杨红伟教授之邀，在兰州大学历史文化学院讲学。屈指算来，离开兰大三十六年矣。

王钰

作者简介

王钰，毕业于兰州大学历史系（1978级），曾当过中学历史教师，县检察院书记员、代检察员。天水监狱管教民警，一级警督，主要从事教育改造罪犯工作，主办《育新报》，曾出版《笔走大墙内外》《25号监舍》《上磨的灯光》《神农山与神农文化》《杜甫与地域文化》等五部专著。现为甘肃省作协、天水市作协会员。

重游兰大校园

2019年8月2日下午

一

几度人生苦读园，漫然寻梦荫林间。
鸟儿邀我随深处，半世沧桑忆冠颜。

二

花草树青随我行，小桥亭阁逗诗情。

喷泉翠竹映融韵，雨后闲云吟唱声。

注：“雨后闲云”一句，兰州原是我国西北地区重工业基地，空气污染较为严重。杜甫当年用“不复辨晨光”描写秦州东柯谷连续阴雾笼罩的情景，用这句来形容当年兰州的雾霾也不过分（包括兰大校园）。而如今兰州已是天高云淡，空气清新，爽快惬意，正好这天早上下了一场雨，下午放晴，蓝天白云，校园风光如画。所以，诗作用以此句。

兰大校园瞻仰原校长江隆基雕像有感

风摇翠竹独幽处，时有虫鸣响易沉。

月夜山高淫雨骤，可怜凛凛飓狂侵。

远眺山野·思念母校兰大有感

苍茫万重山，极目蔼烟间。

鬈拥春云髻，镜含秋鬓斑。

落尘鸦乱噪，借月瞎谝闲。

人世崎难路，多情一笑颜。

胡孝辉（右）

作者简介

胡孝辉，出生于1955年。1979年考入兰州大学经济系政治经济学专业，1983年毕业。先后任福州市政府办公厅副处长、处长，福州市对外经济贸易委员会副主任，福州市政府副秘书长，党组成员。2015年11月退休。现任福州市扶贫发展基金会理事长和兰州大学福建校友会会长。

西江月·兰大百十周年校庆集体婚礼有感

离别一头黑发，归来两鬓霜浓。故园新貌寻忆处，唯有钟楼依旧。校史柱旁人沸，积石堂前笙鼓。镁光闪过屈指数，珊瑚婚庆年度。

李雪华

作者简介

李雪华，笔名青山、龙津散人，1961年生，福建明溪人。1979年9月—1983年7月在兰州大学经济系学习，长期从事中职学校行政管理与教学工作，业余喜诗词吟诵写作。现为三明市诗词学会会员、福建省诗词学会会员，诗词作品入选《梅蕊先萌》《全球华文诗词艺术博览全书》《传世孤本经典诗词》《世界华文诗词艺术家大词典》《当代诗坛百杰佳作选》等书刊。

与阎军升华宇胜明星天恩诸友龙港城共赏芦花

托福龙城阎姐柔，瀛洲一聚作悠游。
欣闻鹭跃声清脆，喜见沙堆童不休。
满地芦花和我乐，整湾舢板与谁留。
空闲愿得常联络，趣赏欢音漫苇丘。

与阎军升华建盛光鹏河辉正培诸校友三明欢聚纪盛

时已为冬气转凉，绿都拜访步匆忙。
笑谈阵阵欢歌畅，美食餐餐劲酒香。
师出同门缘分在，业呈届别又何妨。
红尘滚滚咸奔走，携手前行不怅徨。

陈乐道

作者简介

陈乐道（梦石），甘肃永登人。1984年毕业于兰州大学历史系。甘肃省档案馆研究员、原编研处处长、二级巡视员，甘肃省政府文史研究馆研究员，中华诗词学会会员，中国楹联学会理事，甘肃省楹联学会副会长，发表诗词、对联、灯谜、学术论文等各类作品，多次获奖。山西鹳雀楼、浙江临海、杭州西溪高庄、兰州兰山烟雨楼、兰州悦宾楼、张掖湿地公园等省内外多处名胜悬挂所撰楹联。

兰大校友九州台阅微草堂雅集三首

一

春风约上九州台，笑赏花丛共醉醅。
把晤兰园诸校友，窗前幽梦扑人来！

二

一路车旋入翠微，春眉画黛笑声飞。
阅微今喜堂何在？风送花香染客衣！

三

一抹春光绿两山，黄河浪涌梦回还。
峰头大禹留神话，共看花开映紫斑！

五一佳节赏牡丹雅集三首

一

野外山花笑点头，春晴火热汗如油。
牡丹红绽浓香透，不觉沿途草渐稠！

二

春色满园沐夕曛，花香不断染衣裙。
先民智慧今犹睹，陶似河流绘彩纹！

三

漫将花朵拟仙妃，相映腮红觉更绯。
欲酌千杯哪知醉？春风无限暗香飞！

傅景世

作者简介

傅景世，1962年生，辽宁北票人。1980年进入兰州大学物理系磁学专业读书，1985年1月加入中国共产党，1987年7月参加工作。理学硕士，高级工程师。曾在日本松下电器产业株式会社研修三年（1994—1997年）。2001年入选“辽宁省第二批百千万人才工程‘百人层次’”。

现任中经承园科技有限公司（国家信息中心之子公司）董事、总经理，兰州大学北京校友会物理分会副会长，北京甘肃企业商会兰州大学工商分会副会长，中国数据中心产业联盟总经理俱乐部常务理事及中国通信企业协会云数据专业委员会委员。

贺兰州大学建校一百一十周年

多少英杰兰大生，不负兰大百年名。
兰馨集成功一件，此书掷地最有声。

馨友之歌

馨人馨友好馨情，诗画含情君与听。
点阅人间多少事，等闲之处慰平生。

校庆与《兰馨集》

校庆百年牵我心，旧楼老友依稀真。
听闻多少校园事，惟有兰馨最美人。

翟亚军

作者简介

翟亚军，笔名中和，字亦吾，河南永城人。兰州大学物理系1982级磁学专业，现居深圳，从事金融工作，对佛学、哲学、历史、文学、经济、金融均有研究。

感赋段竑葡萄图

不饰瓜梨与李桃，果珍独喜是葡萄。
凭风鼓力三千日，万里霜天一笔高。

兰庭雅集兼和金选老白国明诸友

初夏悬河细浪黄，悠然左柳絮飞扬。
青山明媚玄天净，霞馆蒸腾翰墨香。
岭外无关歧路远，宵深偶觉月宫凉。
人间幸有群贤聚，兰苑新篇尺素长。

注：此诗为仇金选、刘白瑜、范国明、翟亚军四人唱和之作。

殷雄

作者简介

殷雄，1965 年生，内蒙古武川人。兰州大学理学硕士，法国哥诺贝尔商学院工商管理博士（DBA），研究员级高级工程师，北京大学兼职教授，兰州大学兼职教授，南方科技大学产业教授，中华诗词学会会员。曾经在研究机构、中央部委、地方政府和国有大型企业任职，已出版《经济学笔记》等专著、《里根政府是怎样搞垮苏联的》等译著和《至乐斋诗抄》（三部）共 21 部。

己亥鹏城校友聚会记事

细推物理送良辰[1]，上帝多情才造人[2]。
一件西装犹可熨[3]，数行诗笺最难寻[4]。
师兄搁笔收云尔[5]，羊肉分锅启肇因[6]。
年少不关家国事，棋枰论道入师门[7]。

【注释】

[1] 此次聚会的校友，绝大多数是物理系毕业。挑灯夜读，是大家的共同记忆。

[2] 大家讨论人到底是猴子变的，还是上帝创造的。涉及宗教信仰的重大话题。

[3] 1988年4月底，我赴京找工作出发前，请研究生同学柯宁熨烫一件劣质西装，以装点门面。

[4] 1986年除夕之夜，我们几位老乡在学校的物理实验室过节。我与韩培刚师兄一边听收音机里王刚的《聊年》节目，一边作诗，他一句我一句，凑了好几首。当时记在一个笔记本上，后来几经搬家，把此笔记本遗失了，成为终生憾事。

[5] 韩师兄在庆祝母校一百一十周年华诞的校友诗词集《兰馨集》扉页上写了一段话，记叙了今天聚会的同学及场景，最后以“云尔”两字结束。

[6] 胞弟从老家寄来一只羊，今天托聚会的饭馆代为加工，分装四盆端上餐桌，作为主菜。

[7] 研究生同学韩玉和牛云，上学期间的某天晚上，登门向量子力学老师钱伯初先生讨教围棋。钱先生是业余七段的围棋高手，听说他俩只有业余初段或一段，认为他们水平太低，拒绝与他们下指导棋，但允许他们进门探讨。这是一段极为珍贵的趣事。钱先生已经作古，姑且以此诗纪念先生。

七律·庚子清明感怀兼和友人

往岁清明无甚忧，今年瘟疫倍增愁。
家山难返云还乱，国事多艰雨未休。
祭祖心中当扫墓，观书灯下且凝眸。
岭南天暖花常艳，春日不欺鬼不纠。

注：往岁清明，岭南常常阳光明媚，人们借扫墓之名行踏青之实。今年或有天人之应，从昨日开始，淅淅细雨仿佛诉说着什么，这是多年来记忆中的第一次。疫情没有彻底解除，清明回乡祭祖的打算终成泡影。不管人世如何变幻，春天总会如约而来，“不为尧存，不为桀亡”。遂赋诗记怀。

水龙吟·丁酉岁寿导师王顺金先生八十华诞[1]

2017年6月24日

卅年今又归来，杏坛郁郁重携手。楼前老树，眼中新景，情怀依旧。幸甚同门，飞鸿于陆[2]，惟瞻公首。纵相期万里，萃英风骨，功名事，终将否。　多少满天星斗，惜光阴、夜当明昼。晨霜铺地，长亭回看，东奔西走。一路风尘，满山乔木，几杯清酒。杖朝[3]真烈士[4]，余心未了，愿先生寿。

【注释】

[1] 这几天，我一直在回顾从上研究生以来的一些往事，真是历历在目，总想写一点东西表达自己对导师王顺全先生的情感。今天读南宋辛弃疾的《水龙吟·甲辰岁寿韩南涧尚书》词，遂次韵和作。

[2]《易经·渐卦》："鸿渐于陆，夫征不复。"

[3]《礼记·工制》："五十杖于家，六十杖于乡，七十杖于国，八十杖于朝。"

[4] 曹操《龟虽寿》："老骥伏枥，志在千里。烈士暮年，壮心不已。"

五律·参加母校深圳校友会第七届理事会记怀

不惮江湖远，卅年华发生。
初逢校友会，常忆老师情。
咆哮黄河水，呢喃粤海风。
相随好雨后，定是满天星。

张宏发

作者简介

张宏发，中共党员，助理研究员。1987年毕业于兰州大学历史系历史学专业，曾任历史系办公室主任、校长办公室秘书科长、化学系副主任、化工学院副院长等职务。2000年起任兰州大学出版社编辑部主任，2016年至今在草地农业科技学院任党务秘书。研究方向为社会学与党史。

出版《中国社会年报2002年——裂变与整合》、《中国社会年报2004年——风雨兼程》、《中国社会年报2007年——和畅》、陇上党史人物《欧化远传》等著述。

五一兰州校友雅集合韵一首

云想衣裳花想容，春风拂槛露华浓。
天下豪艳独牡丹，尚君召唤如影从。

段竑

作者简介

段竑，网名陇上老九，1968年生，陕西西安人，现居兰州。1988年毕业于兰州大学管理学院并留校工作至今。自幼醉心诗书画艺术，几十年笔耕不辍。现为中国榜书协会会员、中华国礼书画研究院院士、中国文化产业战略协会书画艺术委员会理事、国家一级美术师。甘肃省书协会员，中诗协、中楹联协会会员。作品流传海内外，为广大个人及企业所喜爱。创作格律诗词近五千首。

兰大校友五一雅集闲吟二首

一

日丽闲云静，风柔野树恬。
群雄携艺聚，对酒为惜缘。

二

气爽云姿浅，花繁雀语绵。
清心融峻岭，养性入馨园。
舞墨抒胸臆，敲诗续往缘。
欢声留雅趣，美酒聚群贤。

校园赏槐闲吟

五月槐香满，扑鼻润肺甜。
摘来尝美味，不解旧时馋。

范国明

作者简介

范国明，1966年生，四川广安人。1988年毕业于兰州大学哲学系。中国书法家协会会员、重庆市书法家协会理事暨第三届学术委员会主任、重庆市九龙坡区政协诗书画院院长、九龙坡区书协顾问，现任重庆市九龙坡区政协副主席。作品参加过第八届全国展等多次国内重大展览，曾获兰州大学首届书法特等奖，1987年在兰州大学举办过个人书法展，开创了中国在高校举办个人书展的先河。书法初学颜真卿、柳公权，由此上追魏晋、秦汉，对“二王”用工尤深，坚持理论与实践并重，其理论研究领域广泛，尤其对清代乾嘉书法、抗战陪都书法、现当代书法研究颇为深入，著有《重庆文化艺术志·书法篆刻卷》（西南大学出版社2000年版）、《范国明书法作品集》（中华出版社2002年版）、《历代名人咏华岩书法作品集》（重庆出版社2011年版）、《龚晴皋评传》（四川美术出版社2015年版）、《亲近怀柔》（随笔，未刊稿）等。

兰州校友书画会成立志贺兼和老白、金选二兄[1]

玉笋班行积石堂，伯英墨池海波扬。
祁连雪浪诗千首，麦积贞珉态万方。
西狭[2]黄龙形劲古，流沙坠简意绵长。
兰庭最是群龙会，洮砚隃糜着意香。

【注释】

［1］此诗为仇金选、刘白瑜、范国明、翟亚军四人唱和之作。

［2］西狭：《西狭颂》，全称《汉武都太守汉阳阿阳李翕西狭颂》，亦称《李翕颂》《黄龙碑》。

徐清华

作者简介

徐清华，山东省济宁市人。兰州大学1984级计算机科学专业本科生，清华大学高级工商管理硕士毕业。

先后担任中国著名的IT企业浪潮集团金融电子化事业部总经理、深圳市宇脉科技有限公司总经理、深圳华弘浩邦投资有限公司董事长，是深圳市企业家协会会员、广东省高科技商会理事、兰州大学深圳校友会常务副会长、清华大学高级工商管理五十三期同学会会长。

为中国银行业和保险业开发并推广应用了三十多套大型软件系统，是中国计算机界最早从事金融软件开发的组织者和领导者之一。拥有1项发明专利、6项软件著作权，有专著出版和多篇论文发表。现担任深圳华弘浩邦投资有限公司董事长，乌兰察布农商行董事，乌兰察布农商行深圳机构负责人，从事金融投资工作。

贺信息学院校友分会成立

2019年12月8日

砥砺前行事业艰，风霜激荡六十年。
恩师尽瘁英才育，后学含芳硕果繁。
务本八达通四海，飞云高耸聚群贤。
中华盛世开新季，我院辉煌创巨篇。

仇金选

作者简介

仇金选，1966年生。1989年6月毕业于兰州大学中文系，分配至甘肃省政府各局工作，先后担任办公室秘书、副主任、主任。2011年3月调任甘肃省交通局运输厅工作，先后担任办公室副主任、主任。

赋五一兰庭雅集

假日偷闲到草堂，春来积气稍飞扬。
开怀可对二三子，得句还成七八行。
青眼追随白云远，玄谈引出素心长。
挥毫数幅争评点，最是兰庭墨味香。

注：此诗为仇金选、刘白瑜、范国明、翟亚军四人唱和之作。

何双玄

作者简介

何双玄，陕西户县人（现西安市鄠邑区），现居甘肃兰州。1985—1989 年就读于兰州大学哲学系哲学专业。从事企业管理工作多年，现从事文化创意设计工作。喜爱书法艺术和诗歌创作。

五一校友书画雅集即事

名远德为尚，山高人作峰。
阅微能知著，草堂集萃英。

五一校友雅集所感

山中牡丹初吐蕊，雅园月季更嫣然。
飘香翰墨还袭我，酒意正浓应忘还。

王芸兰

作者简介

王芸兰，1966年生，甘肃白银人，现居深圳。1985—1989年，就读于兰州大学中文系汉语言文学专业。先后在甘肃省供销合作联社储运总公司、卫生部科教司、甘肃省卫生厅及中华医学会医学教育分会和全国中等医学教育（卫生职业教育）联合会主办的国家级专业杂志《卫生职业教育》杂志社工作。

《兰馨集》定稿有感

2019年5月29日

兰馨初具意惶惶，唯恐辜负恩师望[1]。
字字句句些些品，行行首首细细详。
为人作嫁实堪苦，熬灯白发事寻常。
皇皇巨著几代人，风流诗篇出陇上[2]。

【注释】

［1］恩师：兰大中文系的林家英、张文轩、庆振轩老师，编辑《兰馨集》中给我诸多教诲。

［2］母校兰大居于甘肃陇上。

母校新貌感怀

2019年9月21日

风细雨微尘土去，暑消身健意心平。
思飞往日看新面，漫步兰园觅旧踪。
积石堂前开阔路，红墙校友石金铭。
百十母校裁新貌，众志成城振伟风。

贺兰州大学校友会兰州书画社成立

九州台上彩云盘，争艳诸花属牡丹。
墨客文人登顶瞩，挥毫吟颂共兰园

。

李多艺

作者简介

李多艺，笔名竹青，甘肃镇原人。1986—1990年在兰州大学中文系就读。现为甘肃财贸职业学院教务处副主任。教育学硕士，副教授，高级经济师，省级优秀教师。喜欢诗词，作品散见于《甘肃供销经济合作报》《陇东报》《兰州新区报》和校友诗词选《兰馨集》以及当代精英文学、修竹流云等网络平台。

七绝·贺兰大校友兰州书画会成立

2020年5月2日

九州台上群花艳，才俊挥毫切艺忙。
馨友不言书画醉，草堂雅集墨留香。

注：2020年5月1日，兰大校友会和兰州民城集团在九州台阅微草堂山庄联合主办兰大校友书画雅集活动，兰大校友及书画爱好者欢聚一堂，交流切磋，墨香荡漾，故题诗以记之。

七律·卅年喜相聚

2019年7月20日

芳年追梦挥辞去，半甲春秋弹指间。
校庆百十游故地，相约老友积石前。
钟灵毓秀千花闹，翠柳摇依万树烟。
燕语嘤嘤情不舍，鸪鸣切切作别难。

注：校庆前夕，部分同学重回校园，畅聊离别往事，重温当年情景，倍感友谊珍贵。时光易逝，物换星移，世事如幻，人生苦短，感慨良多，故题诗以记之。

校庆纪念

2020年9月17日

筚路蓝缕著风雨，扎根西部谱华章。
自强不息百十年，独树一帜见辉煌。

注：套用兰大校训，谨以纪念母校一百一十周年校庆活动。

采桑子·晨悦兰馨

2019年9月20日

晨曦忪眼兰馨看。诗意悠悠，词韵悠悠。泼墨挥毫书画稠。　兰园厚土群花艳。姐妹争优，兄弟争优。搏浪推潮斗碧流。

注：兰馨，指兰大一百一十周年华诞校友诗词选《兰馨集》。编者建“《兰馨集》&兰庭会”群，聚兰大历届诗友才子，作为诗词书画学习交流平台。每天清晨睁眼第一件事就是进群欣赏诗友新作。作者人人才华横溢，妙趣横生；佳作天天层出不穷，赏心悦目，故填词以记之。

刘白瑜

作者简介

刘白瑜，字俊辰，号不厌居者，陇东宁县人。兰州大学哲学系1986级学生。爱好书法与诗歌，现居深圳。

和殷雄师兄记怀之作

2019年11月10日

凉风拂海方良辰，把盏瓦房兰大人。
北地羊肥宜共享，少年梦旧复相寻。
所祈有信爰得果，何可无思好探音。
挠痒今宵诚乐事，随缘便入快活门。

注：2019年11月9日，翟亚军师兄邀集兰大诸校友聚饮鹏城坂田之瓦房食代，分食殷雄师兄内蒙古老家寄来的羊肉。席间，师哥师姐们追忆兰园旧日情事，交流探讨对宇宙人生大道的体悟认知，热情洋溢，欣然陶然，皆大欢喜。殷师兄因赋诗记怀，余读之，拙和以助兴。

和金选兄遥贺兰州校友书画会成立

济济群彦登雅堂，杨花柳絮漫天扬。
携壶寻春诗千首，放怀飞墨书万行。
黄鹤楼头帆影远，九州台上画情长。
人寰疫乱多艰日，兰苑更传云外香。

注：此诗为仇金选、刘白瑜、范国明、翟亚军四人唱和之作。

应祖建

作者简介

应祖建，1973年生，福建南平人。1990—1994年就读于兰州大学物理系，1999年在兰大现代物理系取得博士学位，1999—2001年在浙江大学做博士后并被评为副研究员，2002—2004年在巴西UFRGS大学和巴西物理研究中心（CBPF）做访问学者，2005—2018年先后在意大利萨莱诺大学、意大利罗马第一大学（Sapienza）、意大利国家研究院超导与创新材料器件研究所CNR-SPIN等单位做博士后、高级研究员和高级访问学者。2019年加入兰州大学，主要致力于纳米系统与自旋电子学、光与物质作用、强关联系统与凝聚态理论等领域的研究。现任兰州大学物理学院研究员，博士生导师。

业余爱好为诗词写作和古典吉他演奏。在兰大上学期间曾经加入兰大吉他爱好者协会（简称兰大吉协），担任过吉协理事长。校园文化，兰大情结，琴丝所系，友谊不绝，歌声所唱，归去有约，此处所收集诗词多数与兰大吉协相关。所列诗词皆按中华新韵，省去一一注明。

临江仙·吉协梦聚

廿载时光东逝水，琴声唱尽英雄。几楼曾聚几楼空。故人何处在？枫叶又听红。　两鬓渐灰仍旧梦，菊黄坡上秋风。天涯浪尽又相逢。人生多少事，浊酒几杯中。

西江月·初回

天水如昔滚滚[1]，兰山依旧巍巍。归来却已鬓毛衰，再见雪花飘碎。　卅载黄菊满麓，廿回枫叶红陂[2]。旧琴一曲唱于谁？老酒开坛易醉。

【注释】

[1]“黄河之水天上来”。

[2]兰大吉协会歌《枫叶红》。

临江仙·归鸿

南倚巍巍兰岳壁，胡杨新耸楼丛。积石堂上百年钟。东南飞孔雀，西北落归鸿。　莫笑北国春渡晚，百合瘠土莲生[1]。黄河滚滚带豪风。菊坡期旧友，琴老唱枫红。

【注释】

[1]百合，挖出来像菡萏，剥展开如琼莲。

临江仙·登齐云楼[1]

廿载周丛新厦耸，老楼几处残旌。盘旋路忆旧回形。兰山颜未改，人已鬓华生。　尘世如潮时逝水，人生几度相逢？车流凭瞰久临风。远天迟暮降，四起万家灯。

【注释】

[1] 来兰大工作后临时办公室在齐云楼19楼。

临江仙·再看逸夫馆

别致红楼依旧在，庭前槐柏生藤。悠悠廿载逝琴声。当年欣聚刻，朋众满堂厅[1]。　独伫怎堪思故曲，弦凝松静泠泠。陌踱今日老书生。桃花开再处，谁面笑春风？

【注释】

[1] 在兰大上学时曾多次和吉协的朋友们在逸夫馆会议厅开古典吉他音乐会，古典吉他的大场地演出对环境的要求较高，那时候的教室条件还都相当简陋只适合小型的古典演出，逸夫馆会议厅是当时可以找到的相对比较理想的可以容纳数百人的场地。

临江仙·吉协老友初聚

物竞人移桑海变，归瞷樱杏荣生。今墙红似旧时《枫》。当前丹桂苑，往叶唱别厅[1]。　久去重执君众手，无琴亦有弦声[2]。婵娟万里共哼鸣。昔年歌未尽，萦绕已千藤[3]。

【注释】

[1] 因为几位朋友在兰州的时间错开，接连聚了两场，聚会地点之一在丹桂苑，旧时西餐厅的位置，是以前吉协民谣部告别演出的地点之一。

[2] 回兰大后吉协老友初聚，这次没有带琴。

[3] 刚好吉协老友1992级化学系的金美钟博士从美国回来，美钟除了弹唱还擅长书法，我告别演出的海报就是请他写的。聚会之后他从家里发来“千里共婵娟”的题字。当年很多同学是美钟的歌迷，包括我。我和美钟有相似的兰大学习经历，也都在国外很多年，我想他和我有很多相同的感受。

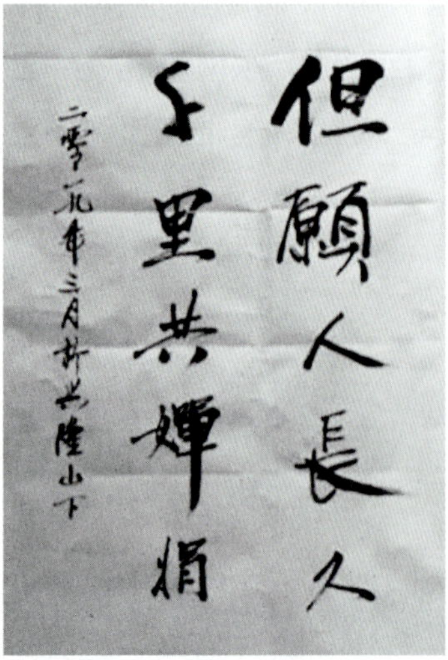

友人金美钟博士题字

赵逢春

作者简介

赵逢春，1972年生。兰州大学中文系1990级学生，现为山西省临汾市同盛实验中学高中圆梦部语文教师。

忆兰大

常忆当年青涩身，恍然一梦廿四春。
静夜挑灯翻相册，感怀往事泪沾襟。
塞外江左八方客，天南海北一家亲。
嬉笑打闹无芥蒂，吴侬软语情义真。
四十四人共四载，音容笑貌刻骨心。
文科楼里灯光亮，八号楼前夜归人。
逸夫馆里留足迹，毓秀湖畔几度春。
美食最忆牛肉面，白兰瓜香沁人心。
何处歌王声声彻？谁家六弦绵绵音？

周末舞会寻知己，绿荫杨里觅芳踪。
黄河铁桥思往事，白塔公园泛舟行。
春日迟迟花最艳，赤日炎炎柳色青。
秋雨绵绵思故里，白雪皑皑结伴行。
三十三路电车站，乐此不疲游戏厅。
兴来挥舞台球杆，面红耳赤争输赢。
尝为买醉凑银两，也因兄弟抱不平。
足球场上扬尘土，乒乓桌前汗淋淋。
当时携手秀恩爱，今日枕边是何人？
那年清秀小鲜肉，可是发稀髀肉生？
曾经腼腆娇娇女，何处职场任驰骋？
别时一步一回首，百感交集五味陈。
强颜饮罢践行酒，月台几度变长亭。
肝肠寸断泪不断，路人掩面不忍闻。
山重水复路漫漫，各负行囊觅前程。
今日回首少年事，几多感慨意难平。
非穷非富教书匠，无功无过度半生。
闲来舞文兼弄墨，歪诗粗词慰幽魂。
何时重返游母校，朝花夕拾觅旧踪。
未知何日再聚首，重温兄弟姐妹情。
吟罢唯有空嗟叹，人在江湖不由身。
悲欢离合俱往矣，留待残年梦中亲。

母校一百一十年校庆，微信群中但见昔日同窗燕集甚欢，奈何难以相聚，憾之

觥筹交错但隔屏，何堪蹀躞在樊笼。
也曾旦旦约誓语，怎奈潇潇又秋风。
心有所动身难动，魂无去处梦先行。

琐务缠身为生计，枉负多年兄弟情。
今夜以诗代美酒，千里之外共月明。
但有命驾志，何惧白发生。
君不见，
春风春雨花尤艳，
一年一岁草更青。
阳关唱彻无悲意，
有酒何处不兰亭！
会当抛却营营意，
来日方长聚首在金城。

徐岩

作者简介

徐岩，山东汶上人，山东科技大学教授，博士生导师。1991—2001年，在兰州大学物理系学习，获物理学博士学位，后留校任教。2001—2006年，先后在中国科学院近代物理研究所、德国德累斯顿工业大学理论物理研究所做博士后研究工作；2001—2002年，在加拿大曼尼托巴大学物理与天文系访问；2011—2012年，在新加坡国立大学CQT中心各访问一年；2015年3—9月，在中国科学院近代物理研究所访问。

主要研究方向为计算材料科学与凝聚态物理、统计物理与量子光学、计算机视觉和微纳器件模拟等交叉学科领域。现为山东科技大学应用物理学学科带头人。先后主持和承担国家自然科学基金项目7项、省部级研究项目6项；在国内外期刊及学术会议发表研究论文90余篇，其中被SCI、EI收录检索70余篇，论文他引450余次，H因子13，单篇最高引用73次。

咏兰大百十校庆二首

一

皋兰云山苍，黄河江水泱。
先生高风节，山河为之亮。
蛰伏西北隅，沉潜功夫长。
育人才辈出，桃李自芬芳。
师生齐努力，功效闻十方。
教育有奇迹，兰大育人厂。
院士杰青多，千人长江广。
中流多学科，砥柱数十行。
高校改合始，人心思动荡。
孔雀飞东南，劳燕遍四方。
校友普关爱，一聊三叹伤。
誉享海内外，涵咏兴味香。

二

萧瑟雪冬寻旧踪，光动心眼意朦胧。
遥看门厅开阔处，工字文科楼无影。
校训石立松柏旁，勤奋求实进取风。
中心喷泉悬玉挂，积石堂前读书声。
仰目齐云忆同事，扼腕格致悼先生。
书到用时方恨少，情至浓处始知空。
无边孤冷满地白，寂寞天心透几重。
昔日目染常相伴，模样依昔如梦中。
师生零落分南北，友朋离别各西东。
缘聚缘散了无期，头出头没枉施功。
同根同源兰大梦，此情此景心相同。
人生若只如初见，何事幽怨悲秋风？

雷磊

作者简介

雷磊，1991年毕业于兰州大学哲学系，湖南中烟福建销区总经理。爱好古诗词，现为中国诗歌网注册诗人。

依韵和兰大校友文钲戊戌春闻英法美空袭叙利亚有感

青帝焉知世事乖，还将春色满埏垓。
可怜战火连宵起，应愧悲声动地哀。
西域敌机空弹去，南疆吾舰满帆来。
终将丝路筑清梦，马放南山剑入怀。

别丁茅

一曲阳关近卅秋，思君从此梦兰州。

潇湘歧路默无语，唯有蜩蝉噪不休。

注：今兰大同窗丁茅来湘，二十七年未见。晤面三小时又要送别。甚为伤感，乃草成七绝以记。

兰大福建校友会成立，据兰大校训“独树一帜，自强不息”成七绝小诗以贺

百岁学园伟业奇，青衿八闽马蹄疾。
春风化雨旗独树，继往开来志不息。

李文钲

作者简介

李文钲，1974年生，福建长汀人。兰州大学1992级中文系学生，1996年毕业。现任龙岩电视台社教部副主任、龙岩诗词学会会长、《海峡龙吟》主编。

临江仙·庚子岁寿国防大学李兵教授

2020年1月20日深夜于长汀

戎马纵横南北，诗书驰骋春秋。当年看剑论曹刘，江山凭指点，天地任遨游。 霜鬓非关风雨，平生快意恩仇。桑榆尚虑补金瓯，廉颇犹未老，骐骥奋无休。

金城赠别潇湘黎琨学弟

花开花落春复秋，画舫烟雨钓湘流。
白头堪提往日事，少年曾入金城游。
九月菊花满苑芳，天涯游子放歌狂。

白昼棋局方罢手，明月杯酒琥珀光。
皋兰白塔任纵横，黄河驻足说平生。
青衿道合千里志，风霜砥砺显豪情。
梅绽冰雪自孤高，那堪水远与山遥。
浪迹萍踪何寂寞，惟有诗怀更滔滔。
转眼六月槐飘香，与君相别易断肠。
君回潇湘我入闽，从此两地惆怅长。
长叹相逢梦似烟，他年遥忆泪满衫。

游兰州石佛沟

山寒水瘦近重阳，石佛登高望故乡。
冷气森森余落日，秋风瑟瑟颤枯杨。
烟迷万壑空蒙色，叶落千峰寂寞黄。
酒醉狂歌还曼舞，醒时独坐意彷徨。

巴音布鲁克

茫茫塞外空，旷野笼苍穹。
不厌江湖远，相亲鸥鸟同。
千峰来眼底，九曲入云中。
牧马东归处，茵茵草甸风。

悼常文昌老师

噩耗初闻日，秋风霜降时。
东干开学术，西陇失儒师。
修德平生业，育人当代诗。
君归魁斗去，星汉寄追思。

马飞骧

作者简介

马飞骧，别署白云居士，1971年生，甘肃省天水人。1996年毕业于兰州大学中文系。现居北京。著有学术专著《诗经缵译》《论语诠旨》，诗词文赋集《川上看云集》，禅意隽语小品集《白云录》，文言散文集《白云花木记》，散文集《猪的堕落》，散文诗集《思念草原》等。

读《我的兰大——诗词赋散文集》有感

一

百十风华著萃英，大河浩荡见深情。
千年骨壮昆仑雪，万折心源积石声。
继响阳关三叠唱，放怀丝路又先鸣。
胡杨独树成标格，白塔凌云自举擎。

二

一卷读来心未平，见师见友忆峥嵘。

薪传绛帐人如晤，情到天涯泪已盈。
幸自诗书博风雅，每从德性极高明。
临流识得其中趣，大道风烟任履行。

挽李吉均夫子

履黄土几何，冰川俱缟素，想见学人风骨，肝胆莹如玉世界；
仰苍天无尽，跨鹤杳仙踪，弥高师范精神，山河永缅大先生。

钟志凡

作者简介

钟志凡，笔名石泉、老妖，1976年6月生于江西萍乡。1994年9月考入兰州大学物理化学专业，1998年毕业，现定居浙江宁波，从事外贸工作。爱好文学，广泛涉猎各式诗词散文体裁，作品散见于网络以及相关刊物。先后加入九州诗词社、中华辞赋协会、兰馨会、甘肃省诗词协会。

随 想

疫乱连三月，人情过往稀。
时惊生与死，更患食和衣。
饮醉常余叹，酬怀或有讥。
浮沉身似转，起落手如挥。
子弟江湖老，溪山云雨归。
春来风略冷，春去木高围。
底事天之道，岚光射翠微。

黄新程（中）

作者简介

黄新程，1982年生，兰州大学信息院2000级本科生。2004年至天水市天光半导体公司任技术员，2005年至温州市创力电子公司任技术员，2006年至福州恺星光电公司任外贸业务员，2007年至福建邮通科技公司从事勘察设计工作。2009年起开始从事农业研究；2013年创业，创办益农农业发展有限公司。

贺母校兰州大学一百一十周年校庆

最喜山河换旧妆，巍巍母校谱华章。
独飘一帜风犹正，遍育群贤气自强。
几度烟云同奋力，百年功业又腾骧。
而今桃李俱成器，共祝生辰永世昌。

鹧鸪天

十载青春岁月催，人臻不惑发逾稀。

喜无劣迹贻亲耻，幸有豪情壮我飞。
方感慨，又题诗，敢擎大帜是须眉。
初心如铁何曾改，一似当年抱子时。

贺兰大一百一十周年“生辰纲”捐款成功

今逢百十校辰庆，桃李情深慷慨长。
名姓清风皆拂袖，钱财粪土不矜囊。
思源每颂衔环鹊，反哺常思跪乳羊。
共举善行心一片，金城遥祝爱无疆。

附：

赞福建校友会为母校一百一十周年华诞校友捐款活动成功

阎　军

腰悬玉剑出兰州，八闽扬鞭志气遒。
今日鸿归撷橄榄，丹心一片更无求。

贺兰大福建校友校庆捐款活动成功

李雪华

整月辛劳何足道，协调促进未知愁。
百人携手诚心聚，万贯成流敬意投。
参与慨然不抱憾，担当洒脱集成裘。
平生留得豪情在，地阔天高任畅游。

注：以上两首为阎军、李雪华为贺兰大福建校友会为母校百十华诞捐款成功和诗。

裴亮亮

作者简介

裴亮亮，甘肃天水人。2003年9月—2007年7月就读于兰州大学地理科学专业，兰州大学理学学士，澳门城市大学应用心理学（心理分析与中国文化方向）硕士。曾任北京未来集团总宣传师、广东东方心理分析研究院执行总监。

现任珠海市心理健康促进会理事、珠海市总工会职工情感热线总负责人、珠海市司法戒毒所心理老师、国际神话心理剧学会理事会秘书长、共青团珠海市委12355热线沙盘游戏培训讲师、珠海儿童保护协会副会长、专业技术委员会主席、北京师范大学珠海校区继续教育学院管理心理学暨学前教育心理学讲师、暨南大学珠海校区心理咨询中心咨询师。

创办珠海学之渔心理咨询有限公司，并任首席咨询师，继而创立“标准化心理咨询技术‘范畴解构（专利号：201910511879.9）’‘梦的解构（专利号：

201910774909.X）’‘哲学咨询（专利号：201910774684.3）’”，后于2019年申请专利，并成功建立全球首个具有独立心理咨询技术方案设计与实施的知识产权管理体系（证书编号：49819IP00122R0S，符合标准：GB/T29490-2013）。

海之声

一

异国有客越重洋，数我兰庭尽他乡。
陈年总持温旧事，青春欢喜易思量。
言善明心饮夜月，挽弓竭力呼晓光。
觥筹幻影深情在，怡然风雅趣味长。
漫道平生多奇阅，感如幽古梦苍黄。
遍历加国真风物，梦觉故园实高光。

二

昨宵把酒多情意，翻作海声写疏狂。
阅尽东西南北事，守我真如足一方。
千岛平添星罗阵，万山齐收阔海疆。
实为宝地珍善美，渔女情升欲引航。
兰庭士子珠城里，不息精神称自强。
一帜风扬好独树，明月千里同故乡。

三

感我多言星移换，始觉晨烟水云牵。
昨夜梦魂尽忘却，唯留真味数吾兰。

注：欢迎兰州大学北美校友会会长陈持己亥年古十月十九日到访兰州大学珠澳校友会后记，2019年11月16日作写于珠海。

题麦积山

天河注水水来天，四方宾朋迟画前。

羲皇故里逸情处，烟雨迷蒙亦江南！

注：2004年5月，兰大地理基地班举行一次去天水的专业考察，因回到了我的故乡，感触颇深，遂于麦积山前草成。

春　至

如雪杨絮轻轻舞，自在丁香淡淡开。

芳草擎露已多日，春色渐次始东来！

注：2004年春写于兰大榆中校区。

念奴娇·萃英横沙

雾封寒柳，冷冰色，依旧逍遥风骨。地阔天高，潮涌处，分明轩昂气宇。一风平息，层林无染，陇客惊心处！风华兰苑，欢歌何解深眸？

吾自十六年前，负笈行远后，高歌前驱。猛进幽思，天地间，直使横沙狂奏。萃英山前，风留行客舞，放心泅渡！追心回意，凭寒怀旧宜否？

注：2019年12月5日于珠海观《兰馨集》诗友微信群内雾凇图片，感怀大学校园萃英山前狂沙漫舞之景象而作。

骆驼城

千年追风吹襟动，飞燕萧索伴古城。

遥望祁连积云处，人世沧桑犹太轻！

注：2006年，兰州大学与香港中文大学地学联合实习期间，途径废弃的骆驼城，有感而作。

索心志

一世浮尘生来苦，天雨流芳水自香。

由来匆匆皆过客，各有文章著沧桑！

注：2006年，兰州大学与香港中文大学地学联合实习期间，考察七一冰川后有感而作。

刘竺岩

作者简介

刘竺岩，1996年生，吉林长春人。兰州大学文学院2019级中国现当代文学专业硕士研究生、中国郭沫若研究会会员。2019年兰州大学文学院汉语言文学专业毕业，获学士学位，同年推免至本院攻读硕士学位。著有散文集《花李未至》，在《电影文学》等期刊发表学术论文多篇，散文、诗歌散见于《辽宁诗界》《新国风》等报刊。曾获甘肃省高校三好学生、国家奖学金等奖项。

负笈西行有感

蟾宫槛外一书生，欲败犹成岂擅名？
十载寒窗功未就，却来陇上踏秋行。

榆中怀古

匈汉相争气似虹，河东筑塞有榆中。
西征五路[1]终成土，北顾双敌[2]枉作雄。
肃靖停棺来紫堡，伯温仗剑斩蛟龙。
苹英岭上观千壑，今古悠悠万事匆。

【注释】

[1] 西征五路，指宋神宗兵分五路伐西夏，一路军兵至榆中。

[2] 双敌，指辽和西夏。

张钊

作者简介

张钊，吉林长春人。本科、硕士阶段俱在兰州大学，现为文学院中国古典文献学专业在读硕士生。主要从事中国古代文学及古典文献学研究，曾主持完成国家级大学生创新创业项目《苏轼三国人物论研究》。爱好旧体文学创作，曾任《我的兰大——诗词赋散文集》副主编。

读《我的兰大——诗词赋散文集》有感

犹谢秦州十万金[1]，观书更解此恩深。
诗文欲表绵绵意，词赋漫传点点心。
风雅从来系冠冕[2]，五弦何必入瑶琴？
上庠桃李满天下，应笑刘郎无处寻[3]。

【注释】

[1] 兰州大学天水校友会赞助了十万元，使《我的兰大——诗词赋散文集》成功出版。

[2] 一些投稿的校友不但热爱文学创作，而且事业有成。

[3] 刘禹锡曾言“玄都观里桃千树，尽是刘郎去后栽”，而今天的兰大桃李满天下，当不存在这样的牢骚之语。

望江南·端午节忆江隆基校长

潇湘水，无语自流东。时令端阳应到夏，人心载厄总如冬。何处引南风？　伤旧事，万里一衰翁。诗赠汨罗情得似，身怀瑜瑾志相同。夜坐忆江公。

读中文系戏作

嗟尔儒生寂寞功，寒窗数载忍孤穷。
文章且贯十三部，辞赋须行四六工。
纵笔骋怀应尽兴，读书达臆正由衷。
博闻今古莫伤旧，万代春秋一梦空。

念师恩

兰苑苔痕点点心，前人栽木后成荫。
积年浸润东风处，一片春情化邓林。

学士卒业

昔日辞亲赴远方，元知此去路茫茫。
幸逢师友推恩笃，何惧风霜过耳凉。
旧典诸编浸拗枕，长河数曲入柔肠。
而今五载兰州住，早认他乡作故乡。

仲恒

作者简介

仲恒，吉林长春人。2021年毕业于兰州大学文学院汉语言文学专业，获文学学士学位，现为兰州大学文学院中国古代文学专业2021级硕士研究生。曾代表兰州大学参与河北卫视《中华好诗词》节目，曾任兰州大学文学院学生会常务副主席、团委副书记（学生），于《中华辞赋》《我的兰大——诗词赋散文集》等文学作品出版物发表诗词10余篇，于《乐山师范学院学报》等学术期刊发表论文6篇。

读《我的兰大——诗词赋散文集》有感

长星伴我读斯文，把卷凭轩意正醇。
若见河山生皓月，拟修兰芷仰秋筠。
先生翰墨传桃李，学士青衿聚凤麟。
心慕华章风韵雅，自提拙笔和阳春。

注：近日拜读《我的兰大——诗词赋散文集》，见吾校前辈：星斗其文，赤子其人，唐风汉骨，剑胆琴心。巍巍兰大，弼翼神州，赖先生春风化雨，唯君子躬力成行。余仰其才而慕其德，心生慷慨，胸震黄钟，故惶惶提笔，窃作此篇，以抒小子切切崇敬之思。

刘祖豪

作者简介

刘祖豪，四川达州人。兰州大学2017级汉语言文学专业本科生，现为华东师范大学中文系中国古代文学专业研究生。爱好古典文学，钟情诗词。课余作有习作诗近百首，部分作品发表于《中华辞赋》《我的兰大——诗词赋散文集》《文苑》等书刊。

赠故人远行

三年相识性本淳，仁行义气自绝伦。
惟恨明月不长好，是日秋风别故人。
马上犹劝一杯酒，阳关岂复触清尘。
愿奉寒衣驱凉意，行至岭南又新春。
岭南风物应绝异，吾子沐之得新身。
当年东坡多舛厄，渔樵僧俗有佳邻。
此行相去三千里，长望新作雁来频。
谗讥已逝当笑骂，一苇犹能渡迷津。
混迹江海作大隐，世事休问是新民。

纵放扁舟向南海，凌波万顷望月轮。
卧读诗书十数卷，逍遥一何最良辰。
自然造物有深意，独享山河岂为宾？
心游八极入神明，胸怀万物竞奇珍。
神思泉涌千万绪，大道无言未轻陈。
然则妙笔经幽径，更写龙须刻鱼鳞。
清新飘然自有味，人诗不意终凤麟。

观书有感

寂寞黄山下，孜孜竟读书。
惠风随摆舞，细雨任清疏。
卷破三千册，魂凝只一庐。
形销而骨立，惟觉意温舒。

忆吾师

年少常称俊杰才，无知犹赖我师裁。
春风共伴春阳去，夜雨每偕夜色来。
流水高山何有尽，夭桃素李岂无开。
瘦蚕吐尽人间缕，赠却芸芸满心栽。

陈挺杰

作者简介

陈挺杰，1998年生，江苏南京人。2021年毕业于兰州大学文学院汉语言文学专业，获文学学士学位。现于兰州大学文学院攻读硕士研究生，研究方向为文字学，师从敏春芳老师。曾在本科期间获得“优秀团员”“优秀学生干部”等称号。

入学拟从军行

瑰玉出荆棘，壮士在草莽。长啸天山殿，独蹑昆仑堂。
三年十万字，不肯释缥缃。丈夫平生志，意气慨而慷。
或为黄州客，嗤点慕周郎。或为霍嫖姚，横鞭立胡疆。
或为子长策，寒锋笔中藏。或为涤生椽，立言道沧桑。
雄关山为气，瀚海云作节。但啜牛羊血，一朝作胡羯。
书生携剑游，只身寄凉州。凉州何所有？断山与残流。
黑云一夜来，胡马天上走。要为哥舒翰，誓将狼烟休。
弯弓拈羽箭，万里诛枭寇。安得天子剑，要拂佞臣头！

点兵八十万，车骑出潼关。三军渡汉水，朝夕平东南。
传檄釜山岸，夷狄闻风窜。鸣鞭策白马，汉旗插朱栏。
少小邀功绩，不著不成家。待得功名著，江上看晚霞。
落红绕翠畦，黍酒听鸣蛙。云髻别碧玉，挽袖吹杏花。
呼声沸闾里，快马入金陵。满城生颜色，春日照悬旌。
家慈把肩泣，阿父喜复惊：“去时田家子，归来汉将军！”
忠良匡社稷，九鼎不复倾。左右复睥睨，海内谁不平？
君子能济世，意气重千金。千金不足贵，但愿致太平。
正气清节重，冠带功名轻。兴来思报国，非是好簪缨！

祭加勒万河谷四英雄诗

将军拭马刀，金石声渐悄。
百夷俯首过，非为玉山高。

注：2020年6月，印军越过中印边境线挑衅，与中国人民解放军发生冲突，陈红军、陈祥榕、肖思远、王焯冉四名战士为国牺牲，余虽为书生，亦感其壮行，作诗以祭。

李建雄

作者简介

李建雄，湖北恩施人。兰州大学文学院2019级汉语言文学专业学生。笃好诗词，聊以自娱。

江城子·咏兰大

至公遗训已苍茫。贺兰堂。有余芳。毓秀钟灵，应识左宗棠。五岳泰山当自许，穷塞北，远名扬。　萃英山下有书香。照孤光。置冰肠。继往开来，叹百十沧桑。所幸弦歌声相继，方展翅，欲高翔。

苗世竑

作者简介

苗世竑，辽宁沈阳人，兰州大学文学院2019级戏剧影视文学专业学生。

水调歌头·颂百十兰大

汹涌黄河怒，云卷峭入苍。远山如画，中有兰大历沧桑。尽扫艰难如许，化育英才无数，浩浩至公堂。休说气寒朔，未有惧风霜。　百十载，万千苦，铸名庠。萃英山下，少年自有少年狂。笔下才情不尽，楼外书声未绝，桃李竞芬芳。割断长衫去，志在辅兴邦。

水龙吟·兰州大学一百一十年校庆之际登萃英山感怀

乱云先锁残阳，回身又把峰峦聚。纷纷落叶，飘光凌乱，几番狂舞。朔气吹来，豪歌掀起，飞沙黄土。问崔嵬千丈，苍茫万里，何行此，峥嵘路？　遥想当年兵燹，起干戈、长庚光怒。花冠捣碎，巍巍兰大，气吞如虎。尽历冰霜，遍经风雨，踏平拦阻。忽慷然涕泪，临风把酒，酹英雄墓。

第二辑 毓秀文章

王维平

作者简介

王维平，二级教授，经济学博士，兰州大学管理学院和马克思主义学院博士生导师，中央马克思主义研究与建设工程专家，享受国务院政府特殊津贴专家，甘肃省首批“四个一批”人才，2015年中央电视台播出的六集政论片《劳动铸就中国梦》的撰稿人之一。多年来，主持国家社科基金3项，在《管理世界》《宏观经济研究》《红旗文稿》《人民日报》《光明日报》等发表学术论文90余篇，出版学术著作10余部，发表论文100余篇。获第五届全国教育改革创新先锋教师奖、兰州大学“师德标兵”“教学名师”等多项荣誉，2019年获全国优秀教师荣誉称号。

1995年11月，王维平老师曾作为主教练之一带领兰州大学辩论队在上海参加全国首届名校大学生辩论赛，取得优异成绩。

1997年7月，《人民日报》以“把讲课当成艺术——记兰州大学马克思主义科学系主任王维平”为题为其作专题报道。

王维平老师在科研教学的业余时间，创作了《萃英山，青春的山》《兰大图书馆的钟塔》《毓秀湖水，兰大情怀》等“兰大校园文化三部曲”。2012年5月，《萃英山，青春的山》传播之后引起热烈反响，已连续五年被全文收录于毕业生的《青春珍藏毕业纪念册》中，成为一届届兰大人心中无法磨灭的印记。

2017年6月，王维平老师在2017届学生毕业典礼上代表全校师生所作的发言《穿越人生的驿站，奔到逐梦的远方》，在手机头条被广为传播，受到好评，目前视频播放量已达到27万余次，传播了兰大形象。

2018年9月，学校启动兰大建校110周年校庆年活动，王维平老师应邀创作了诗歌《兰大人，坚守奋斗向未来》。

兰大人，继往开来创明天

——庆祝兰州大学一百一十年华诞

一

当历史的时针指向公元二零一九年的九月，
兰大人迎来了一百一十年校庆的庄严时节；
当岁月的坐标移向公元二零一九年的秋天，
兰大人盼来了一百一十年校庆的隆重庆典。

又是一个金色的季节，
但这个季节很不平凡，
因为兰大穿越了一百一十年的苍茫空间；
又是一度收获的时段，
但这个时段不同一般，
因为兰大拥有了一百一十年的时光积淀。
又是一场欢乐的相聚，
但这次相聚非比以往，
因为兰大检阅着一百一十年的坚守信念；

又是一次生日的仪式，
但这次仪式蕴意深远，
因为兰大审视着一百一十年的奋斗韬略。

这是我们回首往昔的日子，
历史变迁的一幕幕珍贵画面映入眼帘；
这是我们捧尝硕果的日子，
兰大校友的一颗颗感恩的心飞回校园。
这是我们共享欢乐的日子，
各地同仁的一枚枚贺岁函柬纷至沓来；
这是我们抒发愿景的日子，
全校师生的一句句生日感怀涌出心田。

此时此刻，聚神凝望，
你感悟到了什么？
舒缓的黄河之水，浪花笑逐颜开，
苍茫的南山之巅，白云起舞翩跹；
律动的盘旋路下，地铁纵情歌唱，
新建的兴隆大道，原野绽放欢颜。

此时此刻，屏息流连，
你观察到了什么？
毓秀湖的涟漪，洋溢如花的笑靥，
萃英山的脉络，簇成起伏的波澜；
积石堂的钟声，送出庄严的鸣响，
创新城的工地，铺展希望的画卷。

此时此刻，深情缅怀，
你追忆到了什么？
创业年代辛树帜等老一辈的贡献，

坎坷岁月江隆基校长付出的热血；
改革开放初刘冰校长印下的足迹，
还有一代代的兰大人熔铸的伟业。

此时此刻，思绪万千，
你领略到了什么？
物理楼的沧桑容貌讲述着学校历史变迁，
化学楼的阶梯教室回荡着独特思想观点；
杏林楼的舒展身躯体悟着优良学习风气，
碧野楼的不眠灯光透射着前沿学术典范。

此时此刻，浮想联翩，
你体会到了什么？
天山堂的身躯托举师生们的智慧港湾，
昆仑堂的广场回荡军训时的歌声震天；
将军院的阁台注满学子们的青春故事，
闻欣堂的空间弥漫演出时的艺彩斑斓。

此时此刻，静观自然，
你捕捉到了什么？
郁郁葱葱的草坪牵引亲亲切切的追忆，
飘飘洒洒的花蕊融汇喜喜悦悦的氛围；
摇摇曳曳的丛林播撒爽爽朗朗的笑声，
弯弯曲曲的小路萦绕真真挚挚的寒暄。

二

兰州大学啊！你的一百一十载，
是兰大人负重致远的一百一十载。
那些年，当你从法政学堂演变到甘肃学院，
先驱们在抗日烽火中的铿锵校歌让人震撼；

那些年，当你被确立为重点高校兰州大学，
老一代在艰苦创业中的坚韧品格使人眷恋；
那些年，当你穿越共和国历史的风雨如磐，
父辈们在坎坷岁月里的顽强意志令人感怀。

兰州大学啊！你的一百一十年，
是兰大人踔厉奋发的一百一十年。
那些年，当你亲眼目睹改革开放壮丽诗篇，
长者们在历史转折中献出过卓越科学答卷；
那些年，当你被成功写入“211”和“985”名单，
兰大人在坚守中把西部开发使命奋勇承担；
这些年，当你成功进入双一流建设的行列，
师生们正聚力将学校的创新发展推向前端。

亲爱的同学，你可曾记得？
在新生报到时初遇萃英山难抑的复杂体验，
——和在兰大校园里偶遇的一个个生动的情节。

亲爱的老师，你可曾记得？
在毕业季节里师生留影时表露的情愫缱绻，
——和在兰大校园里经历的一个个事业的节点。

亲爱的校友，你可曾记得？
在夜幕深垂中新旧文科楼映出的灯光闪闪，
——和在兰大校园里迎来的一个个萌动的春天。

亲爱的同仁，你可曾记得？
在晨曦载曜间学校运动场呈现的律动场面，
——和在兰大校园里看到的一个个沉思的神态。

亲爱的朋友，你可曾记得？
在雪花飞舞的冬日里，
校园里刻下的一串串足迹印叠；
在黄土高原的山坳里，
校车中回荡的一阵阵细语呢喃。
在沙尘弥漫的日子里，
讲台前呈现的一个个坚毅容貌；
在春光明媚的季节里，
花丛间绽现的一幕幕温馨场面。

在庄严的史册上，
我们目睹了整整一百一十年的光阴荏苒，
我们历经了整整一百一十年的岁月纷繁；
我们收获了整整一百一十年的春华秋实，
我们汇集了整整一百一十年的教训经验。

在往昔的奋斗中，
几代人的浇筑凝就了兰大的名校品牌，
几代人的接力谱就了兰大的厚重史篇；
几代人的崛起铸就了兰大的独特气质，
几代人的奉献绘就了兰大的绚丽华彩。

在未来的坚守里，
自强不息将永远是兰大人奋斗的信念，
独树一帜将永远是兰大人坚守的宏愿；
勤奋求实将永远是兰大人秉承的传统，
不懈进取将永远是兰大人昂扬的姿态。

三

壮阔的大西北啊，你在这里生动地展示着：
苍茫高原的壮美，大漠敦煌的文脉，
滔滔黄河的气派，冰川祁连的峻险；
戈壁绿洲的坚毅，沙尘弥漫的历练，
黄河母亲的温馨，西部儿女的豪迈。

质朴的兰大人啊，你在这里努力地彰显着：
勤奋学子的刻苦，纯真师长的敬业，
科研攻关的拼搏，教书育人的情结；
诚实做人的理念，踏实做事的习惯，
西部高校的风骨，世界一流的夙愿。

我们深知：
面对激烈竞争格局和严峻挑战，
必须踵事增华，独树一帜，坚毅豪迈。
面对地理环境劣势和各种困惑，
只能益以新创，自强不息，发愤超越。

我们懂得：
面对未来发展机遇和各种困难，
必须镞砺括羽，厚植优势，虔诚勤勉。
面对今后崭新课题和时代要求，
只能破茧成蝶，不辱使命，开拓未来。

命运是命运的承载者，
兰大是兰大人命运的舟船；
信念是信念的驻守者，
兰大是兰大人信念的家园。

事业是事业的支撑者，
兰大是兰大人事业的依托；
人生是人生的超越者，
兰大是兰大人人生的舞台。

在今后的顽强坚守中，让我们因时而进谱新篇，
在今后的不懈奋斗里，让我们同频共振谋发展，
在今后的事业开拓中，让我们守正创新寻突破。

冯诚

作者简介

冯诚，1956年生，甘肃省临洮县人。兰州大学中文系1977级学生。现任兰州大学新闻与传播学院院长，二级教授，博士生导师。新华社高级记者，享受国务院政府特殊津贴，中国书法家协会会员。1985年进入新华社从事新闻工作，1993年7月任新华社甘肃分社副社长。1996年12月—2016年12月，曾先后任新华社新疆分社、甘肃分社、湖北分社、江苏分社社长和党组书记。

出版著作有新闻工作专著《镇版报道的气质养成》，诗集《我决定，慢下来》，散文《低于人间1000米深处》在2017年10月获第二届“书城杯”全国散文大赛特等奖。于《人民日报》《书法报》《人民画报》《香港大公报》等数十种报刊发表大量书法作品。

致敬，积石堂

——写在兰州大学一百一十周年校庆之际

矗立在中轴线上
你比所有的建筑伟岸堂皇
桃李不言下自成蹊
你和我的每一位恩师一模一样

从校门口的古树浓荫
到积石堂的摩天洪钟
我引颈顾盼一路向东
这正是校园里太阳初升的地方
这正是黄河奔流而去的方向
年轮造型已是传奇
谁又能说得清你的高度和体量
现在我记忆最深的还是
沉溺这里的四度春秋
三十七年过去仍常常心驰神往

作为一座图书馆
你把天文地理分类排列
你把古往今来铅印线装
更多的是厚重得啃不动的砖块巨著
天书般让我望而生畏的辞章
但我就是喜欢攀爬这里的书山
喜欢沿楼层的台阶拾级而上
喜欢这里有温度的书桌座椅
喜欢这里定时开启的灯光
所有这点点滴滴，都已积淀成

有纪年的深邃，无边界的宽广

此刻，我依然看到许多
排队入座专注自习的稚气同学
于是我想起了我的那块占座布垫
蓝白格子的粗布外套
厚厚方方的一块毛毡
母亲缝制时我就紧盯在跟前
针脚要密走线要直拉链要平整
结实轻便美观舒适与众不同
那是一件何其珍贵的助读工具啊
在这里与我值守相伴四年
想起它，我竟泪湿双眼

还记得那个暑假
我跟着图书馆詹老师修补破损书籍
书角书内每一点褶皱蜷曲
要用湿巾小心抚平压展
书皮书脊每一点损毁散裂
要用胶带锥线粘修完整不露破绽
虽然我忙于修补无暇翻读
但我竟那样痴迷于触摸书本时
陈墨的气息软酥的手感
其实那只是一次普通的勤工俭学
可这独特的经历
意外丰富了我的知识我的人生
它甚至让我懂得
立德树人要从珍爱书本开始
深耕学海与先哲对话
最重要的是敬畏和虔诚

一百一十年积土成山风雨兴焉
一百一十年晨钟暮鼓薪火相传
致敬，积石堂
作为一名母校学子
我膜拜的灵魂从未走远

傅景世

作者简介

傅景世，1962年生，辽宁北票人。1980年进入兰州大学物理系磁学专业读书，1985年1月加入中国共产党，1987年7月参加工作，理学硕士，高级工程师。曾在日本松下电器产业株式会社研修三年（1994—1997年）。2001年入选“辽宁省第二批百千万人才工程‘百人层次’”。

现任中经承园科技有限公司（国家信息中心之子公司）董事、总经理，兰州大学北京校友会物理分会副会长，北京甘肃企业商会兰州大学工商分会副会长，中国数据中心产业联盟总经理俱乐部常务理事及中国通信企业协会云数据专业委员会委员。

贺《兰馨集》

馨馨之兰，绵长百年。
其根也深，其叶也繁。
屹立金城，丝路之干。

惟开来与继往兮，
奋余勇而直前！

注：兰州大学深圳校友会诗词书画分会部分校友发起了《兰馨集》（兰州大学校友诗选）稿件征集活动，准备作为兰州大学一百一十周年华诞献礼。为诗集出版，作歌贺之。

兰大时代

2019年9月5日

雁滩上，黄河边，
吾曹正青年。
图书馆外假山旁，
足迹满校园。

宿舍里，教室间，
两点往又还。
一封家书抵万金，
父老望儿贤。

王曼

作者简介

王曼，中共党员，黑龙江省委党校教授，诗人，出版多部诗集、著作。1983年考入兰州大学历史系。

岁月沧桑三十年

因久不动笔写与职业无关的文字，以至面对三十载聚首竟提笔茫然。回想二十年聚会，我们刚迈进不惑之门，如今，走出大学校门的背影已被岁月的风刀霜剑削砍得斑驳异形，曾经敏感的神经也日渐钝化。我们中有人已驾鹤西去，余者拖着负重和隐患重重的身心仍在踽踽独行。回想1983年夏，一位清纯少女独闯大西北，火车经豫陕入陇，一路的黄土高坡，令人越走心情越凄凉。但从第一脚踏进兰大的校园、身体还延续着火车节奏无法站稳那一刻，到四年后同学们互赠留言礼物、在火车站执手相看泪眼时，我已把自己当成了西北人。回到哈尔滨后许久，我开口"我们兰州"闭口"第二故乡"，日日心头萦绕的是兰大校园怒放的桃花、庄重典雅的图书馆、魅力无限的大礼堂、活力四射的运动场；垂柳拂地、槐树成荫的滨河路，栽树不止、黄土依旧的皋兰山，葱茏高耸俯瞰黄河的白塔山；还有那一想起就抓心挠肝的牛肉面和酿皮子，曾让我在哈尔滨的大街小巷执着地品尝所谓的正宗兰州拉面，每尝一次就加倍想念兰州牛肉面。至今，三十四年悠然而逝，在我内心早已把西北人列至重情重义之最，兰州二十二位同学如一团不息的火种，时刻召唤和提醒着全国各地的同学们，我们永远是同窗手足，我们的情谊与年龄共长。是为诗序。

一、毕业纪念册

那本紫红色的缎面毕业纪念册里
有四年学涯沉淀下来的精神结晶
已逝多年的慈父般的王钺老师
留下长者的教诲
善良敦厚智慧的杜斗成恩师
希冀他的弟子“远走高飞”

谁还能记得自己当年的雅号？
逍遥骑士夏愉
唐老鸭户晓梅
太行博士白丽云
皋兰山下人贾宁
冰山上的来客魏鸿彪
绿江牧鸭人杨会军
太玄子刘永明
乌兰人张宏发
汾河游人段和森
九州浮浪客夏桂玲
江南游子杨松柳

嘉陵渔夫赵炳建

还有没有雅号的
吴洪旭、刘新友、张新平、
曾雪梅、何俊芳、李红、
刘艳波、刘兴喜、裴远立等
不吝睿智或深情的寄语

这里列出的不仅是每个名字
确是对四年同窗情缘的画押
以待来日兑现那热诚的相邀

二、永远的109

可怜的记忆力让我失去回忆的资格
大学生活于我似夜空中的点点星光

那日翻开日记
似在窥视他人长长的梦魇
悲凉瞬间穿越时空
那本应美好充盈的时光
那本该快乐健康的年华
不堪回首

幸好2号楼109宿舍
时时蕴藏着温情
刻刻孕育着友情

这里住过外语系八零级几位标致女生
也是水均益的同窗
那时的水哥哥带着黄军帽的头顶

偶尔在白木床上铺床板上方浮动
女生们为他争风吃醋也是必修课

我要说的是我们班的五朵金花
为我的人生增添了无尽的色彩

曾雪梅是第一位入住109的人
那毛茸茸的大眼睛深酒窝和满头卷发
让人怀疑她怎会是江西人
倒是她带回的荸荠让我这个北方人新奇
内敛沉稳善良让她的美更添韵味

户晓梅同样有一对大酒窝
大学的前半段时间我们几乎形影不离
经常品尝她家乡的苹果、微咸的石子烙饼和各样炸果子
可见她的父母是多么疼爱这个女娃子
有一次陪她在兰州陌生市区寻访亲友
模糊记得在兜兜转转后受到亲友的款待
最难忘的也是我俩最出风头的杰作
就是在大操场边上玩梯形大转轮
好像男生也没多少人敢玩
每当我俩呼呼生风地旋转上百圈时
都会收获男女生们惊叹的注目礼
淳朴友善羞涩是陕西女儿的情怀
遗憾的是毕业后我们彼此杳然
其实那些少女时代的缠缠绵绵
早已织成千丝万缕的生命之锦

白丽云人如其名
山西陈醋浸泡出的白皙皮肤

和晋文化熏陶出的温婉隐忍
尽管后期我成了睡在她上铺的姐妹
但许是我的性格或意识的局限
让我们错失了深层的交往
但她的刻苦执着精神
是谁都要赞叹和敬佩的
每晚她总是最后一个背着书包回寝的
我们的单独交往得从2010年开始
2015年夏她来哈尔滨开会
我看到了一位自信自强开朗的学者

夏愉是我心目中的鉴湖女侠
透着川人的直率热忱大气和仗义
我俩可谓是不较量不相识
记得那年她挚爱的奶奶去世
夏愉不能回家吊唁
我陪着她买黑纱又是安慰
我们慢慢走近
也许是性情相似又相投吧
大学的后两年我们共度许多快乐时光
我们谈人生解苦恼长相守
在我最难熬的岁月里
她给了我最坚强可靠的理解和扶助
她陪我度量过滨河路的无尽孤独
也替我挡过暗箭四射的眼神
我们在西安实习的酷暑中徜徉于古迹旷野
也留下今生绝版的双娇倩影

善交际的她有许多老乡好友
师姐陈辉便是一位才貌兼具的

我们仨经常在陈辉的宿舍里包饺子解馋
吃到撑时就跑出去乱蹦疯跑
想想这些该是我四年大学所存不多的美好了
无以言表的情谊
后来我们互称对方为夏子和曼子

本班的五朵金花如今正值怒放
每一位都是睿智成熟事业有成
109曾经住过的还有几位姐妹
对我人生影响最深的当属来自敦煌研究院的贺丽雯
对她的敬重和怀念已涕泪成诗
还有外语系的赵琳姐姐
高挑的身材圆圆的脸庞浓眉笑眼
无法忘怀我忍受痛苦时她递来的红糖水
毕业留言簿上暖暖的牵挂至今萦绕
只是她先毕业离校至此再无交集
我的善良美丽的姐姐谢谢你的玉手
曾扶住那几番倾覆的花蕾
真想知道现在的你在哪儿可好

109室靠窗的右下铺是铁打的床铺流水的人
张玉华虽然是低一年级同学
但又是老裴的女友
我们的关系多了几层厚度
玉华的纯朴善良像极了文学作品中的人物
她虽然年龄与我们一样
但生活方式和经验却慈母般的从容老练
她给我的留言是以蒲公英为主题的微型散文
我知道那里有许多无言的心疼
曾数次逼出我的泪水

好想再看看你纯朴的面庞
再听听你温暖的声音

109
虽然你开启了我失眠的起点
但也给了我一床温暖的被窝
虽然你不能给我独处的宁静
但也是我折戟沉沙时的避风港
你送给我众多善良智慧的姐妹
供我一生相亲相爱相伴至远
注：109是2号楼女生宿舍。

三、三十年共同守望的兰大

三十年前我离开你时
是放下沉沉书本的学子
不谙世事不知前程
只有五味杂陈地回望
讲台上恩师们儒雅的形神
图书馆肃穆静谧的氛围
宿舍里伙伴们率性谈笑的表情
似疾速回放的镜头
令人在时空转换中迷失

三十年前我离别你时
是放不下同窗情义的姐妹
我们在留言簿上
掏心掏肺互诉难舍难分
初尝分别初品人生
兰州站一朝挥别
便从韶华走过了知天命

今天
昔日的学子携三十载风尘
揣丰硕成就和赤诚感恩之心
奔赴金城重聚您的身边
再握紧恩师们孱弱的手掌
再拜谒黄河母亲慈爱的面庞
再品天下第一面的浓香
再穿起四年积攒的记忆珠链

我们的问候寒暄调侃
我们的笑声眼泪哽咽
我们的忠贞依恋怀想
兰大会懂
黄河见证

牛成继

作者简介

牛成继，笔名路平，字凯风，网络名为韬光尚志，1964年生，甘肃会宁人。1986年毕业于兰州大学化学系。现供职于中国石油润滑油公司，担任高级工程师，为中国化学会、中国石油学会会员，曾公开发表专业研究学术论文20余篇。2003年获中国石油润滑油公司劳动模范荣誉称号。

开启新生活的高考录取通知书

一个很普通的黄昏
一辆BJ212吉普车
驶到了河湾里的沙田瓜地旁
四叔满脸笑容地捧出
一张带有红色大印的纸
偏远乡村的孩子
收到了大学录取通知书
白纸黑字上跃然有了自己的名字

在盐碱地的故乡
亦镌刻下了山里娃的名字

奋斗的汗水
将重新擦拭生活的环境
收拾行囊
迈入了梦寐以求的大学校园
渐渐丢掉了自卑与孤独
享受着年轻的朋友来相会的寒窗苦乐

兰州大学的四年求学
校园和读书霸占了追求的心灵园地
同学们心中的锄头渐渐锃亮
身姿亦有了理想的翅膀
生活中原有的冰块日渐融化

兰州大学
带我们荡起双桨的欢声笑语
一路求知的奋进脚步
顺应了车轮前行的天意
萦绕心间，历历在目

砥砺前行的汗水无须擦拭
自然流淌，英姿焕发
高考录取通知书
开启了生活的新希望
亲人的支持，四叔的笑容
激励着前行的脚步
同学伴我经历了快乐的时光
老师启迪了追求理想的心灵

兰州大学

为我颁发了孜孜追求美好生活的通行证

注：2020年4月23日“世界读书日”寄语于成都。

朱义

作者简介

朱义，现名居易，1992年毕业于兰州大学中文系。2003年受聘为中国企业文化促进会文化管理师评定委员会委员，2009年获选四川讲师协会理事长，2012年获得中国专业十佳培训讲师称号，2014年获选中国笔迹学学会（筹）常务理事，2015年获选中国笔迹学学会（筹）副会长。曾任职《福布斯》大陆首富刘永好首席秘书。

送别诗五首

从去西北的兰州上大学，到大学毕业，我一共写了五首送别诗。《赠别》是赠给儿时的玩伴的，写于大一时期，十九岁。《送别》是写给母亲的，她送我去乘车返校，写于二十岁。《朋友》是送给球友的，他是兰大中文系大专的，只上两年学，写于二十一岁。《永生的爱》是写给自己的，写于二十一岁。《别了，年轻人》是毕业诗，写给大学同学们的，时年二十二岁。五首送别诗，都是致青春。

一、赠别

1989

别了我的伙伴们
就当我是一名画家
要去画一幅风景

我亲爱的友人
夕阳曾染红了心灵
像雨滴也浸透了离别的歌声

思念的时候在那油菜花
那稻子那金黄的菊瓣上
深深地看我一眼

即使狂风吹折了枝柯
愿你们勃勃生机　如既往
且馈赠我以绿色

别了我的伙伴们
就当我是一名画家
要去画一幅风景

二、送别

1990

阴天

昨晚云就很厚
送别
汽车驶进泥泞
您流泪
雨水很大
您擦泪
把皱纹挤成了浪花
一把黑伞
看不见了
隔着雨幕
我仿佛听见弟弟
在您身后叫妈妈
不，我没有弟弟
没有不远行的弟弟
而此刻
玻璃窗打开
雨水
飘进窗里
咸的

三、朋友

1991

醒来的时候，朋友走了
花茎上结着黑色的愁郁
一面镜子和我：被夹击的痛苦
在剑锋上活着，听铿锵的啸声
凭我的肉体承受我的灵魂不朽

与魔鬼竞争，我的朋友

我在黑泥潭唱着我的《送别》
我陷进去但牢记友情
“活着，永远无悔，真实善良”
这就是我要赠予的歌

四、永生的爱

1991

三棵树是我的森林
一撮草坪是我的绿地
银河是一条远景
左手是我右手的近邻

我是我眼睛的孤星
我是我心灵的囚徒
我，是止不住的泉滴
跌下了山涧

大地是我的坟茔
我举着生命的火炬寻求永生的爱
有一天我会西去
有一天我还会东来

五、别了，年轻人

1992年6月2日

别了，年轻人
别了，年轻人
写诗的无忧季节一晃荡而过
再前面我们写生活

一瓶水相聚四面透明
一迈腿就走八方楚歌
一抬头相见十里埋伏
一生儿都是阵中寻乐

狼烟起，犹是芳香袭
警钟鸣，好比读书声
陌路相逢故人来
时间催老少年心

再见了，年轻人
再见了，年轻人

刘东

作者简介

刘东，笔名“玉扣子”，原籍甘肃。1990年于兰州大学临床医学专业本科毕业，曾做病理医生。1996年出国到斯洛伐克，从事服装零售至今。任欧中汉学会会员、斯洛伐克华文作家协会副会长、斯洛伐克华侨华人妇女联合会副会长、多瑙书画社副社长、欧华文学会会员。喜欢读书、写作、诵读、厨艺、旅游、画画，喜欢听音乐会、看展览、看剧，兼职语言学校汉语教师。2018年出版散文集《我住在鼹鼠的故乡》。

我的青春

——写在五四青年节

我的青春
不是我身后的那些脚印
而是在阴天雨天
从心底升起的一轮太阳
让每一个日子
过得明亮

我的青春
不像那艳丽红硕的花朵
而是经风吹浪打
从心底扬起的一叶白帆
过函谷，涉流沙
心向远方

我的青春
不该有雨巷中的凄婉迷茫
而是于深冬寒夜
从心底燃起的蓝色火光
融冰雪，化雾霭
收获坚强

我的青春
不会如黄鹂那般婉转啼鸣
而是无论孤寂熙攘
都从心底喊出笔直的声响
穿过云，透过冰
结出希望

我的青春
是把岁月写进诗行
和着时代的节拍放声歌唱
我的青春
是让平凡也能闪光
让生命的意义不同寻常

谁说青春只关乎年龄
只要心存梦想
手递温暖
脚步一直向着前方
我的青春就永远在我身上

院中科

作者简介

院中科，甘肃武威人，中国延安文艺学会会员，甘肃省作家协会会员，兰州大学著名文化学者、诗人，《西部文学》特约评论家。

战疫情十四行组诗

一、甘肃救援队

习近平总书记亲自部署
党中央工作组亲赴武汉
坚决遏制阻断疫情蔓延
全国同心抗击新冠疫情

你们是国家的中流砥柱
你们是华夏的民族脊梁
为了战胜疫情奋勇向前

用生命抒写美好和幸福

面对死亡威胁毅然出发
只因职责所系医者仁心
病毒挡不住前进的步伐
逆行武汉守住百姓安宁

白衣铠甲筑起了钢铁长城
忠诚担当抒写灿烂的人生

二、兰大再出发

江城疫情牵动全国人民
祖国各地紧急驰援武汉
一方有难八方同心支援
校长授旗再为队伍壮行

专家争先恐后主动请缨
人民的需要是前进方向
猎猎的旌旗坚毅的目光
勇于担当新时代的使命

三甲院长宣誓亲自挂帅
全校师生等待英雄凯旋
疫情的拐点很快会到来
万众一心才能共克时艰

病毒阻挡不了勇士的脚步
为战胜疫情踏上新的征途

三、医生宣言

春节本来是团聚的节日
疫情暴发我们主动请缨
成为了奔赴前线的战士
这是医生的职责和使命

武汉的冬天躲在黑暗里
你的眼神透着执着坚定
忘记了今天是什么日子
病区里到处是我们身影

党员是新时代先锋战士
给患者多一分关爱温暖
团结一致才能取得胜利
要坚定抗击病魔的信心

党委的领导是坚强的保证
众志成城才能战胜死神

四、护士日记

我们在夜幕下整装出发
街道上车辆及行人极少
放下家人的担心和牵挂
为祖国人民的岁月静好

出色完成医疗救治任务
这是每个人的铮铮誓言
距离阻隔不了欢声笑语
时刻守护着患者和病房

看着窗外深蓝色的黎明
耳畔回响着亲人的嘱托
疫情面前不能心存侥幸
精准施策确保治疗效果

这是我们曾经战斗的地方
健康中国凝聚磅礴的力量

裴亮亮

作者简介

裴亮亮，甘肃天水人。2003年9月—2007年7月就读于兰州大学地理科学专业，兰州大学理学学士、澳门城市大学应用心理学（心理分析与中国文化方向）硕士。曾任北京未来集团总宣传师、广东东方心理分析研究院执行总监。

现任珠海市心理健康促进会理事、珠海市总工会职工情感热线总负责人、珠海市司法戒毒所心理老师、国际神话心理剧学会理事会秘书长、共青团珠海市委12355热线沙盘游戏培训讲师、珠海儿童保护协会副会长、专业技术委员会主席、北京师范大学珠海校区继续教育学院管理心理学暨学前教育心理学讲师、暨南大学珠海校区心理咨询中心咨询师。

创办珠海学之渔心理咨询有限公司，并任首席咨询师，继而创立“标准化心理咨询技术‘范畴解构（专利号：201910511879.9）’‘梦的解构（专利号：

201910774909.X）’‘哲学咨询（专利号：201910774684.3）’”，后于2019年申请专利，并成功建立全球首个具有独立心理咨询技术方案设计与实施的知识产权管理体系（证书编号：49819IP00122R0S，符合标准：GB/T29490-2013）。

兰庭六君子歌

在母校兰州大学百十华诞庆典举办之际，1973级物化专业校友李斌之作诗以咏君子花：桃、荷、菊、梅、竹、兰凡六种，以喻兰大人六种高洁品质，故此改写成现代诗歌体例以为唱和。

桃

你的颜色
暴露了你的娇婀！
粉粉的，
又带着微醺的红色……

花瓣随性的组合，
精简成法则——
大气磅礴！
呼吸坛城的娑婆诃！

空即是色——
你也唱多情的歌，
蜂蝶自来，
给生活布满祥和。

你也随风雨零落，
自在地飘摇着。
任骄阳似火，

绝不起悲歌！

是谁修成的正果？
把时间定格。
千万年计数的奇效，
被赐予王母的宾客——
独享天宫的恩宠，
极尽世间的豪奢，
竟被猴王所青睐，
成就齐天大圣的饕餮一刻！

荷

你未曾施朱或着粉，
也弄得雁落鱼沉。
你舞动你的素雅，
却播撒一水的芳芬——
在云天镜映的心底，
化入你彻骨的清澄……

碧水之上，
是你玉立的倩影：
自在摇曳，
竟逗趣了游鱼、跳蛙和蜻蜓——
在水天相接处唱和，
何解此中风情？

闭上眼——
静气沉心……
被你的清香沁入——
我来自梦，

在世间暂住，
坠入你的这般风尘！
——抑或我来自风尘
在你的梦中留驻，
逐你的空影飞升...

菊

我本不胜厉霜的肃杀，
这才开成黄金甲。
抵御内心的凄冷，
和北方之北寒意的倾轧。

我把春色让渡给夭夭之桃，
又让清荷争趣夏日风情。
直到百花凋零，
我才力挽时节的衰境。

无意间被君子赞颂，
这让我受宠若惊！
只是生来缺少眷顾，
这才要誓死血拼！
在独树一帜之前，
自强不息是我选择的宿命——
隐逸在春云夏雨的背后，
最后选择与秋风和鸣！

若有勤善之人采撷，
在未富之时对我倾心，
我都将快意，
这是我的秉性——

把自强不息融入血脉，
刻入内心！
纵使在未来成就，
依旧生万种风情！

造物的百花园，
确有奇珍异葩。
如同无花果的纯粹，
竟省略了花期的拖沓！
而我愿做大地的赤子，
在黄墒中摸爬滚打，
不求正果，
只为增艳众生芳华——
就如在萧瑟的秋风中，
挺立成兰苑仙葩！

梅

红的像火，
燃烧成瑰丽的冬色；
白的又像雪，
谱写出大地的壮歌！
红与白纠缠在一起
——这是要醉到马嵬坡，
或者换一种心境，
来诠释缠绵悱恻？

交错成连理枝，
这是最高效的诉说。
因为爱情，
才涤荡了历史的罪恶。

转生来世，
竟也毅然无悔的结合。
历经清寒，
两心相得，
纠缠成惊艳的景，
吟诵成悠长的歌！

远离宫廷的险恶吧，
痴男怨女实在不善谋策。
纵使给你加冕了天朝的王冠，
你也不能兀自行乐。
打碎这逍遥的假象，
回归你痴愚的本色。

我竟然忽略了你的花朵，
更亵渎了你的丽色！
我想象着你的根触……
也在你身前迷醉着……
这究竟是怎样的执着？
得以与大地相和？
阴阳交融地生长，
不仅绽放了火的红色，
还开出来雪的白色
姻缘被这宿命牵扯，
好吟唱爱情的长歌！

竹

我未曾抵近过，
去抚弄你的秀色——
只能寄予幽思，

来吟唱你的骊歌！

崩石证得的态度，
只是伸向地心的根触；
空冥炼就的气节，
立定君山——点睛洞庭湖！
在湖湘的地界分辉，
增艳华夏的巍巍千古！

血泪浸染的身躯，
游丝也泣尽最后一缕。
这仿佛是灵魂的连理：
一生一世的共度，
生生世世的传奇——
你这斑驳的竹……

屈子悲痛的呼喊，
润之挥洒过诗兴！
求道者隐匿不住，
你见证过——这最深彻的爱情！

柳毅井兀自嗟呀，
再难觅橘子树的风雅，
而你如泼墨般的悲情，
把洞庭山水的神意挥洒——
任清泉施洗命达，
佳肴不是现代人的浮夸，
以此献祭诸天人君子，
神接千古
——重塑兰庭六君子的佳话！

我从未如此抵近过，
来深味你的空明之色——
我不再寄予幽思，
信步兰庭将你纵情高歌！

兰

我的心，
爬越十万大山，
得见你的丽影，
我竟空乏无言——

我的身，逐入你的馨流，
虚无缥缈，感通你这浓郁的秋：
或带剑气肃穆，如隐逸的高手，
使周光寒彻，摄魂般你的深眸！
或如江渚上的渔樵，随身玉液琼浆，
惯谈古今风月，却不带一点忧伤！
或在菩提树下，看见佛祖拈花，
微笑着开悟众生，谁成就了观自在菩萨？

以你之名，兰苑争奇斗丽。
这百十华诞的根魄，吞吐五千年的浩气！
以心之名，兰庭诸君子云集。
闲情逸致不息高风雅趣，比大河滔滔大观如是！
纷至沓来时多有豪杰，日月继辉处不乏名士。
以兰之名，文字竟也妙趣横生！
如仙乐声动，响彻金城——
这青春激奋的旋律，不息薪火的传承！
你的气脉同大河奔涌，你的筋骨比山岳笃恒——

就让我辈共起兰杯，任馨香漫浸，诗文增盛，
颂祝百十华诞的厚德天成……

我的心，爬越十万大山，
匍匐在你的胸前，自在安然——
纯粹的心跳，不再多言......

2019年9月7日于珠海

惜梦兰桥

兰州大学1986级哲学专业王增胜有五言诗咏兰大风物，馨友多赞美，独觉其适合用现代诗歌体改写，遂为之。

阅读着昆仑山的神话，
我辈在积石路上砥砺前行！
在萃英门里畅想这个时代……
又在树帜大道上梦醒——

为祖国坐镇西北——
坚守——
并传承华夏的荣光。
我辈因此学会了谦卑：
虽纵横学海，
却不事张扬。

丝路花雨润泽八方，
在白云际遇的高度，
大梦敦煌！
我辈惜之如命，
梦起兰桥之上——

在西风古道中策马，
谱写一曲高歌，
倾诉兰苑衷肠！

2019年8月7日于珠海

第三辑 积石赋彩

范国明

作者简介

范国明，1966年生，四川广安人，1988年毕业于兰州大学哲学系。中国书法家协会会员、重庆市书法家协会理事暨第三届学术委员会主任、重庆市九龙坡区政协诗书画院院长、九龙坡区书协顾问，现任重庆市九龙坡区政协副主席。作品参加过第八届全国展等多次国内重大展览，曾获兰州大学首届书法特等奖，1987年在兰州大学举办过个人书法展，开创了中国在高校举办个人书展的先河。书法初学颜真卿、柳公权，由此上追魏晋、秦汉，对“二王”用工尤深，坚持理论与实践并重，其理论研究领域广泛，尤其对清代乾嘉书法、抗战陪都书法、现当代书法研究颇为深入，著有《重庆文化艺术志·书法篆刻卷》（西南大学出版社2000年版）、《范国明书法作品集》（中华出版社2002年版）、《历代名人咏华岩书法作品集》（重庆出版社2011年版）、《龚晴皋评传》（四川美术出版社2015年版）、《亲近怀柔》（随笔，未刊稿）等。

兰大书翰歌

兰大学子兮雅嗜诗书，笃研八法兮与古为徒。
守真不一兮日居月诸，进退裕如兮出必有据。
英气勃发兮碑帖齐驱，明溪皎月兮雪洁梅孤。
谦谦君子兮硕博鸿儒，淡泊无欲兮怀瑾握瑜。
天马行空兮固扃灵枢，龙腾玉宇兮索骊探珠。
张芝索靖兮目染耳濡，简牍碑碣兮心追手摩。
集腋成裘兮游刃有余，心手双畅兮精进逸逾。
毁我塑我兮耻作书奴，标格独树兮成我真吾。
大漠风烟兮若直若纡，虎行塬上兮忽急忽徐。
肥美丰腴兮嘘可润枯，铁骨铜声兮墨以胜朱。
怒目金刚兮未必动粗，太极推手兮展翼轻舒。
凤翥鸾翔兮悠游太虚，鹰鹯搏击兮挥洒自如。
金生玉润兮贝阙琼琚，股折漏痕兮具见功夫。
百啭千声兮灌顶醍醐，银汉无尘兮冰心玉壶。
朴质能婴兮无束无拘，鸥鹭订盟兮相忘江湖。
黉宫萃英兮绍衣楷模，千秋翰墨兮光耀穹庐。

马飞骧

作者简介

马飞骧，别署白云居士，1971年生，甘肃省天水人，现居北京。1996年毕业于兰州大学中文系。著有学术专著《诗经缵译》《论语诠旨》，诗词文赋集《川上看云集》，禅意隽语小品集《白云录》，文言散文集《白云花木记》，散文集《猪的堕落》，散文诗集《思念草原》等。

兰州大学赋

羲皇画卦之域，周秦奠基之地。星分井鬼，卦定乾位。敛麦积秀色，厚德法凝；望五凉烟树，清虚道止。白塔云飞，黄河浪起。龙腾栖云之藩，九州台幽；凤仪皋兰之麓，五泉水美。袭昆仑雄风，迎华岳佳气。丝路献其明珠，欧亚文枢；金城宝其匮府，西北英萃。俯视四省黉门，高原更属谁何？环顾海内庠序，百年兰大在此。

满清末季，国事蜩螗；虎视鹰啄，风雨苍黄。志士奏议，仁人救亡。虽陇上闭塞，路僻难通；而有识鼓呼，新政未忘。参酌立宪，废黜科举制度；拔除贡院，敕建法政学堂。萤火虽微，蜗履启航。民国板荡，大教难张。自省办而国立，校名频易；及法专而兰大，终定乾纲。欣国祚维新，宇舍益其广大；膺命丕显，师资渐趋精良。而天火十年，杏坛披创。云翳一扫，大雅重光。振翼大漠之陲，着我先鞭；扬桴高校之伍，挽弓天狼。滋兰九畹而益馨，树蕙百亩而弥芳。郁文炳乎振铎，席珍焕乎文章。名崇“二一一”之列，位尊“九八五”之行。回首三代风云，无限人世沧桑。

溯夫冰吾始基，自北洋之际；萃英移址，立三院之规。虽人财贫困，志明远于至公；敦品立行，务笃信乎闳才。而谟定树帜，艰难倭败之时；学贯中西，表率乐育之怀。张五纲而设五院，名三山而起五岳，新猷丕焕，挽俗振颓。发积石之浩荡，表昆仑之崔巍。功彪四事，遗泽永垂。而隆基受命，值多事之秋；泮庵尚真，扬崇教之旗。治乱局而志坚，处逆境而神飞。以七年之功，俾兰大入黄金时代；殒百年之身，树综合大学丰碑。兰大之有公，犹北大之有鹤，共泰岱而高耸，并日月而齐辉。大雅继响，改开陶均；名公柄枢，赓续熔裁。自强不息神采，独树一帜风仪。

而教以学兴，师范为本；人以文化，育材为责。陇上苦贫，财物固困于师资；人间多乱，生源常窘于户籍。大匠不甘时命，盛业有召孔德。自清末而至国初，大器宇而不止；由高教部而国家重点，揽英才而未息。海外士子，闻风影动；宇内名贤，向河云集。缁帷流清徽之音，绛帐歌白雪之阕。志笃九畴，心骛八极。风淳峻业，学慕鸾翮。自专科而综合，人文擎纛；由学士而硕博，科研统帅。名师济济，院士揭揭。三代损益，百年心力。计龙象之于四海，桃李其芳；遍仁智之于百业，文武称杰。浮云游子，孔雀或飞于东南；落日故人，胡杨扎根于西北。鲲鹏下垂天之云，草木贲烟霞之色。亹亹兰大精神，彬彬陇原风骨。

然一科之设，岂徒校策；一域之教，必荣国猷。盖陇右也，挟青蒙而控秦新，当丝路要冲；杂民族而富物矿，实战略衿喉。文事武备，地利宜乎要处；资源生态，科教未可后谋。兰大生当风雨之秋，志则为家国之休。兴我西北，科研导路；固我疆域，战略运筹。自开国以来，化学立工业柱石，炼化有胆；物理奠核武王师，沙泉豁眸。生物隆于盛誉，地理挤乎上游。顾宇内有几，匹高校谁俦？已而改革开放，大教与国是同构。春风度玉门之关，鸿图扬瀚海之舟。地貌殊异，所宜钩研；民俗多样，更应谘诹。故大地草业，彩笔再赋；生态敦煌，凌云方遒。负大任而前驱，关民生以索求。壮志奚负在肩，砥柱更到中流。

夫教随代兴，因势而成；业共时变，并国以昌。及巨擘洪构，戮力复兴；宏略指麾，同欲富强。光前兰大，裕后腾骧。兰榆通轨，市郊一体；文创引擎，经济未央。兰医归巢，赋能颉颃。兴文厚理之志，拓工精农之方。以本为本，综合本色尤显；固优强优，科研优势更彰。引贤达于五洲，来笈箧于海疆。天马腾渥洼之种，凤凰鸣朝阳之冈。崦嵫匆迫，日新盛德；鹈鴂先鸣，履霜含章。昆仑肝胆，民族脊梁。千秋无愧赫赫，“双流”不负堂堂。

兰大中文系九二级同学毕业二十周年回母校谢师恩赋

揽昆仑为襟，导积石为魄。当丝路重开，扼西域险塞。三陇爽气，敛聚河隰。九州英粹，驰聚兰泽。庠冠金城，名淹西北。黉门百年，人文立极。五泉分流，众系呈脉。

文学敦化，绛帐统帅。振铎珍流，得时稚集。博古通今，雷声渊默。一日之长，謦欬若惕。六月之息，鲲鹏垂翼。缁帷缉熙，春风宥密。童蒙雕琢，霁月盈室。四载一纪，沂雩好乐。万汇同流，弦诵河洛。经天为务，纬地以略。克己爰功，明德乃宽。德业斯成，寰宇为托。桃李不言，千万辽鹤。九二同窗，六十成各。二十年间，沧海翻岳。八千里外，白驹逝陌。任运随化，何期显著。鼎新革故，见素抱朴。守死善道，不污斯学。

景行山仰，师范若即。石转席卷，懋德永忆。系怀如初，冰心不易。载瞻载顾，靡朝靡夕。伏惟孟秋，来告斯职。靖恭我位，好是正直。求仁由径，有耻且格。廓尔吾往，松柏以立。大道薪传，天下楷式。

兰大中文系九二级同学毕业二十周年聚会邀请函

昔青春寄梦，鲤跃龙门；白日放歌，云垂鹏翼。四海负笈，九派合流。龙虎翕扬，人物骈辏。策骥三陇，洗心五泉。听雨皋兰之夜，履迹铁桥之霜。高塔寻云，大河泛棹。指点山川，激扬文字。当年少之闳肆，烛世运之微茫。所以夫子见教，文行忠信；同学得谊，直谅多闻。上穷典则，玄览古今；横溯文宗，披沥中外。目游遐域，神飞殊方。虽无关于是非，每爱恨以情仇；岂计较于名利，常喜怒以哀乐。稚思见哂，憨态可掬，愤悱举隅，永为慕念矣。

而四载缘尽，一旦泪别，则五湖熙攘，六合营役。惟稻粱之谋甚，究妻子以利多。视天下之大易，忧贫忧道；应环中之元化，为辱为荣。红尘万丈，命运谁主；紫陌千蹊，穷达莫名。或朝或野，或工或商；文武异用，显隐自量。已而白驹隙逝，苍狗云飞；朱颜花衰，黄鹤影杳。盖羊劫二十载，各在一途，逆旅如萍，浮生若寄。同窗情深，有窥松际之月；同学谊永，常结天涯之邻。师恩如山，导吾前路；庠化若海，育彼后昆。镜对白发，岂无旧思；史读黄犬，宁忘当年？

与其相念，何若相见？为乐宜早，遣兴莫迟。聆黄河以挥觞，抚白塔以飞思。尘累可忘，总弱冠之旧游；鸥盟重续，谢授业于师长。纵万里之孤舟，惟一苇之堪渡。契阔无常，难料廿年之后；聚散有日，兹以八月为期。君子一鞭，莫负驷马，成言立定，桀信云来。

栖云斋记

栖云斋者，余兰大新居室也。

癸酉年秋八月，余自兰大本部迁居兰山之陲，寓玫瑰苑中。此间公寓楼皆以香草幽苑命名，盖鉴燕园之斋名也。镌以苑者，雅致之谓。惟教学楼不然，卓尔而立，曰衡山堂。

玫瑰苑，余所栖之楼。楼高六层，粉壁脂外，仰望之，上邈云天。有阳台浮出，如鸟窠莅枝，岌岌乎与白云相偎。余谓之鸟窠里边住人家，余为窠中之鸟。

楼道仄仄，盘盘而上四楼，拿钥窥管，门戛然而开者，余之栖云斋也。室不以高居，不以危称，非奇非雅，小而有致，窄而不挤。余居是间，则怡然而自喜，以为可得之景得，不可得之境亦得，乐之陶陶者，盖余一人也。

室清而静，余读书时也。目抚古今烟尘，心逐苍茫千载；幽州之台，悲怆涕而下湿衣襟，汨罗泽畔，江风吹而明月可鉴；渊兮，湛兮，似不可名，忠兮，义兮，若关雎之鸣。余慕汉唐之盛迹，亦恋百代之卓文；游弋之间，辗转反侧，俯仰之际，思接大千。神亦于是时可静，坐而能沙沙草文，罢而能自读自改者，余之自娱也。

明月把酒者，太白苏子之流，余无啜醨斟酌之趣，而有品茗援壶之好。阳台之门，推之即开，置凳而坐，面兰山之幽，山态野意，俱于壶中觅焉。茗之清薄廉淡，香气袅袅，若山之氤氲岚气，敛聚繁衍不绝；亦如微雨之行山径，爽籁之宜人也，想余与山俱处之泰然，悠悠对望，唯性与神通，凝身此楼间，坐看云起时，茶虽非酒，亦醉人也。夜月浮上，山高月小；清风徐来，虫幽梦澄。余返，和衣睡去，卧如岚云。

余处是间，若云一般去来，而志亦凌云矣。“不知栋里云，去作人间雨。”诗佛诚能道余之情，启余之灵，知我者，唐摩诘也。春与秋其代序，日月忽其不淹，余爱时也深而惜逝也真，悲恸却了无根究，“移石动云根”，往往动辄不能止，弃之不能绝。而栖斯楼也，即可得山野之灵，亦可除凡俗之虑，且寓志矣。故弃繁华而投清静，人多黯然而余独怡然者，盖栖云斋之本吾居也。故余号斋之名而记。

贺兰州大学天水同仁文化旅游促进会成立一周年

萃英之志，至公之心。负笈皋兰，乐彼青衿。
白塔寻云，三台揽星。欣然开卷，大河前横。
陇原有杰，济乎成纪。兰泽有馨，郁于天水。
蒹葭苍苍，渭水汤汤。兰天一脉，於乎含章。
抱薪其火，以驱祁寒。同窗维友，覆篑为山。
六六文创，乃喻乃扬。百十华诞，有辉有光。
因健以体，复益于公。及尔光华，贵和尚同。
大任予我，以鞭以策。终始一如，靡日靡月。
欣夫周晬，嘤鸣其作。虽为雏音，聊为振铎。
旅彼路人，无豫于行。念彼远道，无愧平生。

李向阳

作者简介

李向阳，兰州大学中文系2001级研究生，现任教于兰州财经大学传媒学院，业余喜鼓弄诗歌。常用网名：寄斋主人。

兰州大学赋

河山毓秀，钟我兰州。上庠流训，百有十秋。楼宇巍巍兮，接昆仑之高丘。硕业累累兮，居大河之上游。临清流以赋诗，君子凝眸；倚皋兰而树蕙，五泉盈畴。春华与芝兰竞秀兮，鹿鸣呦呦；秋月倚天山徘徊兮，书韵清遒。

步萃英而徜徉兮，感沧桑之变迁。清季肇构兮，时世方艰。列强欣欣以向上兮，我独坎坷而困邅。值举国之思变兮，以教育而求久安。立法政以新民兮，著西北之先鞭。厥功未克兮，其风延绵。民国嗣业兮，诸贤比肩。大勇如愚兮，鸿基缘蔡公而坚；春霖如膏兮，栋宇以邓公而全；独树一帜兮，气象赖辛公而妍。中华始立兮，踵武苏联。十载攘攘兮，龙潜在渊。嗟我江公，锐意而前。虚己以待人兮，治棼丝而聚众贤。躬亲以垂范兮，身虽殁而言长传。改革伊始，乃书新篇。后来诸君，志意拳拳。兼容并包兮，嘉树荫金城之九廛；锐意开拓兮，百科光五院之旧椽。

学与时俱兮，融东西之所长；业有独步兮，缔中华之昆冈。无愧师魂，实维栋梁；百年坚守，德耀圭璋。中文雅俊，冯刘柯黄；麦积炳灵，国瑞重光；诗艺创作，让言当行；汉语方言，伯荣擅长；花儿民俗，柯杨颉颃。历史厚蕴，蓄于颉刚；鸾凤轩翥，郦生雁行；遂成学术重镇，脉分民族敦煌。外语其初，英俄分疆；允中执托翁之牛耳，天同承莎翁之瓣香。哲学之秀，曰韩曰杨：学本虚怀以聚才，睿思造马哲之堂；于彬忧时而上书，论衡唯国学是匡。群贤毕集，生物滥觞：辛树帜划其始，董爽秋广其廊；常麟定能知鱼鸟之乐，陈庆诚洞察生态之常；植物生理惟忠恕，细胞奠基思国锠。张戈左陈，化学拓荒；朱刘继武，比翼以翔：桐城子清，以贝母碱而名彰；舒城有成，以自由基而显扬。物理之选，崇礼顺章；陈氏祖炳，早列爱氏之门墙；段氏一士，论磁单极之妙场。现代物理，徐躬耦启其航；地质地理，王德基示其方。惟前贤之萃美兮，纷来者其继芳！承传统而光大兮，拓新域而肇昌。譬如大气之磅礴兮，掌九天风云于可量；若夫草色之芊绵兮，实草业学院之改良；并能泽惠生民，功接混茫。同人奋进，志意昂昂；师骆驼之致远兮，效胡杨而自强；汇众志以成城兮，创西部之屏障。

耿师道之特立兮，独树一帜；嘉学子之超迈兮，久擅风致。结驷九州，早骋骐骥；抟飙四海，时展鹏翅。或学术自任，富贵非吾乐事；或为民立言，荣辱无变节义；或躬求良知，威武难夺其志；或实业惠民，毁誉岂掩其利；或韬略经世，穷通长守其器。昔冒风沙于陇上，今播令誉于国际。冰雪砥砺，兰大现象名世；青胜于蓝，兰大精神是继。

赞曰：桃李灼灼，光艳陇上；金声玉振，四海回响。前贤坚守，情怀实壮；吾辈奋斗，大道其广。

马同儒

作者简介

马同儒，甘肃靖远人，《三上词话》作者，词学家、文化学者。1983年10月入伍，国防大学政治学院（原空军政治学院）文艺班毕业，本科学历。长期在兰空某部基层一线带兵，从事政治工作，1次荣立集体三等功，4次荣立个人三等功，2002年12月荣获军委“空军基层文化建设先进个人”荣誉称号。2008年12月退役，空军中校军衔，团职军官。词学专著有《三上词话》，另有《阳光之恋》诗集等；辞赋代表作有《中秋赋》《兰州交通大学赋》《西北师范大学赋》《兰州大学赋》《抗击疫情诗词七首》，均在《中华辞赋》等杂志发表。服役期间曾多次参加全国全军书法作品展并获奖，另有书法作品参加“庆祝改革开放四十周年全军书法作品展览”入展，并在《解放军美术书法》杂志2020年第2期选登；《抗击疫情诗词书法（八首）》被教育部、国家语委组织实施的“中华经典诵读工程”官方公众号展播；应邀参加“陕西乾喜文化全国书画名家邀请展”等。

兰州大学赋

数陇右之翘首，顾兰山之清幽。观金城之云卷，望黄河之水流。垒石壁以凝伫，记母亲于回眸。引二景于雄踞，衔九渊于龙蟠。纳七彩以执笔，吐九华于铺笺。照兰亭以聚首，赋兰山于周环。路漫漫以今古，步焯焯于流年。纵横以通衢，逶迤于瀛寰。

悉数行于路，冠名或学院或至公，仰仲景以驱厉，念俪生于史传。溯法政以昭彰，顺肇兴于中山。注神驰于道，署名或华佗或思邈或时珍或隆基或树帜或迪生，据务本以阙填，获新知于捐妍。享安亭以文魁，正茂士于行键。逐步于楼榭，题名或恪勤或明道或天演或思雨或闻韶或精诚或勤博或碧野，但指于目前。观飞云于湖泽，旋齐云于风鸢。驻观云以思绪，聚萃英于诗篇。行杏林以格致，持贵勤于桂端。趋跃进以逸夫，揽胡杨于创关。大楼通大路，大道接大坛。

起行艺苑，庄重悦色而雅，赞丹桂又芝兰之誉；采风东隅，席地动容相和，照绮韵紫薇于宣敷。春华秋实，中通外直争植，觅清朗紫竹以高节；芳华鲜美，浪漫紫藤盘踞，望掩映玉树于风旋。筑室有年，入门秉礼师生，南北重阶暖煦可居；堂开数地，掩袖惇叙宾客，东西复台明窗讲筵。偿闻欣以出彩，叙贺兰于祁连。经天山以陈迹，处昆仑于秀颜。沾“虎气”以学苑，奏铿锵于杏坛。记庭霰以昨夜，授林花于后焉。如斯也，巡形胜以养志，捧《视野》而殊卓。遨“文溯”而比名，传《读者》于寰宇。会十枳石堂，使于攀山岳。

于是号为湘人，左公宗棠。于萃英门，名至公堂。斯时贡院，学吏略商。己酉仲秋，时轮正当。后继陕甘总督，升允奏章。甘肃官立，法政学堂。经四年之春秋，逢辛亥之风暴。委冰吾为校长，开高等之学校。适时守于戊辰，更中山之名号。自丙戌为国立，冠兰州而称道。自辛树帜，到江隆基。大张文脉，见论周知。真理不灭，科学何辞。追求不舍，精神堪穷。传衍学脉，呼名训恭。兴隆起凤，盘旋跃龙。携竹踏来，击缶歌起。训曰：“自强不息，独树一帜”。酿千壶芳菲，造一方天地。

如是照史馆于青霭，见博物于银钩。巡衡汉而星拱，推户枢于埋头。

处逸豫而必诚，偿宴慰于无求。虽困苦而茫若，但烽火于风猷。战歌清响，此曲清音风发，专注抚《白雪》而压静；身影倥偬，不惜劳苦慷慨，用心弹《阳春》于生风。昔日云集，只为研核物理，正逢寻斗赢以一水；犹睹今朝，正负电子对撞，但能抵功敌于千钟。端庄行色，后影其长。临睨通壑，采风何妨。天降大任，羽化成翔。过岩下以提笔，步堂上于登台。向东西以潜影，走南北于逸材。园圃随桃李，芳草遍天涯。

中华学府，陇原文根。垂灯春浅，洒雪晨昏。毓秀凭画，垂湖正论。钟灵迂曲，楼舍霁青。晨钟敲响，读书征声。暮鼓重点，梦逐轻盈。凭城郭以持守，据边邑于逢迎。念颉刚以鸿儒，戒后来于俗名。题敦煌以凝睇，弄古风于聆听。教贯注以伏案，拒踌躇于驻踪。寻一格于不拘，纳百川于相容。守勤恪以分付，尚辨学于立功。或为化学，独秀枝头。大气科学，力争上游。既生态而举目，又草学而竞优。集学科而广采，寓专业而兼收。若燕赵以对月，恰闽粤于听鸥。遇东亚把盏，逢欧美同流。

值时空也，春风北唤，秋雁南飞。树鹊有巢，檐燕还归。领阵雁以应约，率群英于大师。属冠伦以遥寄，拥魁能而知委。集兴文以秘境，惯厚理于直抵。系拓工以精湛，恰强医于乐事。走九州以轻装，跨四海而乘水。云涌于长空，鹏飞于万里。

《鹧鸪天》云：

纵笔繁华念素笺。惊瞻形胜复斯年。
漫花央记消胸臆，河浪离愁响彻天。
秋露重，我裳绵。披衣清夜护风寒。
吾师望眼灯花晕，师训堂中带月还。

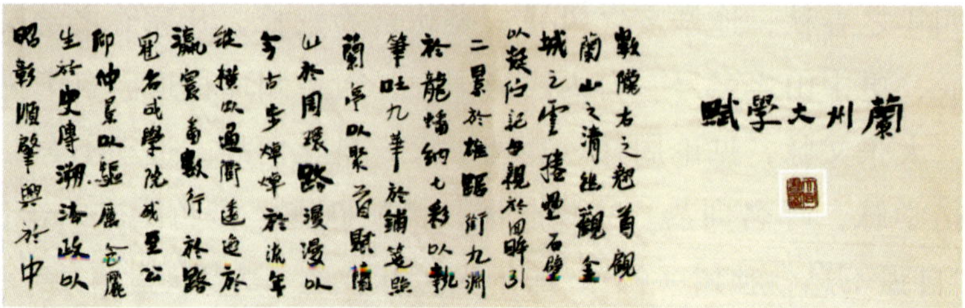

作者手书《兰州大学赋》（局部）

花爱艳

作者简介

花爱艳，字海燕，笔名飞扬的种子，1976年生，江苏盐城人。所创作的诗词赋文获全国有奖征文奖项多次。

兰州大学赋

焜焜烨烨，嵬嵬[1]崇崇。向祁连之峭劲，盈黄浪之浑雄。发金城汤池[2]之蓬勃，启河西丝路之淹通。风物横蒸，贞元地蕴；祥氛攒萃，灵秀天钟。怡怡乎锦织古城，焕人文以深厚；切切哉储思良俊，臻兰大之锐锋。洎乎百年砥砺，卓识邃冲。弦歌漾漾，泮水淙淙[3]。烁乎魁斗紫光，匝地椒兰杞梓；契夫北辰妙象，比肩太学芹宫[4]。是谓世界一流，高校之A类；重点大学，西北之绝峰。

然者骐骥以千里，迥非一跃以徂；功果之大成，岂是一朝之务？班班兰大，百载经行；卓卓风华，百年传炬。拓道千回，斫轮[5]若许。溯夫宣统元年，立学堂于法政馆，恰值青春；抟兰大之初征程，欣开芳序。后则逢革命，其址易乎几多；应迩时，其名更乎频数。曾有中山之称，国立之与。解放后，则以兰大冠名，仍为国教直属。可谓挈扶于乱世，逆浪而起航；勇搏之书山，临流而进取。意气舒扬，精神轩翥。尤懿其一路以兴亡为任，迎拒“二十一条”[6]；极力持正义而吁，共担五四壮举。和时代同进，弥彰砥柱之中坚；与民族共存，逾见初心之有素。

而其历沧桑，日以完善；循大道，势若揭瓴。更乃才良云集，赤子克承。稽乎首任校长蔡大愚，不畏劳辛而临艰受命，膺怀端志而办学竭诚。及至解放初，江山凋敝，万物待兴。辛树帜校长投以开发西部之梦想，重筹兰大之热情。四方招礼俊贤，增兰大之壮；百度移来东壁[7]，享巨藏之声。后复经江隆基校长引领，自强不息[8]而奋，朴素向学以赓。通过“211”预筹，鸿图璀璨；进入“985”建设，发展逸勍。彻乎翻天覆地之新，温总理会议以关爱；昭夫独树一帜[9]之彩，胡主席贺电以嘉评[10]。继而跻身“珠峰之计划”，阔步时代而躬行。

歆乎黄土朴淳，高原旷丽。碧宇绵云下，逸韵纷腾；胡杨白桦间，群楼高峙。三千余亩，夹道浓荫；两大校区，成蹊桃李。擢擢乎门堂煜煜，流输大国生力之军；仁仁兮训石巍巍，铭刻百年鸿鹄之志。凝眸图书馆，恰振奋之鲲鹏；放眼主塔楼，惟峻拔而深邃。铸校标[11]之核心，昭兰大之芳史。更乃师资厚殷，设施齐备。专业设置多元，建设工程擅美。科研高厉，成果硕丰；学术深精，资源光济。得习总以亲临，遐群方乎仰止。

休哉兰大！荷之赤衷大义，兀于时代前沿。劬劬乎营跬步，向青山[12]。行渡海之舟，面朝世界；作中华之柱，根扎疆边。筚路拓荒，同心[13]同德；杏坛振铎，率赶率先。青春注之校歌，知行合一；热血倾以校训，责任在肩。屹屹乎山河与振，英英兮鹏隼齐骞。立而校标灿灿，出则精勇绵绵。创辟新猷，酬恩祖国；横滋八作[14]，策马宇寰。赞乎兰大！殷殷耿耿，烈烈翻翻。雄镇乾方[15]，不骄而不侈；情耽黄土，弥奋乎弥坚。

【注释】

[1] 嶷嶷（nì nì）：形容道德高尚。《史记·五帝本纪》：“其色郁郁，其德嶷嶷。”司马贞《史记·索隐》：“嶷嶷，德高也。”

[2] 金城汤池：兰州是古丝绸之路上的重镇。西汉设立县治，取“金城汤池”之意而

称金城。

［3］弦歌：指礼乐教化、学习诵读。《孔子家语·在厄》："孔子不得行，绝粮七日，外无所通，藜羹不充，从者皆病。孔子愈慷慨讲诵，弦歌不衰。"泮水：古代学宫前的水池，形状如半月。

［4］魁斗：即魁星。中国古代星宿名称，是中国古代神话中所说的主宰文章兴衰的神，在儒士学子心目中，魁星具有至高无上的地位。太学：是中国古代国立最高学府。芹宫：《诗·鲁颂·泮水》："思乐泮水，薄采其芹。"朱熹集传："泮水，泮宫之水也。诸侯之学乡射之宫谓之泮宫。"后因以"芹宫"指学宫、学校。

［5］斫轮：语出轮扁斫轮。用刀斧砍木制造车轮，指精湛的技艺。出自《庄子·天道》，轮扁是春秋时齐国有名的造车工人。

［6］二十一条：是日本帝国主义妄图灭亡中国的秘密条款。1915年1月18日，日本驻华公使日置益向袁世凯递交了"二十一条"要求的文件，并要求政府"绝对保密，尽速答复"。

［7］东壁：《晋书·天文志上》："东壁二星，主文章，天下图书之秘府也。"

［8］自强不息：此处取校训"自强不息，独树一帜"上句。

［9］独树一帜：此处取校训"自强不息，独树一帜"下句。

［10］2009年，兰大迎来百年校庆，时任国家主席胡锦涛发来贺信，祝贺兰州大学建校一百周年，并寄予厚望。

［11］兰大校标标志形状：1.由同心两个圆构成。2.内圆中上方为兰州大学图书馆图样，下方为"1909"字样。3.外圆中上方为汉字"兰州大学"字样，下方为英文 "兰州大学"字样。

［12］青山：代表志。"青山不改，绿水长流。""留得青山在，不怕没柴烧。"

［13］同心：此处亦取校标由同心两个圆构成之寓意。

［14］八作：语出五行八作，泛指各行各业。

［15］乾方：西北方。

唐龙

作者简介

唐龙，字破虏。蜀人客闽。唐社成员，岷社成员，逸社祭酒，荀社副社长。浸淫诗词文赋二十年，辑有《弹指间诗词文赋稿》《小仓百人一首解读》《谢枚如酒边词笺注》《花痕录》等。多次于全国各类诗赋大赛担任评委。

兰州大学赋

根源河岳，寄慨风流。金城昂首，兰大展眸。拥祁连之苍莽，收白塔之清遒[1]。黄河泛滟之波，信为润哺；陇西丰饶之地，荷助远猷。乃致名庠之高轨，耀丝路之遐陬。守素王之礼乐，演赤子之春秋[2]。凛凛泮池，贞心和霜操长具；堂堂学府，思想与实践兼优。百十年潜气而嬗变，数万众亢声而齐讴。秉承古训，规启良筹。升如凤翥，迅若龙游。喜芝兰之孚聚，看桃李之丰收。赫赫古今，振声华于天下；煌煌遐迩，定德业于兰州。

乃溯开创之荆途，感躬行之艰步。翻校史以当怀，寄征程而允赋。肇自晚清，议从光绪。因时求变，改组法政之学堂；按序顺章，咨奏朝廷之学部[3]。历四迁于城西大街，喜初证于官立书圃。继而革命起，共和生；科举废，新学举。蔡大愚初任以山长，王鑫润幸跻于议务[4]。欣专办资格之正名，闻展览评定之列谱。曹家巷里，争集会而维国权；兰市街前，大联合以捍领土[5]。复中山之名更，又国立之缀附[6]。延及新中国之革成，综合性之貌具。科学院合并汇流，江隆基奉调入主。徐行问道，明发展之适机；阔步向前，知勤修而有度。曾过"211"之预审，还看"985"之同伍[7]。数经并扩创之整合，首列学硕博之授予。百年庆主席而电嘉，双一流世界之当誉。是谓胜集西北之菁英，表率中华之学府也。

至若校园漫赏，兰大随行。方胸襟之开示，继遐想之拓呈。画分区而整整，植花草而盈盈。灿灿学生，穿苑于紫薇与新竹；琅琅书语，溢楼于勤博和精诚[8]。球场则竞身以健，实验则携手唯凭。科院缤纷，频添新秀；设施齐备，不乏耆英。更有图书馆汗牛充栋，珠玉储庭。卓然乎西北巨藏，宏博乎甘省硕晶[9]。师资雄厚，成果鲜明。尽创新人才之培养，享长江学者之盛名。史研探考，代相传以火炬；大儒良导，渐引升为璨星。资源基地之创建，院士大纛之高擎。独研和交流并重，理论和履践共兴。学术之弘扬，喜尔论文累累；精神之敦笃，勉其态度兢兢。勇担重任，誓建全能。坚持吾道，展望前程。将国家战略之贯彻，唯世界一流之创争。但回首兮造福桑梓，应书炬赫；且振衣兮报效社会，还许峥嵘。

故而鸿志永怀，赤心堪托。望泉岭而足攀，临黄河而胸濯。自强不息，秉兰大事业之耕耘；独树一帜，识兰大精神之高卓[10]。如乔木之培修，似琨瑶而磨琢。开放意识之强化，内涵建设之化作。勤奋求实，进取选擢。提升教育质量，坚持人才战略。逢新世纪，应姿态之放开；立大目标，唯努力而执着。于是诵校训而感铭，奏校歌而宴乐。恰初心之不忘，看我中华儿女；当盛世而超腾，祝我兰州大学！

【注释】

[1] 兰州被祁连山余脉环拥。白塔是兰州标志建筑之一。

[2] 素王：孔子。

［3］兰州大学从清光绪年奏议，由法政学堂编组改制。

［4］蔡大愚为首任校长。教师王鑫润为首届国会参议员。

［5］1920年5月7日，为反对卖国的“二十一条”，法政专门学校学生在曹家巷左公祠集会，会后示威游行。1923年5月9日，发起成立“甘肃全省学生联合会”组织，进行爱国主义宣传。

［6］先后更名为兰州中山大学、国立兰州大学。

［7］兰大为“211”、“985”、双一流大学。

［8］其中紫薇、新竹、勤博、精诚皆兰大校园建筑。

［9］兰大图书馆积石堂为兰州标志建筑之一。

［10］“自强不息，独树一帜”为兰大校训。

姚铁飞

作者简介

姚铁飞，1971年生，大学文化。爱好文学，诸体皆擅。诗词联赋多次获国家级奖项。有作品发表于《光明日报》《长江日报》《沈阳晚报》《三峡晚报》《中华辞赋》等报纸杂志。多篇作品勒木刻石。现供职于辽宁省朝阳市建平县教育局。

兰州大学赋

居丝路以堪钦，景金城而益奇。启西北高教之滥觞，创华夏名庠于古郡。校名数易，韧以法政学堂；历史百年，卓尔杏坛瑜瑾。岂安定于阴霾，犹担当于国运。或为存亡而高呼，曾经偃蹇而愈韧。继而瀚海鸣鸾，偏隅骋骏。合院所而遄征，纳俊贤以丕振。摛教育兴国文章，穷立德树人学问。教育部直属，嗣传统而远浮华；文理科毕馨，翥鲲鹏而垂典训。

尝感十一秩沧桑，数代人砥砺。九十一门专业，已铸兰大之精魂；三千余亩校区，洵觋学子以真谛。入斯校也，则见气象芬敷，风光旖旎，旋观秀木以怡心，亦傍飞泉而明理。昆仑堂格物致知，图书馆经邦济世。甫仰民族柱，擢浩气之干霄；方离碧野楼，列前茅以展旆。黄河之澜波浩荡，处优岂可养尊；萃英之徵羽激扬，受挫焉能短志。然后栋桴咸培，英髦蔚起。辨是非于兹黉，审臧否于陇地。大师与琼楼交辉，教化偕科研共轨。际耳胥求索之音，弥望具昂藏之体。敢探幽赜于兹期，修齐治平乃如是。

足使方圆覆箦，逆顺宣猷。释钧陶之浃洽，研学术而自由。师穆为人之表，生摅报国之谋。温故以知新，考群科之旨要；钩深而致远，察万类于遐陬。学贵笃行，求实故当进取；教谨合度，勤奋务去绸缪。复乃风气占首，底蕴臻尤。知识揆以正误，命运任其去留。宁秉志焚膏于日夜，每争先剪烬于春秋。邃密之堂乃琢璞玉，卓荦之彦且固金瓯。自强不息，尚纲常以竖轨范；独树一帜，持自信而争上游。

是必至理究和，九八五藉之逞耀；真知养正，双一流入而昭轩。瞩目寰球，谅居高以自远；立足本位，均敦品而逾坚。杰青荟萃，院士腾骞。师资谓同侪翘楚，校友悉百业芝兰。学术资源萃其精髓，培养模式焕以多元。跨国继教以深造，硕博授权以覃研。改革创新，素质之麟屡盛；同频共振，文明之玉殊妍。宠辱何惊，最允荧煌之式；沉浮竟忘，诚孚爽朗之天。

莫不咫尺符进退之规，言行法兴衰之道。践宗旨以寻真，处遐陬而索奥。况且院系齐全，学科朗耀。心通宇宙之宏，脉晓堪舆之妙。特色专业，率为民族之光，精品课程，辄成社稷之兆。兼容并蓄，经纶播于迩遐；教学比升，信仰凸之里表。然后合作之举措悉循，科研之根本必蹈。罔求显赫之朱门，但守宁静之瑞岛。豪情既树，持理念以拯群黎；懋绩咸存，秉初心而擎帜纛。

盖闻海岳云屯，惟学可胜。须弘气质于八埏，定镂谟猷以九鼎。厚德载物，一瞬之光阴永恒；薪火赓传，百载之传承广炳。行昭社稷之兴，业适炎黄之炯。时代畀以精神，宏胶烨于纲领。与时俱进，迓五洲之鸿儒；继往开来，握准绳兼使命。由是值宇内之腾挪，矗潮头乃驰骋。镌倬政之佥谋，展宏图而俱庆。惟冀荏苒之兰大，握瑾怀瑜而攸敬。

崔耀轩

作者简介

崔耀轩，兰州大学核科学与技术学院原子核物理基地班2017级本科生，对古诗词及传统文化有浓厚兴趣。至今创作有25000余字360余首（篇）的诗词文章。

兰州大学赋

丝路金城，有学气正。立校百年，不负世人。莘莘学子，志如鸿鹄；济济有众，咸望国晟。树西北育人之标杆，引上下勤学之习风。一校藏幽壑，雄峰怀心间。行昆仑，过天山，走祁连，踏贺兰。修习之地虽有异，求真之心实无差。地虽偏而心志远，桂虽高而犹欲攀。有山萃英，有水毓秀。萃天下之英，育华夏之秀。习技而强国力，凭智以壮国威。学子英杰，普天欢喜。大能为国，小可安家。食之于芝兰玉树，胸腹由蕴精气，一日可当勃发。鲲不出水，如潜深渊。一日化鹏，扶摇九天。

春风吹暖，桃花争艳。风清雨软，雾隐西山。春眠闻香懒，草色沐雨鲜。忽有倒春寒，一夜雪满山。桃花不惧，碧草还新。纵有重担不弯腰，即使苦寒亦轻笑。夏雨淅淅，万物生机。群鸟鸣脆，催人奋发。灵猫怒目，嬉者惊吓。晨起日未光，却闻书声长。昆仑走长龙，天山出凤凰。龙当一日腾云起，凤鸣一声破九霄。草上秋霜，木叶虽落；抬眼望天，忽见云鹤；登云而上，何惧艰险？万物虽憔，吾心不焦。正如傲菊不曾惧，还似松柏何畏寒？君子多如此，自强终不息。冬雪轻飘，朔风呼啸；千山若老，朱颜且凋；心藏热火，犹寻问道。道阻何其长，不阻求知望。学虽无际涯，由是勤作舟。

今感先辈之光辉，居何苦？食何难？鞠躬尽瘁，呕心沥血。割长衫，碎花冠。挥铁拳，洒血汗。以重器而卫国，四方是畏吾国之威也。吾辈者，需习先辈之坚毅，勿忘初心，自强不息，独树一帜。引先辈为榜，立后世之纲。今人荣于前，后者骄以现。以此复先辈之辉煌，扬吾兰之名也！

李建雄

作者简介

李建雄，湖北恩施人。兰州大学文学院2019级汉语言文学专业学生。笃好诗词，聊以自娱。

兰州大学赋

陇水泱泱，朔野茫茫，弦歌吾校，沙漠胡杨。

金城故郡，兰州新府。地处赵冀，星属大梁。接湟洮而纳泾渭，控祁连而导上河。地有其灵，汉皇立白马之寺；人有其材，伯约尽诸葛之策。雄州沙沉，朔野星驰。兰大枕丝路之城，自强垂西北之范。清朝法政之学堂，自强不息；国立兰州之大学，独树一帜。百十校庆，群英如萃。千里来临，高朋尽列。既有名师，引学术之流；更兼校友，争各界前沿。微末之才，忝此名庠；童子何知，恭逢盛宴。

时维九月，序属三秋。题高榜而修吾德，别青山而赴金城。陵群岗于渝州，经蜀道之益郡；送滔滔之长江，迎苍苍之兰山。长河落日，萧萧班马鸣；大漠孤烟，悠悠驼铃声。西北寒苦，承千载之胡杨；百十兰大，穷朔野之风霜。

登天山，览昆仑。而或舌战群儒，而或谧夜闻针。试上萃英，览榆中之盛况；且登逸夫，遍古今之博闻。书山苍苍，学海茫茫。坚守与奋斗并行，自强与厚德一帜。贺兰祁连，映照科研之新；至公积石，尽展兰大之魂。

一九三九，沧海横流。山河破碎国安在？万民浮沉何渡舟？义士奋起，振民族于危亡；学子争先，担重任于一肩。断长衫，碎花冠。铸铁肩于西北，入救亡之洪流。出此潼关，自投笔而从戎！使命在前，岂左右而言他？悲金陵之涂炭，寂襄樊之残阳。华夏倾而江山乱，志慷慨而心刚强。金城动荡，自有学子挺身；举国无家，岂乏英毅之士？怀悲戚以抗倭，迎共和之新邦！

嗟乎！艰难困苦，玉汝于成。辛公树帜，江公旧事。持一心之所念，万人吾往；振一校之恢宏，百难吾向。所赖时运渐好，国邦正强。西北寒苦，宁移自强之心？寡地瘠土，独树一流之校。咏故迹而启后，谱新章以承前。吾校孤瘦，坚守自美；逝者如斯，来日亦长。《读者》新篇，如桃李之不言；学者云集，似向时之歌筵。

余，孤陋愚弊，踽踽惶惶。志虽无大，愿窥之于抚桑；梦虽难成，乞无悔于苍苍。抛陋习于未明，入如斯之名庠。非过人之贤才，得众列如羲皇。他日有为，或可耳详？今兹夙夜，只此为望。鲲鹏有志，抟扶摇而万里；胡杨无争，存千载之沧桑。

呜呼！小子不才，斯文如蜡；所望群公，芝兰如芳。方寸所望，惟吾校之辉煌；碧血所在，是吾国之兴旺！

第四辑 萃英翰香

张崇琛

作者简介

张崇琛，1943 年生，山东诸城人，中国古代文学及古代文化研究专家。1967 年毕业于华东师范大学中文系，后师从著名国学大师姜亮夫先生。自幼受故乡及家族文化氛围熏陶，喜好文史，初中时即在报刊上发表作品。

大学毕业后，分配至甘肃省建工局，1978 年调入兰州大学，从事教学与研究工作。曾任兰州大学中文系教授、古代文学学科点主任、硕士研究生导师、校学术委员会委员。

系《中国大百科全书·中国文学卷》撰稿人之一，同时兼任中华伏羲文化研究会副会长、中国诗经学会理事、中国屈原学会常务理事、甘肃省高校教师高级职务评审委员会文学组副组长。为中华辞赋研究院（香港）及甘肃省文史馆研究员，并为洛阳大学、临沂师院及西北民族学院等多所大学的客座教授。享受国务院颁发的政府特殊津贴。

1995 年被英国剑桥国际名人传记中心收录进《国际著名学者传略》。1996 年获全国高校“宝钢教育奖”。

谈谈我的读书

我现在已是快八十岁的人了，有许多爱好都已经舍弃了，唯有读书从不间断。我这一生，注定了要与书打交道。年轻时读书，大学毕业后分到学校教书，然后又写书，而最大的爱好则是藏书，故我的一生用“四书”二字便可概括。尝欲以“四书堂”颜其寒斋而未果。回顾这几十年的读书，经验谈不上，但也有几点心得可以在这里谈一谈。简单地说，就是“四个结合”。

一是精读与略读的结合。人生在世，无论干哪行哪业，有些书是必须精读的，例如《论语》。宋代的赵普曾说要以半部《论语》治天下，我们虽不一定有这样宏大的目标，但做人的道理还是要懂得的，因为不管从事什么样的工作，总是先要学会做人，然后才能去做事。而《论语》便是一部有关人的德行修养的书。再说宽泛一点，是一部最能代表中国文化特点的书。联合国大楼分别刻有代表各国文化的一句名言，而代表中国文化的便是《论语》中的一句话：“己所不欲，勿施于人。”1993年，国际上通过了《全球伦理宣言》，提出四条金规则（不变的规则）：一是不杀人，也就是不要战争；二是不说谎；三是不偷盗；四是不奸淫，男女平等。这四条规则的指导思想即是孔子所说的“己所不欲，勿施于人”。日本株式会社企业形式的创始人涩泽荣一更是声称一手拿《论语》，一手拿算盘，以儒家道德与经济合一的思想著称于世，并被称为日本现代化之父。他认为“《论语》是最好的德育课本”“《论语》让社会更加和谐”。正是基于此，1988年，全世界的诺贝尔奖获得者（75人）在巴黎开会，会后便发表了一个破天荒的宣言，其中提到：“如果人类要在二十一世纪生存下来，就必须回顾2500年，去吸取孔子的智慧。”所谓“孔子的智慧”，就融于《论语》之中。而作为一个中国人，又怎能不认认真真地去读一读《论语》呢！

精读书中，除了关乎人生基本修养者，还包括各自业务范围内的关键书籍。我是教中国古代文学又主要是教先秦两汉文学的，这一段是中国文学的源头，同时也是难度最大的。其中，楚辞中的《离骚》，更是向称难读。六朝人曾说，“痛饮酒，熟读《离骚》”方得为真名士，可见人们对《离骚》的看重。而对于研究先秦文学乃至古典文学的人们来说，《离骚》更是一道绕不过的坎，于是我便把《离骚》作为我精读的篇目。我的精读方法是把《离骚》中的每个字、每句话的含义都落到实处，然后将古今学人的每一条解读按照从汉代到当代的顺序逐一排列出来，最后将自己的见解也附在各家之后，做成了一部十余万字的《离骚释读》。至此，才算把《离骚》基本读通了。而《离骚》通了，再读其他先秦典籍也便触类旁通。这样的精读方法看起来是笨了一点，但却可以收到实实在在的效果。

学外语也是同样。我大学的一位老师徐震堮先生，是教古代文学的，但却懂英、法、德、意、俄、西班牙六国语言，而且其世界语在国内还是数一数二的。问其学习方法，他只说要精读一本书，最好是一本典范的文学作品，就着字典，从头啃到尾，这样单词也够用了，语法也就懂了。他还举了一个例子，说20世纪30年代中国驻英国大使馆的一个“一秘”就是这样学的，结果他一开口，那典雅的语言令英国人全都为之震惊。“一秘”所用的那本书的名字徐先生说过，可惜我没记住。

至于略读，其目的在于扩大知识面，以养成人的综合素质。略读的书并没有什么计划，只是根据个人的兴趣爱好，正如鲁迅先生所说，是“随便翻翻”。略读的书也许眼下无用，但可以使人达到一定的知识积累，形成一种知识网络，到了一定的时候也会发挥重要的作用。

精读的书不可求多，但要读得细，理解深；略读的书则要视个人的条件，尽量多读一些，只需“观其大略”（诸葛亮的读法）即可。

二是读书与思考的结合。孔子说：“学而不思则罔，思而不学则殆。”意思是说，只读书不去思考就会陷于迷惘之中，而只思考不去读书则会让思路很快穷尽。范文澜先生也告诫后辈学人读书时要做到“天圆地方”。什么意思呢？“天圆”就是头脑灵活（“天”字的本义即指人头），勤于思考；而“地方”则是能够坐下来认真地读书（范老将人的屁股比作“地”）。举例来说吧。乾嘉学者戴震，他从小就很爱动脑筋。塾师教他四书，用的是朱（熹）注，于是他就问老师孔、孟为何时人，朱熹又是何时人，老师一一回答。他听了之后反问道：“宋代去春秋、战国一千多年，朱熹怎么能懂得孔、孟的意思呢？”老师无言以对，只觉得这个小孩将来必定是个学问家。后来，戴震也果然写出了像《孟子字义疏证》这样著名的哲学著作。再如清初的阎若璩，他也同别人一样读《尚书》，但越读越觉得不对头，为什么《今文尚书》佶屈聱牙，而《古文尚书》反倒文从字顺呢？于是他便处处留心，终于找出了伪《古文尚书》作伪的128条例证，写成《古文尚书疏证》一书，为学术史上的一宗大疑案最后下了判词。至于当代的古史专家顾颉刚，说来十分有趣，他提出的中国历史是“层累地造成”的著名论点，竟然是从对戏剧的研究中受到启发的。他从元稹的《莺莺传》到《董西厢》，再到王实甫《西厢记》的内容和情节的不断丰富和完善中悟出，中国的历史原来也是这样越累越长的。试想，单是死读书的人，能有这样的成绩吗？

眼下图书汗牛充栋，许多人都纷纷著书立说，这就要求我们在读书时更应学会独立思考，切不可被某些人牵着鼻子走。顺便说一句，我对一些年轻人很容易就成为某些“明星”的“粉丝”，一直都感到大惑不解。陈寅恪先生所说的“独立之精神，自由之思想”哪里去了？我读书时就常常对某些哗众取宠之说抱着审视的态度，既审视他们的观点，也审视他们立论的依据，包括对原典的引用及解读是否正确，并发现了不少问题。我读书时还有一个习惯，就是在旁边放一本地图，以便随时查对。地图不但可以将某些抽象的概念和语言符号变得形象化，有时也会使人的思路豁然贯通，以至取得某种意想不到的读书效果。例如对《孔雀东南飞》首二句的解释，旧注皆难令人信服。我在读书时根据诗前《小序》所提供的“汉末庐江府”及两家求合葬之“花山”，并将古今地名进行了比对之后发现，刘兰芝由婆家被休回娘家，其方向正是自西北往东南。这样一来，美丽、善良的刘兰芝在遣归路上之依依不舍、顾盼流连，恰成了“孔雀东南飞，五里一徘徊”的比喻意义了，诗义至此也便昭然自明。

三是读专业书与读相关学科文献的结合。现在的人们虽然术业有专攻，但知识的结构还是越全面越好。这就要通过读书来实现了。西人培根曾说：“读史使人明智，读诗使人灵秀，数学使人精细，物理学使人庄重，逻辑修辞则使人善变。”这是就读书与人的修养而言。还要看到，现代科学的发展也正由分析走向综合，20世纪80年代国际上开始兴起的“天地生综合研究”，便是这种研究方法的集中体现。综合研究可以打破学科间的壁垒，从而解决一些单学科研究所不能解决的难题。受此启发，我无论是治学还是带研究生，都坚持大文化视野下的中国古代文学研究。于是在读书时也就注意读一些本专业以外的书，包括自然科学方面的书。例如，我为了搞清楚《楚辞》中大量吟咏的“兰”究竟是一种什么样的植物，有一段时期，除了上课便整天泡在生物系的资料室里。不但认真阅读了多卷本的《中国高等植物图鉴》，还反复翻阅了李时珍的《本草纲目》，终于搞清了《楚辞》中所咏之兰并非今之兰花，而是目前医家尚在使用的中药佩兰，从而解决了一个学术史上的难题。

再如，从周灭商的历史背景入手以破解先秦寓言中的“宋人”现象（后世对河南人的偏见实来源于此，详参拙文《“宋人”现象与中国传统文化中的地域偏见》，《科学·经济·社会》2008年第3期），从原始思维的角度以释读某些古汉语词语，从中西交通的大舞台以揭示《聊斋》中的狐狸精都自称陕西人之谜等，这些研究成果也都是通过多学科的交融以取得的，即所谓“它山之石，可以攻玉”。而之所以能有这种“聚合效应”，除了得益于专业知识外，也与我对马克思《摩尔根〈古代社会〉一书摘要》、布留尔《原始思维》以及郭沫若《中国古代社会研究》、向达《唐代长安与西域文明》、陈寅恪《元白诗笺证稿》等书籍的反复阅读与领会是分不开的。

四是读书与讲书的结合。一个人的精力是有限的，所读的书也是有限的。但要几个人合到一起，将各自所读过的书复述一遍，交流一下，那就等于将这些书都涉猎过了，其收获就大了。这种读书方法，古人已经有过，即约同二三学子，轮流背书、讲书，遇有疑难问题相互辨析，顾炎武、蒲松龄辈皆曾施行，称之为“温经”。我上小学时，镇上只有一个小图书馆，约藏有二三百本书。当时借书只需登记一下即可，但还书时管理人员则要求将该书的内容复述一遍后才能续借。为了多借一些书读，我便养成了“讲书”的习惯。后来上了大学，每个宿舍六个人，晚上熄灯后，同学们也常常相互交流日间所读书的内容。直至来到大学教书，每有本科生或研究生来访，也总是先交谈一下最近都读了些什么书，而同学们的“讲书”，也往往能补我读书之不足。例如，我对武侠小说及某些外国文学作品的了解，就很得益于同学们的“讲书”。有时我到赵俪生先生那里去，他也习惯性地让我先讲讲近期所读过的书。赵先生晚年为了了解某些社会问题，有一段时期很喜欢看一种叫《啄木鸟》的杂志，他也常常将里面的一些故事讲给我听。当然我们谈得最多的还是对匡亚明《孔子评传》及蔡尚思《孔子思想体系》两书的不同看法。

讲书都有些什么好处呢？除了通过彼此间的交流以拓宽视野外，还可以巩固所学的知识。一个人读了一遍书之后，自以为记住了，理解了，但要让他用自己的话表述出来，却往往不那么自如。什么原因？“教然后知困”故尔。假如同学们都能将读过的重要一点的书，对着“温经”的朋友讲上一遍，其所得的印象，是绝不亚于抄书的。而且，讲书过程中也会时有创获。不佞舌耕多年，就有这样的体会：由于讲授时思想的高度集中和思路的毫不间断，某些平时苦思不得其解的问题，在课堂上豁然贯通了；某些平时不曾有过的念头，在讲述的一刹那间也闪现了出来。对于这种情况，有人称为“顿悟”，有人说是“灵感”，不管叫什么吧，只要及时记录下来，往往会对某一问题的研究起着关键性的作用。说来不怕大家笑话，我讲了一些新的想法之后，过后就记不起来了，待到写文章需要时，竟不得不向听课的同学借笔记来抄。

以上拉拉杂杂说了这么多，都是围绕“四个结合”的。最后还想再说一句，我培养学生注重“三种能力”，即驾驭文献的能力、理性思辨的能力及语言表达能力（包括口头与书面表达能力）的养成，而“四个结合”的读书方法，对“三种能力”的训练应是很有帮助的。

李云龙

作者简介

李云龙，1941年生，西安市临潼区人。1962年毕业于陕西省华清中学，同年考入兰州大学历史系。1967年毕业后长期在东北工作，后调陕西工作直到退休。高级政工师、作家，著有杂文散文集《生命的音乐》（新疆人民出版社出版），主编《师魂》（新疆人民出版社出版）、《师道》（新疆人民出版社出版），与学友主编《我们兰大——看历史系六七届这群老学生》（兰州大学出版社出版）。另有其他文学作品数百篇，部分发表在《人民日报》、中央人民广播电台等多地报纸杂志上，尚有部分文稿待出版。

我们最爱去的地方

——兰大烈士亭记

每每看见几十年前恩师李蔚教授和我在兰州大学烈士亭前的一张合影，我就不由得想起当年六载兰大校园生活中我们最爱去的一个地方，那就是兰大烈士亭。

1962年，我们一踏进全国重点大学兰大的校门，就知道了校园里有个烈士亭。我们几个同学很快就在一天傍晚怀着崇敬的心情前去凭吊，在烈士亭前，我们久久地伫立、默哀。烈士亭为六角亭，古朴玲珑，上端写着“烈士亭”三个大字，正面两根亭柱上则镌刻着一副对联：“远山近树天然画，绿水青山自在闲”。对联情浓浓，意深深，是兰大人在告慰烈士们：“你们为之英勇奋斗的新中国已经成立了，祖国多娇的山河美如图画。你们可以永远地在这里——美丽的母校兰园里安息了。”这就使得我们几位新生的内心有了一种非同寻常的神圣感、肃穆感和庄严感。

兰大校园烈士亭远景

烈士亭巍然屹立着一块高两米的石碑。碑的正面镌刻着“兰州解放前夕本校殉难烈士纪念碑”，碑的背面勒刻着兰大七烈士的生平纪略——陈仙洲（甘肃临洮人，兰大俄文系二年级），程万里（山东人，任教兰大附中），魏郁（甘肃临洮人，兰大历史系二年级），焦洁如（河南洛阳人，兰大俄文系二年级），陈敬宇（河南郾城人，兰大植物系二年级），李承安（河南巩县人，兰大法律系二年级），杨怀仁（甘肃文县人，兰大附中教员）。

兰州解放前夕，马步芳龟缩兰州，企图负隅顽抗，并大肆搜捕杀害共产党员和进步人士。1949年7月，陈仙洲、程万里、魏郁先后被捕，8月被敌人以极其残忍的手段杀害于兰州沙沟；焦洁如、陈敬宇、李承安三位烈士于1949年2月26日被捕入狱，同年6月17日被国民党反动派残忍杀害于张掖；杨怀仁烈士在敌人的大搜捕中和程万里同志同时被捕，惨遭杀害。烈士们遭受了敌人的严刑拷打，甚至口里被敌人塞上烂布，耳朵里被敌人塞上棉花，腿被敌人用老虎凳折断，身上被泼上沸腾的滚油，也没有屈服。他们宁愿在已经看到了革命胜利的曙光的时候牺牲自己，也没有说出一个机密，没有出卖一个地下党员和革命同志。

陈仙洲烈士牺牲时，距兰州解放仅有十七天（1949年8月10日陈仙洲烈士牺牲，1949年8月26日兰州解放），距新中国成立仅有五十一天。他

2014年9月，兰大师生向兰大七烈士纪念碑献花

英勇就义时，请狱中难友转达他对组织和人民的最后的话："余为国为民，献身革命，大志未遂，身遭先死，时不假我，可叹可惜！幸革命大业，略备端绪，解民羁绊，出民水火，我死民生，可庆可歌。"

程万里烈士，在兰州解放前十七天、新中国成立前五十一天慷慨赴死，在被凶残的敌人用滚油浇烂他的身体，用刑具折断他的双腿的情况下，爬到墙边用鲜血写下诗篇："不为衣食不为官，人民生活怎忍看，被捕甘愿饮刃死，不负读书二十年。"

这就是我们的英雄！他们的最后的话和用血写成的诗篇闪烁着金色光芒，将永远激励人们沿着他们的足迹，为我们可爱的新中国奋斗到底！我们就这样一直怀着对反动派的刻骨仇恨，对烈士的无限敬仰的心情瞻仰完烈士厅，晚上回到宿舍，个个都是不断地流泪，久久不能入睡。后来，我

们知道了那时去过烈士亭的同学和我们一样也都是非常难过泪流不止。崔济民同学还因为激动和感动，写了一首题为《烈士碑前》的诗："国庆将临，我站在烈士碑前/向共和国大厦的基石/致以深沉的深沉的悼念/思想感情的潮水放纵奔流/它把我带入血与火的十三年前/……/他们用如椽的大笔/在共和国的历史上写下了壮丽的诗篇……"

陈仙洲烈士

魏郁烈士

真的是太激动而又感动了，以致当时对兰大还不十分了解的我们，甚至还在心里这么想："重点大学的兰大，莫不成与这么重要的烈士亭及那段雄奇、悲壮、不朽的历史也有着密切的联系？"后来我们去兰大烈士亭的次数多了，对兰大烈士亭和兰大七烈士的认识自然也就一次次地加深了。是的，重点大学的兰大，独有这样一个英雄群体，为了可爱的中国得解放，为了穷苦人民得翻身，烈士们的革命意志竟是那样的如钢似铁！不，简直是比铁还硬比钢还强！他们是"砍头只当风吹帽""砍头不要紧，只要主义真，杀了夏明翰，自有后来人"的英雄！他们是三九严寒中怒放的红梅，是冰雪覆盖中挺立的劲松，是蓝天之上翱翔的雄鹰！他们抛头颅洒热血，前仆后继，为民族的新生而英勇奋斗，历史永远地记住了七烈士的英名，蓝天白云、日月星辰、皋兰黄河、陇原大地永远地记住了他们的不死之精神、不朽之功勋！兰大人永远地记住了自己的先烈先驱先贤先辈，为他们树碑立传，将他们热爱祖国、热爱人民的大爱情怀，镌刻在自己的心里。我们知道这样的记忆才是最坚韧的记忆，只有用这样坚韧的记忆，才能筑成我们灵魂大厦最坚固的根基！兰大七烈士永远都活在兰大人心中。兰大不愧是一所英雄的大学！我们一群新生为自己能考入这样一所英雄的大学而高兴不已！

我们在兰大读书的年代，那真是个激情燃烧的年代，是个最讲热爱祖国的年代，最讲热爱人民的年代，最讲革命信仰革命理想的年代，最讲崇敬英雄学习英雄的年代，最重视青年人的思想革命化的年代。我们也真是生逢其时，在学校本就十分重视学生思想革命化的同时，1963年我们大学二年级，伟大领袖毛泽东发出了“向雷锋同志学习”的伟大号召，随之在全国展开了轰轰烈烈的学习雷锋的高潮。1964年11月，江隆基校长亲自到火车站为去广阔农村接受锻炼的我们送行，他一再叮咛我们一定要在农村的艰苦锻炼中取得好成绩。兰大七烈士为我们留下的红色印记、红色基因，堪称兰大进行红色革命传统教育的得天独厚的条件，也就是传承红色印记、红色基因，铸牢理想信仰之魂的最好条件，所以我们也就自然而然地把学习兰大革命烈士和学习雷锋活动以及去农村接受艰苦锻炼紧密结合起来了。我们无论是在学习雷锋活动中，还是在农村锻炼实践中，时时刻刻都觉得兰大烈士和英雄们就在我们的身边，为我们指路，为我们鼓劲，为我们助威，为我们喝彩。因而我们在各种各样的锻炼中，时常都是真切看见了兰大七烈士为新中国的成立而洒在大地上的殷红的鲜血，听见了黄河母亲为自己优秀的子孙——兰大七烈士唱着感天泣地的颂歌，看见了兰大烈士们的热血是怎样在浇灌着漫山遍野的红杜鹃，也真切感觉烈士们的鲜血已经真正融进了我们的血液，注进了我们的血管，生成了我们生命的基因，烈士们的牺牲精神对我们努力成为革命接班人的信念产生了不可估量的作用。与此同时，我们也知道兰大如此美丽的校园，是兰大烈士们用鲜血和生命换来的，我们若是稍有放松了学习，那我们就永远对不起烈士们！所以兰大的过硬学风是出了名的。清晨，那悦耳动听的上课铃声还没响起，校园里的读书声就已经灌满了人们的耳朵；晚上，图书馆楼上的钟声早已鸣过了九响，可校园各处的路灯下还站着苦读不归的学子。这都是我们在烈士精神的感召下发自内心的为人民为祖国而发奋读书，决心成为合格的能文能武的社会主义革命接班人的结果。所以，兰大学子们因勤学苦读而学有所成，一经进入社会，到处都是一片“兰大人是好样的”的赞美之声。从革命化中扎扎实实走过来的兰大学子们就这样为自己争了气，给学校增了光，为此我们感到无比的自豪！也往往在这样的时候，我们就不由地感叹：“兰大的烈士英雄们给予我们兰大青年学生的实在是太多了！”

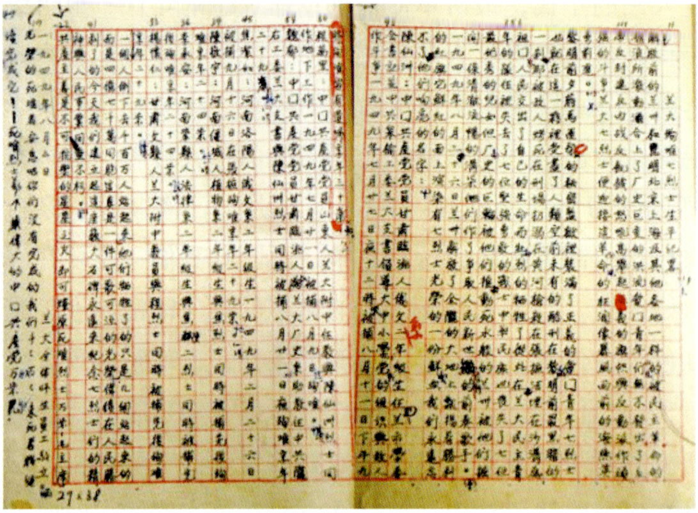

兰大师生所立烈士纪念碑碑文手稿

很快，六年的大学生活结束了。就要离别母校的时候，我们又一次来到兰大烈士亭。那天，我们把一束束洁白素净的小花敬献给长眠在这里的烈士，向他们深深地鞠躬之后，久久不忍离去。我们伫立在烈士亭前，眼含泪水，心潮起伏，激情涌动，想得最多的就是我们学习先烈的精神永远都不是一时一地的事，而是时时处处、一生一世的事。所以我们立志和宣誓，离开母校走向社会后，无论什么时候，十年或几十年后，也无论在什么地方，我们都不会忘记对烈士精神的继续学习，烈士精神永远都是指引我们前进的灯塔。

《兰大烈士亭记》记至此，本该打住了，可我似乎还有点意犹未尽之感，那就再说上几句吧。可以说，最爱去兰大烈士亭，已经成了我们的一个情结。自从离开母校走向社会以后，我依然是常常猛然就想起了兰大烈士亭。可是由于我供职的地方几乎在万里之外的茫茫林海、皑皑雪原，所以想看看烈士亭也只能是想想而已。不过我还是耐心地等待时机，相信总会有机会的，结果机会真的就来了。这就是我后来又到西安工作，一是离兰州近了，二是出差的机会多了，也终于很快就有了一个去青海外出调研的差事。那是1994年夏，我计划返程途中，一定要回母校瞻仰烈士亭的。岂料我本来很快就要到兰州了，却患了重感冒。但我没有改变计划，没有考虑到赶紧回家治病，而是毅然下车，傍晚走进母校，住在留学生公寓，一种强烈的恨不得马上就能见到烈士亭的心情，使我那天晚上长时间不能入睡。好不容易等到第二天，我早早就和李蔚老师一起拜谒了烈士亭，以表达对烈士的深深思念和感恩之情。李老师的女儿看了很感动，就给我们师生二人拍了一张在烈士亭前的合影。这是我离开母校二十六年后第一次回来拜谒兰大烈士亭，一朝了却了心愿，不用说有多高兴了。

1994年7月，作者与李蔚老师（右）于烈士亭前合影

后来我退休了，这下我再去拜谒烈士亭的机会就更多了。2003年冬，我们兰大历史系1967届的一群老同学就组织了一次回母校的聚会。聚会期间重回校园时，我们就迫不及待地去了一回母校的烈士亭。我们依然是在烈士亭前向烈士倾诉了我们对他们的浓浓思念和感恩之情，心里也就得到了极大的满足，那种满足的感觉真是太美满了！2008年冬，为了给母校即将到来的百年校庆敬献一份小小的礼物，我们班的一群老同学又一次会集兰州，对我们班同学集体撰写的《我们兰大——看历史系六七届这群老学生》一书的文稿进行修改和编辑。这项被我们称为“阳光工程”的工作结束后，在一个飘雪的日子，我们利用前去给母校相关部门的领导和工作

人员汇报书稿的机会，又去了一回烈士亭。我们几位学友在烈士亭前深情地祭拜之后，又围绕烈士纪念碑缓缓而肃穆地走了一周，再次仔细看了碑文，一种思念和感恩之情不禁又一次油然而生，我还因此写了一篇《我最爱去的地方》，以为纪念。2009年初秋，母校百年校庆前，我们几位同学又到了兰州，并专门安排好时间，前去拜谒烈士亭。那天，我们还特意带上了刚刚由兰大出版社出版的散发着浓浓墨香的《我们兰大——看历史系六七届这群老学生》一书，以此作为我们对烈士的敬意和感恩。显然是因为激动，我甚至真的就听见了烈士们特别是历史系的魏郁烈士说："你们献给母校百年校庆的这个礼物好呀，你们做了一件很有历史意义的事情。"我听了真是高兴得不得了。

《我们兰大——看历史系六七届这群老学生》书影

当时，虽然我也知道这是我内心的幻觉，但我宁愿相信这是真的。光阴荏苒，倏忽又是十年过去，母校一百一十周年生日到了，我们几位同学又于2019年6月底来到母校出席了历史文化学院举办的中国古代史传承与创新的活动，而后我们又在已近耄耋之年再次来到烈士亭，依然是久久的深沉的祭奠，还是继续表达着我们对烈士不尽的思念和感恩之情。回到西安后，我把我和老同学们工作期间和退休之后一次次在兰大烈士亭寄托对烈士的思念和感恩的心情给诗人王习道先生说了。他听后，被兰大七烈士的事迹和精神深深打动，竟一气呵成，连撰三副对联，作为献给兰大七烈士的颂歌。其一曰："信仰难移，死生何惧，一腔热血酬革命。初心不改，壮志有为，遍地红旗慰勋臣。"其二曰："献身革命，大志未遂，喷血冲天成七彩。不负读书，非求衣官，落沙赍志壮千秋。"其三是一副嵌名联，曰："敬宇洁如，仙洲魏郁蒙雨露。怀仁万里，赤县承安悼英才。"我对这几副对联可谓珍爱倍至，一直都觉得这是诗人为我而写的"座右铭"，每当我读着这几副对联的时候，就感觉又站在了兰大烈士亭前，我知道这几副对联深蕴着我对兰大七烈士的永远的思念和感恩之情。同时，我也把自己十年前写的《我最爱去的地方》重新拿出来，并修改成了现在这样一篇小记，以便平日把朋友写的对联和这篇小记放在一起读，这样就更有利于把我对烈士的思念和感恩之情始终装在自己的心里，我深知我对兰大七烈士的思念和感恩之情会在我的灵魂深处永久地发生着作用……

写到这里，我又把几十年前和李蔚老师在兰大烈士亭前的合影看了许久，不由得感之叹之："兰大烈士亭哟，你永远都是兰大的红色印记！你永远都是兰大的一处最珍贵的红色文物！你永远都是兰大的不可多得的进行革命传统教育的红色课堂！你永远都是兰大的一笔丰厚的无价的思想精神财富！一句话，你永远都在灿烂着兰大的精神之光！"我就这么感之叹之，不由自语："兰大烈士亭哟，你永远都是我们最爱去的地方！"

2020年2月

郭庆祥

作者简介

郭庆祥，1950年生，中国科学技术大学教授，1975年毕业于兰州大学化学系，1979—1982年在兰州大学攻读研究生学位，毕业后留校工作。1986—1989年，赴美国田纳西大学做访问学者，研究自由基正离子的结构和反应活性。1994年到中国科学技术大学工作。历任国际学术刊物《Journal of Inclusion Phenomena and Macrocyclic Chemistry》编委，《化学学报》《有机化学》《中国科学技术大学学报》编委，《纤维素科学与技术》副主编。任亚洲-大洋洲环糊精科学学会副会长、亚洲-大洋洲绿色可持续化学学会学术委员会成员、浙江大学能源清洁利用国家重点实验室学术委员会委员、中国科学院天然产物合成化学重点实验室（上海）学术委员会委员、中国科学院纤维素化学重点实验室（广州）学术委员会主任、湖南科技大学教育部理论化学和功能分子重点实验室学术委员会主任。

人生三要

在我七十岁生日那天，作为导师带过的几十位学生为我举办了一场生日聚会，本文是根据我在聚会上的发言整理而成的。

今天你们为我举办这样隆重的生日聚会，让我和家人十分感动。谢谢你们！孟子说：得天下英才而教育之是人生一大乐。我有缘作为你们的导师，和你们一起学习、一起工作、一起追求科学之美，并结下深厚友谊，是我人生之大幸。西方有句格言：两个人交换苹果，每个人手里只有一个苹果；两个人交换思想，每个人头脑里就有两种思想。因此，我很高兴和大家交流思想。今天我想讲的是我对人生的一点感悟，概括起来就是“三要”：一要努力工作，二要依靠自己，三要夫妻同心。

一要努力工作。首先，努力工作是一个人的责任和义务。人具有社会属性，人是社会的人。大到一个国家，小到一个班组，都像一台机器，每个人都是这台机器上的一个零部件，雷锋把它形象地比喻为螺丝钉。只有每个人都坚守岗位，做一颗忠于职守的螺丝钉，这台机器才能正常运转。把自己分内的工作做好了，对单位对国家对社会就是贡献。因此，努力工作是一个人的本分，是最基本的做人道理。其次，要发挥主观能动性，发挥聪明才智，认真钻研业务，研究事物发展变化的内在规律，科学地工作，创造性地工作，把平凡的工作做得不平凡，在平凡的岗位上做出不平凡的成绩。这样，在成就事业的过程中也成就了自己。任何单位，不管是政府部门，还是企业事业单位，都欢迎优秀人才加盟，都重用为本单位提高业绩、提高效率、提高声誉做出贡献的成员。工作成绩是衡量一个人分量的砝码。再次，有成绩就会有回报，那些工作成绩的附属品，如名誉、地位、鲜花、掌声、晋级、加薪等等都会随之而来。还用得着去和别人争吗？还用得着低三下四地去求人恩赐吗？还用得着请客送礼走后门吗？由于工作成绩，你有社会地位，有丰厚收入，受人尊敬，令人羡慕，你的家人也会因你而感到欣慰。

我给大家透露一个秘密：你所做的一切，表面上看是为单位，为上司，为老板，其实归根结底都是为自己。你相信吗？教授给你布置了一个研究课题，你认认真真踏踏实实开动脑筋去做了，取得了创新成果并写成论文。论文发表了，你是署名作者；论文得奖了，你是获奖人；论文成果转化为实用技术或产品，有经济效益分红了，你是受益人。表面上你在为教授工作，其实在为自己。难道不是这样吗？

有一位资深建筑工人，在House Building公司工作了几十年。他工作认真，技术娴熟，受到老板和同事的尊重。快到退休年龄了，一天他向老板提出退休的请求。老板答应了他的请求，同时给他也提出一个请求，请他再盖一座房子，然后就退休。他接受了这项任务，但他一心想着退休，想着和家人一起享受天伦之乐，在盖这座房子时心不在焉，质量不太令人满意。房子终于盖好了。在他退休的欢送会上，老板庄重地把他刚盖好的这座房子的钥匙递到他的手上，作为终身成就奖，表彰他为公司所做的贡献。当时他面红耳赤，深感羞愧。他怎么也没想到：原来自己所做的一切都是在为自己盖房子。

工作永远是第一位的，你所做的一切都是在为自己盖房子。

二要依靠自己。俗话说在家靠父母，出门靠朋友。不错，父母是可以依靠的，朋友是可以依靠的。但是父母也有衰老的时候，也有失能的时候，父母能让你靠一辈子吗？朋友也有当你需要时叫不上的时候，也有他无能为力爱莫能助的时候，甚至还有他自己身陷困境的时候。过去常听长辈们说：“靠人靠到阴沟里。”民主革命先驱巾帼英雄秋瑾在她的一篇文章中写道：“诸位，你要知道天下事靠人是不行的，总要求己为是。”这是从她的革命实践和生活经历中总结出来的宝贵经验。

一位男子事业不顺，于是想到求助观音菩萨。他来到菩萨像前虔诚跪拜。正在这时，又来了一位在他身旁跪了下来。他转过头去看了一眼，不看则罢，一看令他大吃一惊。来者不是别人，正是观音菩萨本人。他感到大惑不解，便问：“大慈大悲的观音菩萨，您怎么拜您自己呢？”菩萨回答说：“求人不如求自己。”

斯宾塞·约翰逊是一位拥有心理学学士学位和医学博士学位的畅销书作家，他写过一本《谁动了我的奶酪》的现代寓言。这本书的主题是：世界在变化，人要主动适应变化、迎接变化、享受变化，而不是拒绝变化。

我从这本书中还读出了另外一层含义，即依靠自己应对变化。书中描写了四个人物：两只小老鼠嗅嗅和匆匆，两个与小老鼠一样大的小矮人哼哼和唧唧。他们生活在一个迷宫里，唯一的食物来源是奶酪C站的奶酪。一天，C站的奶酪不翼而飞。小老鼠嗅嗅和匆匆天不亮就来到C站，发现了这个情况。他们交换了一下眼神，决定要依靠自己找到新的奶酪，并且立即行动去迷宫深处寻找。小矮人哼哼和唧唧天大亮了才来到C站，发现奶酪不见了，他们非常气愤，大声叫嚷："谁动了我的奶酪？"面对这突如其来的变故，两个小矮人不能接受，没完没了地抱怨，哼哼说："这样的事不应该发生在我们身上，我们应该得到补偿。"甚至还说："我们拥有这样的权利（即得到补偿的权利）。"明知C站已经没有奶酪了，第二天哼哼和唧唧还是怀着侥幸的心理再次来到C站，希望有人给他们补偿。面对无情的现实，面对失去唯一的食物来源，面对饥肠辘辘的肚子，唧唧提议：不能再等别人补偿了，不能再自欺欺人了，还是要依靠自己去寻找新的奶酪。哼哼不接受这个提议。于是唧唧一个人进入迷宫深处去寻找，并将自己的行走路线做了记号，以便哼哼追赶他时少走弯路。经历了千辛万苦，唧唧终于发现了奶酪N站。当他来到奶酪N站时，小老鼠嗅嗅和匆匆早就在这里安营扎寨了，它们已经提前享用新鲜美味的奶酪了。而哼哼仍在原地郁郁寡欢，饿着肚子，生着闷气，等待他人的补偿。

是的，求人不如求自己。小老鼠嗅嗅和匆匆在失去奶酪的时候，仅凭直觉，就知道依靠自己去寻找新的奶酪，而且毫不迟疑马上行动，并获得成功。相反，沾染了人类某些恶习的小矮人哼哼和唧唧就不是这样，他们只知道愤怒生气抱怨，说一大堆于事无补的话，总想依靠他人给予补偿。好在唧唧终于想明白了依靠自己的道理，并如愿以偿地找到新的奶酪。

依靠自己的理念必须植根于心，毫不动摇。在工作和生活中，总会遇到各种各样的困难和问题，遇到困难不能绕道，遇到问题不能推诿。要克服困难解决问题，必须依靠自己，别无选择。强调依靠自己并非拒绝他人帮助、排斥团队精神，相反，是为了更好地发挥团结互助通力合作的团队精神。只有自己靠得住，别人才靠得住；自己靠不住，谁也靠不住；一个连自己都靠不住的人，还能奢望靠谁呢？只有依靠自己，才能自我完善，自强不息。靠自己是最靠谱的。

三要夫妻同心。每个人都有自己的人际关系网，在所有人际关系中，夫妻关系是最重要的。正如一位心理学家所言：“夫妻关系是家庭的定海神针。”一个家庭的荣辱兴衰，在很大程度上取决于夫妻关系；一个人事业成功与否、生活幸福与否，在很大程度上取决于夫妻关系。列夫·托尔斯泰说：“幸福的家庭都是相似的，不幸的家庭各有各的不幸。”幸福的家庭之所以幸福，总有它幸福的道理。对于幸福的家庭何以幸福这个问题，我想用概率论、遗传学和经济学的观点予以探讨。

从概率论来讲，在这大千世界，素不相识的男女二人，从相遇相识相知相爱，到谈婚论嫁，组成家庭，感情从恋情升华为亲情，像处在天南地北的两条小溪汇成一条河流，融为一体，难分彼此。这样的结合，概率是非常低的，用佛家的话说是千年修得的。想想，这是多么美好的姻缘，多么值得珍惜！白居易有诗云：“在天愿作比翼鸟，在地愿为连理枝。”夫妻要像结伴飞行的比翼鸟，互相陪伴，互相鼓舞，一起飞过风和日丽，一起穿过狂风暴雨；夫妻要像合二为一的连理树，互相关照，互相支撑，共同沐浴阳光雨露，共同面对风霜严寒。

遗传学告诉我们，遗传基因决定了每个人都是一个独立的个体，没有两个完全相同的人。人的思维方式、行事风格不尽相同，这是自然而然的事，不能苛求他人和自己一样，或像自己想象的一样，这是不可能的。家庭生活是十分现实十分具体十分琐碎的，面对的是生儿育女、衣食住行、柴米油盐。但是千万别忘了，生活的情趣、快乐的体验、幸福的感受全都与之相伴，如影随形。美好的生活是由夫妻共同营造的，营造美好的生活，需要夫妻双方互相尊重，互相欣赏，互相接纳，互相宽容。所谓接受对方就意味着全盘接受，既包括优点也包括缺点。对方的优点可敬，缺点可爱。缺点往往是人性中不加掩饰的本色的一面，是真性情的体现。对方袒露其率真，没有文过饰非，没有遮遮掩掩，这样的缺点难道不可爱吗？被人爱是福，爱人更是福。

从经济学的观点看，婚姻像投资，投资讲回报。现实生活中存在两种婚姻：一种是美满婚姻，一种是问题婚姻。假定夫妻二人的贡献分别是a和b，借用数学里的完全平方公式，计算美满婚姻的投资回报用公式（1）：

$$(a+b)^2=a^2+b^2+2ab$$

计算问题婚姻投资回报用公式（2）：

$$(a-b)^2=a^2+b^2-2ab$$

等号左边是投入，右边是回报。对于美满婚姻，夫妻二人相亲相爱，心往一处想，劲往一处使，创造力超常发挥，于是创造出 a^2+b^2+2ab 的业绩。相反，对于问题婚姻，夫妻二人离心离德，互相扯皮，严重内耗，于是制造出 a^2+b^2-2ab 的结果。式（1）－式（2）：

$$(a+b)^2-(a-b)^2=4ab$$

显而易见，一桩美满婚姻比一桩问题婚姻创造的精神和物质财富竟多达4ab。这个结论发人深省，耐人寻味。

夫妻同心是一本万利的投资。聪明的人生，一定要选择美满的婚姻；智慧的人生，一定要呵护美满的婚姻。

努力工作助你成就事业；依靠自己使你自强不息；夫妻同心换来家庭幸福。人的一生，舍此何求？

说人生三要，难免挂一漏万，有失偏颇，姑且供大家参考。不过，在我看来，如果能做到这三要，也就大差不差了。

最后，引用朱熹的一首诗，结束我的发言。

少年易老学难成，一寸光阴不可轻。
未觉池塘春草梦，阶前梧叶已秋声。

李世英

作者简介

李世英，1957 年生。兰州大学中文系 1977 级学生。1982 年毕业留校任教，研究生导师为林家英先生。文学博士，现为中国戏曲学院教授。

我的兰大　我的挚爱

《我的兰大——诗词赋散文集》出版了。拿到这本诗文集，我迫不及待地打开翻阅，迅速浏览了前言、后记和目录，了解了诗文集的整体情况，心中顿时涌上一股热流。这是为兰州大学一百一十周年华诞的献礼之作，充满了浓浓的感恩之情和对母校的美好祝愿。

在阅读《我的兰大——诗词赋散文集》时，我始终沉浸在感动、感恩和感奋之中，心潮激荡，不能自已。“我的兰大”，“爱在兰大”，从一篇篇袒露心声、热情洋溢、文采飞扬的诗文中，深切地感受到兰大学子的胸怀抱负和精神境界，感受到热爱母校、感恩母校、祝愿母校繁荣昌盛的炽热情怀。仅看全书四辑的题目“兰苑古韵”“毓秀文章”“积石赋彩”“萃英翰香”便感到浓重鲜明的兰大色彩和文化内涵。兰州大学有一百一十年的辉煌历史，为国家和民族培养了一代又一代优秀的人才，在国家建设发展的各个阶段都发挥了重要的作用。回顾学校的历史，回忆师长的教诲和同学的情谊，在庆贺一百一十周年的时刻，在这新的历史节点上，怎能不让四面八方学子的心飞向母校，飞向培养哺育自己成长的这片热土呢。

诗文中表现最多的是对老师的崇敬和感恩。兰州大学之所以能够不断发展创新，就在于有一批又一批坚持立德树人、学术造诣高深的优秀教师。他们坚守在西北高原，志向高远，锐意创新，无私奉献，用全部的心血培养人才，赢得了学子的衷心爱戴和尊敬。近日获得“兰州大学坚守奋斗杰出贡献奖”的林家英教授就是其中的代表，“天涯何处无芳草，最是皋兰山下稠。骏马秋风奔塞北，春光桃李绽神州”（《兰州大学百年校庆感赋》），诗歌言志，桃李情深。学生们和林老师《桃李情》的诗有多首，“当年执卷立程门，春月天涯意更亲。积石堂前曾折柳，授书风义总真醇”（李成晴），师恩难忘，薪火相传。老一辈教师的胸怀和品格深刻地影响着学生们，投身教育事业是无数优秀学子的志向和选择。诗文集中有很多熟悉的老师的名字，柯杨、魏明安、张文轩、张崇琛等等，还有很多熟悉的同学和校友的名字，冯诚、刘俐俐、吕发成、王维平等等，读了他们的诗赋文章，备感亲切，深受感染。《兰州大学，放飞梦想的港湾》，是现任兰州大学新闻与传播学院院长冯诚的一篇激情洋溢的诗化散文。冯诚是中文系1977级的同学，毕业后进入新华社工作，才华横溢，能力超群，先后担任新华社新疆分社、甘肃分社、湖北分社社长、党组书记，在新闻领域做出了突出的业绩。如今又回到母校任教，为培养新闻优秀人才发光发热，奉献力量，“分享着母校的荣耀，我们也变得青春而昂奋；感恩于母校的厚赐，我们更懂得勤勉而不怠”，道出了学子的心声，体现了兰大的优秀传统和精神。

《我的兰大——诗词赋散文集》中的精彩文章每一篇都值得细细品读。在这里可以看到丰富多彩的校园生活，回味难忘的青春岁月，《我们的大学源自黄河岸边萃英门》《像风一样拂过青春》；可以看到前辈们筚路蓝缕开拓坚守的足迹，体会奋斗的艰辛与喜悦，《我的兰大生涯》《难忘的兰大学风》；可以从中汲取前进的力量，激发报国图强的热情，如《兰大，回荡在生命中的温暖与信念》《此生最傲兰大人》；可以品味不同时代校友的情感波澜，获得人生的感悟，如《毕业为同学赋》《永恒的情谊》；可以欣赏同学校友的美文，体会才思泉涌妙笔生花的表达快感。诗为心声，文传情思，阅读这些发自真情的诗文是一种难得的审美享受。

这本诗文集是“萃英记忆工程”丛书之一，主编阎军、孔玲为本书的出版付出了艰辛的努力，为记录兰州大学前进发展的步伐，展现兰大学子坚守理想不懈奋斗的心路历程作了非常有意义的工作。《百年兰大百年情》，《兰大人，坚守奋斗向未来》，愿“我的兰大”青春永驻，开创更加辉煌的明天。

张克非

作者简介

张克非，兰州大学历史文化学院教授、校史研究室主任，长期从事中国近现代史等的教学和研究工作。曾兼任兰州大学出版社总编辑、博物馆馆长，编写有《兰州大学校史》《刘冰校长与兰州大学》《兰大现象及其精神》《邓宝珊与陕甘宁边区》等书和普通高等教育“十一五”国家级规划教材《公共关系学》，总纂《兰州市志（先秦—2008）》。现兼任中国高等教育学会校史研究分会理事长、甘肃地方史志学会副会长等。

“大时代的担子紧压在两肩”

——校歌中的兰大精神与担当

校歌是一所学校的音乐表征和生命旋律，弘扬、传承着学校内在的精神和魂魄，起着延续历史、凝聚心志、统一行动、托付使命的重要作用。

一首好的校歌，往往能跨越时空和代际而不会终老，即便被尘封很多年之后依然能够重新复活。其内在的生命力恰恰在于歌声中回荡的历史情感、传递的丰富信息，本身就能够超越时代局限，经受岁月磨砺，对学子们产生普遍、恒久的启示和激励，催人奋进、发人深思，传递薪火、继往开来。诞生于1938年的兰州大学校歌，就是一个典型的例子。

一、大时代的号角

西北的青年，莫要再耽延，
割断我们长衫，
抛却我们浪漫，
大时代的使命奔临在眼前。
大踏步冲出潼关，
看一片漫天的烽烟，
仅凭舌尖怎能扫荡那凶焰，
挥起铁拳才能还我河山！

甘肃的青年，莫要再迟延，
捣碎我们花冠，
停止我们歌筵，
大时代的担子紧压在两肩。
乘长风冲上青天，
望一眼卷世的狂澜，
仅凭笔尖弱小怎能保全，
拼着血汗大同实现何难！

这首诞生于全面抗战初期的兰州大学校歌，是1938年应教育部要求，由当时的省立甘肃学院所呈报的，其词、曲作者已不可考。与同时期诞生的西南联大、交通大学、浙江大学、河南大学等高校的校歌相比，它似乎不是出自名家之手，歌词中也缺乏典雅、深沉和委婉，更没有广泛传诵、脍炙人口。但它恰似直杠杠、硬邦邦、刚烈血性的西北汉子，面对当时的敌寇入侵、国家危亡，不假思索地甩掉长衫，直截了当发出胸底的怒吼，立马要大踏步冲出潼关，挥起铁拳，扫荡凶焰，收复河山！它以天然去雕饰的率真呐喊，成为能够汇聚时代风雷、抒发师生豪情、寄寓远大抱负的铿锵力作。

由于各种原因，这首校歌后来被尘封了一个甲子。20世纪90年代，学校曾试图推出新的校歌，因无法得到师生的普遍认可而中途告罢。孰料在2009百年校庆前夕，这首老校歌却奇迹般地复活，并被师生们广泛传唱，成为连接学校昨天和今天的精神纽带。

二、与民族共命运

在斗转星移的今天，与众多“90后”“00后”的青年学子共同高唱八十多年前的校歌，照样令人荡气回肠、血脉偾张。其中深厚的家国情怀、爱国热忱、报国之志如一杯烈酒，历久弥香，让人陶醉；像一条红线，串联起几代学子，激励人们抛却一切花前月下的浪漫、个人的享乐和耽延，义无反顾地投身大时代的洪流，勇敢面对大时代的使命，肩负起大时代的担子、责任，献身于国家的强盛、民族的复兴。

这种家国情怀、奉献精神，恰恰是一百一十年来兰大人最为可贵、自觉延续的群体性格和鲜明特征。

早在民国初年的甘肃省立法政专门学校时期，曾是辛亥革命志士的蔡大愚校长就勠力治校，使之成为北京政府司法部认可的全国七所法政学校之一。同时，他还用民主革命的思想、意识，浸润学校师生，使学校成为全省维护共和、响应孙中山护法运动的主要据点，一些师生甚至为此献出生命。

“五四”时期，法专师生积极响应北京学生运动，通过自己的言行，让陇原大地受到爱国热情、民族主义的洗礼。

先后主掌兰州中山大学、甘肃大学和甘肃学院长达八年的邓春膏校长，即是当年甘籍学生在京积极投身“五四运动”，随后参与创办《新陇》杂志、率先向甘肃民众进行思想启蒙的代表人物。1928年，他作为留美的海归博士，谢绝沪上多所大学的盛情挽留，主动回到相对封闭、落后的甘肃，立志为家乡高等教育事业贡献力量。他在时局动荡、人口剧减、天灾兵燹接连不断、办学经费十分有限的情况下，带领全校师生排除万难，不仅使学校弦歌不辍、艰难为继，一度成为开封以西、塔城以东广大国土上硕果仅存的高校，而且在1933年相继创办医学、农学专修科，使学校向综合性大学迈出实实在在的一步，开西北医学、农学教育之先河。

有了这种家国情怀和与国家、民族共命运的责任和担当，学校才能在艰难困苦中孕育出坚韧自强、不屈不挠的精神和顽强的生命力，成为西北现代文明的象征。全面抗战爆发后，甘肃学院又成为全省青年抗战救亡运动的中心和旗帜，并且用校歌表达出师生炽热的爱国情怀和必胜的坚定信念。

此后，不管社会情况、外部世界发生什么样的变化，也不管师生来自何处、出现什么样的新旧交替，学校师生都一代代坚守这种情怀、使命和担当，如骆驼、似红柳，直面清贫，坚守西部，默默地为国家、为西部奉献自己的智慧、才华和能力。

三、居一隅而小天下

1946年国立兰州大学成立之前，学校一直是规模很小、科系甚少的西部地方性高校。在30年代中期，学校仅有三四十位教师，三百多名学生主要是甘肃等西北的青年。

但是，全面抗战的爆发，不仅成为中华民族团结奋起、走向独立的历史转折点，也使偏居西北一隅的学校师生真正融入了这个大时代的滚滚洪流，引导他们乘长风冲上青天，开始关注潼关以东、西北以外的全国和世界，面对眼前“卷世的狂澜”，决心拼着血汗去实现人类大同的理想，建设一个真正美好、繁荣的国家与世界。

这种情感和理想，自此成为兰大师生矢志不渝的自觉追求，成为学校浴火重生的强大动力，预示着这所其貌不扬的西北地方性小学校，必定会创造出美好的未来，成长为一所具有全国影响和贡献的重要大学。

抗战胜利后，国立兰州大学的成立把梦想变成了现实。兰大首任校长辛树帜先生不负众望，从国家战略和西北全局着眼，决心克服一切困难，把兰州大学建设成为西北教育的最高学府，如同俯视群峰的巍巍昆仑山。他还强调：“西北诸省为我国古文化发祥之地，亦今后新国运发扬之所，承前启后，继往开来，国防价值于今尤重，文物、开发资源，实目前数年最重要中枢。此时特设兰州大学，意义盖极深远。”

这也是当时各级政府和社会各界的共识与期盼。时任甘肃省主席的郭寄峤在《西北日报》上，以《兰州大学与西北》为题发表文章，明确提出："要建设西北必须发展兰大，同时发展兰大才能加速地建设西北。""兰大是西北的最高学府，就应该负起继续不断地生产伟大的国防干部和改进西北、建设国防上需要的活力。这就是兰大的时代使命。"还有许多人认为，创建兰州大学，"足以永奠建设西北抑开发西北的始基"。

《兰大"现象"及精神》书影

当时，兰州大学在教育部和地方政府的全力支持下，真正实现了自己的转型升级和目标追求，吸引了来自国内外的优秀教师、学者和各省学子，担负起治理、建设西北，落实国家对西部高等教育战略布局的关键性责任，将其变成自身的战略定位和师生们的共同意志。当年的《兰州大学校讯·发刊词》写道："兰州大学设立在西北要冲的兰州，是中国西北部的一个文化堡垒。""实站在高等教育之极边，站在文化国防的最前线。""研究西北实际问题，了解西北人民的生活状况，是兰州大学的一种重要任务；调查西北的宝藏，认识西北的真相，是兰州大学对于国家应尽的天职；提高西北文化之水准，培育建设西北之专门人才，均为兰州大学应负之使命。"学校文学院、理学院、医学院、兽医学院和俄文系、边疆语文系等一批特色专业的设立，也都是为围绕振兴西北的国家战略，并且由此与国家的独立、富强，西部的繁荣、昌盛紧紧联系在一起。

共和国时期，兰州大学也因此而倍受国家的重视，先后被确定为高教部直属综合性大学、全国重点大学、“211”“985”建设高校。林迪生、江隆基、辛安亭、刘冰等教育家，郑国锠、朱子清、徐躬耦、赵俪生、黄文魁、段一士、钱伯初等大批优秀教师，以及几代师生、校友，都用自己的辛勤努力，不辱使命，不忘追求，使学校稳步前行，也为国家和西部做出难以替代的重要贡献。

倏忽间，荏苒的时光已经掠过八十多个寒暑，但兰州大学几代师生牢牢铭记国家的重托，自觉实践校歌中唱出的担当和追求，始终把“大时代的担子紧压在两肩”，立足西部，心怀天下，“勤奋、求实、进取”，坦然应对各种困难、挑战和压力，以当年史学大师顾颉刚先生总结的“于不可为之日而为之”的兰大精神，独树一帜，争创一流。

这就是兰州大学能够生生不息的文化基因、源头活水，也是它今天努力建设世界一流大学的不竭动力、内在保证。

我的兰大校史情

一

我的祖籍河南伊川，但父母在20世纪50年代初就到了西北。我是在父亲参与兰新铁路的勘探设计时出生于新疆哈密的。其后一直生活在西北，算是地地道道的西北人。

恢复高考后，我1978年从天水星火机床厂考入兰州大学历史系，由一名工人转变为大学生。1982年本科毕业后，师从杜经国教授攻读中国近现代史专业研究生。1985年获得硕士学位后留校任教至今，先后兼任学校出版社总编辑、博物馆馆长、校史研究室主任，可以说是一直在母校学习、工作的兰大人，亲身经历了改革开放四十多年来学校的发展与变化，始终得益于众多师长的教诲、领导的信任和学生的厚爱，也发自内心地热爱兰大，始终抱有感恩之心，以及为母校尽一份学子之情的心愿。

二

2006年，学校决定编写一部百年校史，作为百年校庆的一项内容。我受命忝列校史主编，就此与兰大和全国校史研究工作结下不解之缘，也使我有了了解校史、回报母校的机会。

在校史编写组诸位同仁、学校档案馆、图书馆及校外有关机构的鼎力帮助下，我们查阅相关档案、文献，走访老前辈，参考1990年出版的《兰州大学校史》，考订了校史上一些以讹传讹的说法和不够清楚的问题，克服时间短、任务重等诸多困难，在学校领导和广大师生、校友的支持下，在百年校庆前夕完成了约140万字的校史编写、出版工作。

由于各种原因，兰州大学百年校史还存在一些不尽人意之处。但这都是大家在繁重的教学、科研、管理工作之余完成的，确属不易。我至今对编写组各位同仁，对关心、帮助校史编写的各位前辈、领导和老师们，心存感激。我本人为保证如期完成校史编写任务，辞去了出版社总编辑兼职，并由于过于劳累患了痛风病而一度难于行走，未能参加百年校庆活动，也无法提请学校举行百年校史的首发式。几年后，甚至因合作编写者引用的某条史料而遭人构陷、中伤，无端引发了一场风波和许多烦恼。

但我无怨无悔，一是在编写校史过程中，加深了对母校的了解、认识，使我这个老学生又受到一次深刻的教育；二是在此基础上，更加深感前辈师长们的高风亮节、奉献牺牲，深知学校走到现在的艰难与不易；三是进一步认识到兰大精神和传统的可贵可敬，激发了我作为老学生要将其认真总结、传承、弘扬的历史责任；四是看到了校史研究是一座极为宝贵、无可估量的学术金矿，值得深入发掘和开采。因而，此后我一直将研究校史、传播兰大精神，作为自己的一项重要工作和责无旁贷的使命。

所幸，我的工作得到了广大师生、校友和学校领导的肯定，各界的认可，以及全国校史研究领域诸多先进、同仁的抬爱，得到他们的帮助、教诲，结交了许多非常好的同道。《兰州大学校史（1909—2008）》上编后来获得甘肃省优秀社会科学成果三等奖，我本人也被先后推选为中国高教学会校史研究分会的常务理事、学术委员会主任、理事长。

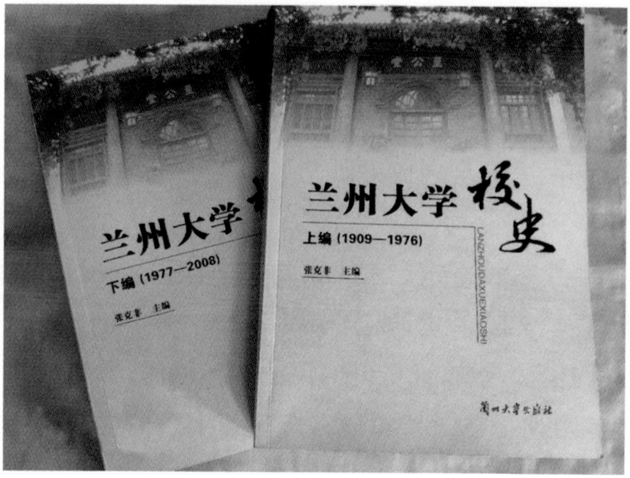

《兰州大学校史(1909—2008)》书影

三

通过编写、研究校史，我深刻地体会到，没有好校长就不可能有好大学。兰州大学的历史上，每一位校长、书记都为学校的发展做出了力所能及的贡献。尤其是在学校发展的关键节点上，有幸遇到了辛树帜、江隆基、刘冰三位杰出教育家，为学校的百年基业与走向辉煌，发挥了至关重要的作用。可以说，没有他们，就没有兰大的今天。

同时，在兰州大学由小到大、由弱到强的发展历程中，许许多多著名学者、几代教师呕心沥血、以身示范、精心育人，文科的顾颉刚、水天同、赵俪生、李天祜、刘天怡、黄伯荣、刘文英、刘树田、杨建新等先生，理科的王德基、郑国锠、刘有成、朱子清、黄文魁、陈耀祖、徐躬耦、段一士、叶开沅、钱伯初、李吉均、丑纪范等先生，医科的乔树民、杨英福、韩哲生、冯守诚、蒋次鹏、许自诚、刘宝厚等先生，兽医和草业的盛彤笙、任继周等先生，就是老一辈师长中的优秀代表。

还有无数优秀的学生、杰出校友和默默奉献的优秀员工……

正是他们，组成了兰州大学发展的坚实基础和兰大文化的璀璨星空。他们的事迹、精神和贡献，值得我们永远铭记和感戴，都应该树碑立传、传诸久远。

十多年来，在编写校史及相关著作，在给新进校的本科生、研究生和青年教工以及校外公众宣讲兰大校史、兰大精神时，我都会想到他们，提及他们中最有代表性、典型性的感人故事，并且决心要尽可能把他们介绍给更多的兰大人及社会公众。在有生之年，我将继续坚持不懈地当好“兰大故事”的研究者和讲解人。

四

从校史研究和我个人的学习、工作经历而言，学校一百一十周年校庆确定的主题“坚守·奋斗”，既是对学校定位、办学特色、悠久传统的总结，同时也集中体现了学校面对当前“双一流”建设和未来发展的客观需要。

坚守西部、坚持服务西部发展的国家战略，是党和国家赋予兰州大学的神圣使命，是学校长期承担的社会责任和显著特点，也是几代师生能够自强不息、艰苦奋斗、无私奉献、独树一帜、创造辉煌的内在动力，更是学校“双一流”建设、可持续发展、再创新辉煌要继续坚持的使命、担当和优良传统，将会为师生们的不懈努力明确目标、凝聚力量，形成重要的精神支撑。

在学校一百一十周年校庆工作中，我作为一个老学生及校史研究室负责人，利用自己以往在校史研究中的积累，本着回报母校的初心，承担了《刘冰校长与兰州大学》《兰大“现象”及精神》等校史图书的编写、校史馆陈展大纲的编写、学生讲解员的培训、校友广场三座纪念碑标志性事件的确定、面向校内外的校史讲座，接受各种媒体记者有关兰大校史和精神的采访、宣传素材的提供及相关稿件读书审阅等工作，还参与了话剧《岁月有痕》剧本的编写与修改、校庆晚会部分节目的讨论等，并为学校一些学院院史和图书馆馆史的编写提供了力所能及的帮助，以最大限度地为校庆工作、为校史和兰大精神的传播，尽自己的绵薄之力。

五

从校史和学校发展来看，近十年间，尤其是开启“双一流”建设以来，兰州大学在继续坚持“做西部文章”的同时，更加积极主动地调整办学思路，更好地适应世界高等教育、科技革命的新发展，更好地服务于国家战略、地方发展，通过突出特色、强化优势，逐渐破解地处西部所带来的各种局限及问题，在前一百年发展的基础上，正在吸引和积聚人才，调整师资力量、学科结构和制度管理，为加快发展积聚新动能。只要全校师生能够团结一致、把握机遇、精耕细作、加倍努力，兰州大学就一定能够建成世界一流大学，创造出校史上更加辉煌的第二个一百年，为西部崛起、民族复兴、人类福祉做出更大贡献。

最后，我愿引用元代王冕《墨梅》中的两句诗“不要人夸颜色好，只留清气满乾坤”，与所有师生、校友共勉。衷心祝愿母校及所有师生、校友，永远秉持兰州大学的优良传统，自强不息、独树一帜、不慕虚名，走出发展成功路，留得清气满乾坤！

庆振轩（左）

作者简介

庆振轩，专业方向为唐宋文学，学术专长是唐宋诗词。1982年毕业于兰州大学中文系，留校任教至今，现为文学院教授、博士生导师，曾任古代文学与古典文献研究所所长、甘肃省唐代文学学会副会长。

在兰州大学文学院任教二十余年，主要工作任务是教学科研。在本科教学上，长期讲授宋元文学史，开设的选修课有“两宋党争与文学”“唐宋词研究与欣赏”“古代戏剧专题研究”等；讲授的研究生课程有“中国诗歌史”“唐宋词研究”“唐宋诗研究”“唐宋小说研究”等。在科研上，先后在《文学遗产》《南京大学学报》《兰州大学学报》《甘肃社会科学》等学术刊物发表论文数十篇；撰著、主编、参编学术著作、教材、鉴赏辞典二十余部。在教学科研上多次获得各级各类奖项：获兰州大学1989—1990年度主干课程优秀奖；1995年《两宋党争与文学》获甘肃省社科三等奖；《毛泽东诗词全集辑注》获甘肃省高校1994—

1995年度社会科学成果三等奖；1999年获甘肃省第六届青年教师成才奖；2005年，作为主要参与者的“研究型大学的中国古代文学教学改革与实践”项目获甘肃省教学成果二等奖、兰州大学教学成果一等奖；2005年，被评为兰州大学年度“学生创新创业计划”优秀指导教师。

人生有味在三余

东坡有句曰：“此生有味在三余”（《二月十九日携白酒鲈鱼过詹使君食槐叶冷淘》），东坡此诗作于晚年贬谪惠州之时，乃其一生勤于著述，体悟人生的妙句。所谓“三余”，乃三国名士董遇之名言：“冬者岁之余，夜者日之余，阴雨者时之余也。”在农耕时代，皆为闲静无事潜心读书研习的好时光。东坡的“三余有味”道出其为学著述之根基，特别是在晚年贬谪漂泊的逆境中，其诗句的“至味”深蕴在其“一蓑烟雨任平生”的通达淡定的人生态度里，在其生命意识的真实体悟中，所以看似平实的诗句蕴含着常人难以企及的人生境界，我个人作为“苏粉”之一，醉心于“苏学”有年，常把双休日、节假日，特别是把寒暑假作为体味“三余有味”的途径，多年坚持，偶有所得。

按照长年养成的习惯，2020年寒假期间的科研计划是完成一篇第二十三届苏轼研究学会年会参会论文和整理《苏轼研究论稿》。年会原定2020年3月19日在徐州召开，承蒙大会组委会错爱，把我列为特邀代表。因为有约在先，我按照自己的研究计划，完成了一篇文稿，没想到组委会接到稿件之后，陆明德先生在回信中提了一个特别的要求，建议我以《黄楼赋的时代意义与文学价值》为题再写一篇文章。来信语词谦谦，情谊切切。陆老说苏辙的《黄楼赋》“如实地记录了苏轼作为一州之长在抗洪中的作用”，徐州人对赋文中“苏轼在黄楼上礼赞徐州的奇文妙句更为赞赏”，他谦称“《黄楼赋》文字艰深”，徐州同仁“只是在外围上做一些文章”，希望我写一篇文章在大会上交流。

会议委托，却之不恭，特别是陆老信中对苏辙《黄楼赋》的独到见解，也激起了我探讨的兴趣，陆老说：

《黄楼赋》实际是苏轼、苏辙联手之作。彭城大水期间，苏辙没有到徐州，但却将苏轼抗洪的历史功绩写得很清楚。没有参加黄楼庆典，但却将苏轼与客人的对话写得活灵活现。特别是苏轼在黄楼上扶栏观景，亲口描述灾后徐州东、南、西、北四个方位的山川风貌，成为礼赞古彭城的四幅精美山水画，没有兄长的指点、帮助，是无法完成的。

接受组委会的委托之后也颇感压力，徐州自古乃兵家必争之地，英杰辈出，人文荟萃；徐州苏轼研究会分会更是在相关领域研究成果丰硕。把压力化为动力，品味、比较、搜集阅读苏轼、苏辙与徐州相关的作品，收集前贤今哲对于《黄楼赋》的评价，文章的思路已然明晰，于是草就了《苏辙〈黄楼赋〉个性特色探论》一文。

文稿解决了三个问题，我个人最感兴味的是关于《黄楼赋》著作权问题。关于《黄楼赋》作者的争议，宋已有之。生活在北、南宋之交的陈长方（1108—1148）在其所著《步里客谈》卷下写道："东坡辨《黄楼赋》非代（作）于子由，此所谓欲盖而彰之也。"

所谓"东坡辨《黄楼赋》非代（作）于子由"云云，见于苏轼《答张文潜县丞书》。苏轼说："子由之文实胜仆，而世俗不知，乃以为不如。其为人深不愿人知之，其文如其为人，故汪洋淡泊，有一唱三叹之声，而其秀杰之气，终不可没。作《黄楼赋》，乃稍自振厉，若欲以警发愦愦者。而或者便谓仆代作，此犹可笑。是殆见吾善者机也。"这封书信作于元丰八年（1085），也就是说在东坡黄楼之会、苏辙撰写《黄楼赋》之后，即有"兄代弟作"之说。苏轼在文中肯定了苏辙文风的特点，文如其人，而秀杰之气内蕴。特别引起我们关注的是，东坡在这里指出苏辙《黄楼赋》与其惯常之作不同，"稍自振厉"。正由于如此，当时有人认为《黄楼赋》乃苏轼"代作"。东坡在这里对"代作"之说明确予以否定，但也因此留下了千古疑案，陈长方就认为东坡之辨说，欲盖弥彰。

为什么在东坡之时以及后世，人们会对《黄楼赋》的作者存疑呢？考索文献，是由于轼、辙诗文创作确有"代作"、误收之处。苏籀《栾城先生遗言》记载，轼、辙兄弟"少年皆读《易》，为之解说"。苏轼遵父命完成的《易传》中，“《蒙卦》犹是公（苏辙）解”。“《大悲圆通阁记》公（辙）偶为东坡作”，“《和陶拟古九首》亦公（辙）代坡作”。

《栾城集》中还有《代子瞻答周郎中启》，东坡也有多篇代人所作篇什，其中不乏名篇。然凡此种种，苏轼兄弟均明文书写代作。所以，东坡既然明确表示《黄楼赋》非其“代作”，文献可证，不可作捕风捉影之论。

所以，对于《黄楼赋》著作权归属之争，我们搜集分析相关文献，周必大《苏文定公遗言后序》持论客观公允：“昔人疑《黄楼赋》非出公手，东坡盖亲为之辨。今公自谓此赋‘学《两都》，晚年不复作此工夫之文’；至《和陶拟古九首》，则明言坡代作，识者当自得之。”

关于陆明德先生所谓轼、辙兄弟合作完成《黄楼赋》的问题，我们从两个方面加以缕述。首先，轼、辙诗文创作上确有“联手之作”，在此列举两例。其一为苏辙《补子瞻赠姜唐佐秀才一首并引》，苏辙在诗引中说得非常明白，在东坡去世之后的崇宁二年（1103）正月，苏辙见到了姜唐佐和东坡的诗句，含泪足成全诗，感念亡兄，勉励姜唐佐。此为文学史上一段佳话。其二，据宋人费衮《梁溪漫志》记载，苏轼曾改动苏辙《子瞻和陶渊明诗集引》一段文字，今传《子瞻和陶渊明诗集引》应为轼、辙“联手之作”。费衮这段文字言之凿凿，东坡改写应是事实。至于东坡为什么要改动苏辙原文，李一冰先生认为：“苏辙所写的这段话，殊与苏轼的意愿不合。苏辙不深了解渊明，所以会说他‘才拙’，其实，渊明之拙，正是古往今来学陶者所不能至的天分与机趣。至于文中提到‘仕至从官，出长八州’，正是乃兄今日极不愿说之事，所以苏轼提起笔来，将他改了。”

虽然轼、辙兄弟有“合作”存世，但就现存文献资料看，均可确认《黄楼赋》非兄弟之“合作”。

首先，苏轼徐州一系列诗文创作不仅均未涉及“合作”《黄楼赋》问题，并力证《黄楼赋》为苏辙所作。其次，苏辙《栾城集》相关诗文也从未有“合作”之蛛丝马迹，而苏籀所录《栾城先生遗言》明载：公（苏辙）曰：“余《黄楼赋》学《两都》也。晚年来不作此工夫之文。”可以作为佐证的是，黄庭坚有《题子由黄楼草》，由篇目可以推知，黄庭坚即曾见过在苏辙《黄楼赋》稿本。与之可以互证的是，《游宦纪闻》卷七亦曾载记有苏辙《黄楼赋》帖本："嘉定甲申夏，有持颍滨先生帖十数幅求售。踪迹所自，知非赝物明甚，有《黄楼赋》一篇，读之，其间'前则项籍、刘戊'一句，观澜文作'刘备'，颍滨集作'刘季'。"在宋人相关文字的记载中，杨万里《和王才臣再病二首》也写道："燕外将心远，莺边与耳谋。如何再卧病，对此两添愁。赤壁还坡老，黄楼只子由。二苏三赋在，一览病应休"，也明确认定《黄楼赋》为子由之作。我们也检索了苏轼苏辙的友朋们有关黄楼之作，他们在当时及以后均未谈及所谓苏轼"代作"、轼辙"联手之作"之类话题。所以我们确认苏辙的《黄楼赋》既非"代作"，亦非 "联手之作"，其著作权人就是苏辙。

而苏辙《黄楼赋》之所以成为"黄楼之会"诸作之翘楚，原因有二：其一，苏辙曾在徐州盘桓百余日，对于徐州历史遗迹、山川形胜，游赏吟咏，一幅徐州胜景图久蓄胸中。由苏轼、苏辙相关诗文，我们可从一个侧面了解苏辙对于徐州熟悉的程度。特别要指出的是，轼、辙兄弟与徐州友朋如李清臣等，均才高学富，相聚徐州，对卧高楼，纵论天下，登高骋怀，徐州形胜尽在眼底，指点江山，沧桑历变激荡胸中。由是而论，苏辙由于彭城百余日的游赏，兄弟友朋之间智性的激发，他的胸中已蕴蓄了一个别样的诗意的徐州。其二，苏辙徐州流连百余日，契机是苏轼任职徐州太守，也正因为兄长之职守，苏辙对于苏轼在徐州的建树，特别是抗洪保民、筑堤卫城的作为更为关切。我们收集比较了有关苏轼徐州抗洪的文献资料，诸如苏辙《黄楼赋并叙》、秦观《黄楼赋并引》、陈师道《黄楼铭》、郭祥正《徐州黄楼歌寄苏子瞻》、贺铸《黄楼歌》诸作，以及其他诗文，从史料角度而言，少有比苏辙《黄楼赋》叙言和《亡兄子瞻端明墓志铭》的记载更为翔实的。

尤为让我们感兴趣的是，苏轼《次韵和刘贡父登黄楼见寄并寄子由二首》诗自注云："子由初赴南京，送之；出东门，登城上，览山川之胜，云：'此地可作楼观。'"于是始有改筑之意。则黄楼构筑最初建议始于苏辙，鉴于方方面面的原因，苏辙《黄楼赋》的撰写有着深厚的感情因素。

大凡写《苏轼传》或《苏辙传》的学者，大都会有手足情深抑或怀乡念弟一节，叙写轼、辙二人的旷世之情；也会有黄楼或黄楼之会章节，颂赞苏轼在徐州抗洪全城之功绩。即就东坡、苏辙之兄弟情义在文学创作上的相互作用而言，兄弟情深，两心相通，彼此砥砺，相互激发，正如林语堂先生说："说来有趣，子由常常让苏东坡写出最好的作品。他在密州想起未能相见的弟弟，就写出了史上最好的中秋词。批评家说，这首词一出，其他描写满月的词都不值一顾了。" 反过来也同样有趣，苏轼也常常能让子由写出（最）好的作品，譬如《超然台赋》《黄楼赋》《黄州快哉亭记》等等。兄弟血脉相连，心息相通，诗文创作彼此激发，交相辉映，成为文化史上令人难忘的文坛佳话。所以，研究苏辙与徐州相关的诗文，特别是聚焦《黄楼赋》，我们认为苏辙《黄楼赋并叙》是黄楼盛会诗文中的翘楚之作，而佳作成功之奥秘既在于作者盘桓徐州百余日，对徐州厚重的人文历史、壮美的山川形胜蕴蓄胸中，更在于轼、辙兄弟，情深义厚，精神会通，意辄同归，写出了弟兄二人共有的心声。而心画心声自然泻出，根本不需兄长像邀约文与可为黄楼写赋一样告诫"其临观景物，可令幼安道其详，告为多江山之胜"云云。

苏辙曾为彭城座上客，徐州如画河山早已蕴蓄胸中，更由于兄弟情深，他比常人更为关切苏轼在徐州的建树，所以他援笔挥毫，情动于中，思接千载，视通万里，以一管妙笔写出了千古流传的佳作。

探研苏辙《黄楼赋》个性特色，我们认为，"汪洋淡泊，一唱三叹"乃其底色，"警发愦愦""稍自振厉"是其特色，语言之精美，来自学识积累与自然山川之陶冶，表达之精确源于对兄长感情之深厚和对现实人生体味之深刻。

苏辙《黄楼赋》作为名家名作，虽人见人爱，人言人殊，但就基本内容的理解上少有偏差。一般读者产生疑问，学界未能确解者在于赋文中写苏轼与宾客黄楼登览，仰观俯视，远眺近赏，无不令人爽心畅怀，作者铺写徐州山川形胜物产丰饶百姓安乐之特色，于浓墨重彩之中见其"工夫之文"的匠心，但其"西望则断山为玦，伤心极目"一语颇为引人注目，一般注本无注。我个人多次阅看《黄楼赋》，因上下文义贯通，总把此处之"伤心"直接作"赏心"理解，至于源流出处，未加深究。此次撰文，陆明德先生特意点出要我就"伤心"一词加以诠解。把"伤心"与"赏心"同音相假，没有前例。从古汉语修饰手法上讲，传统语词中"伤心、断肠、恼人、销魂皆可悲可喜"，"冤家"也可作爱、恨两解。将此处的"伤心”理解为极目四望赏心悦目“极甚”的夸饰之词，则可找到权威的语源出处，杜甫《滕王亭子二首》之一有句曰“清江锦石伤心丽，嫩蕊浓花满目斑”，其“伤心丽”，乃极言其丽。苏辙饱学博览，渊源有自。

要言之，正由于苏辙《黄楼赋》独特的个性特色和丰富的文化蕴涵，明代李东阳《重修黄楼歌》称其为“赋史”。由于苏辙的《黄楼赋》与黄楼之会的文化内涵，后世有诗赞曰：“山河壮丽雄三楚，人物风流忆二苏。”苏辙的《黄楼赋》与苏轼“为治务足民知方而兼有春风舞雩之趣”的超逸绝伦风采，融入了名城徐州的文化血脉，伴随当下的旅游文化，从而获得了恒久的艺术生命力。

文稿草就修订之日，正值病毒肆虐全国抗疫之时，现实的触动，使我联想到苏轼钱塘抗疫的建树，医学上的贡献，徐州抗洪、疏浚西湖的专业精神和政治智慧，我不由得对“叙事精确，文辞简严”的《黄楼赋》叙文品味再三。苏轼作为地方主官，洪水未至即未雨绸缪，做了充分准备，“使民具畚锸、畜土石、积刍茭、完室隙穴，以为水备”，故“水至而民不恐”；洪水围城，身为太守，身先士卒，多方采取措施，庐于城上，三过家门而不入，稳定民心，“故水大至而民不溃”；江河横溢，人或为鱼鳖。洪水给徐州城外居民造成巨大灾难，洪水漫延，千里汪洋，老百姓家园、冢墓被冲毁，无居无食，“槁死于丘陵林木之上”。苏轼安排熟悉水性者，驾船载粮，济难救困，活人无数；特别是水退之后，苏轼为徐州规划长远应对洪水计，上书朝廷，经多方斡旋，终于增筑木岸，巩固了堤防，使得徐州百姓能够安居乐业，所以“水既去而民益亲”。王水照先生称“苏学”为“苏海”，其中蕴涵无限，可以在为人、为政、为学、为文不同层面给我们以启悟。

赵伟

作者简介

赵伟，现任浙江大学CRPE首席教授，浙江大学经济学院教授、博士生导师；兼任浙江省人民政府咨询委员会委员、浙江省经济与管理研究会专家委员会主任。被上海大学、云南大学、宁波大学、西南民族大学等国内十多所高校聘为客座教授或兼职教授。曾任英国牛津大学、诺丁汉大学，德国明斯特大学，瑞士联邦理工大学、苏黎世大学，日本神户大学、立命馆大学及经济产业研究所等国外多所著名高校和研究机构的客座教授或客座研究员。

兰州大学经济系1977级旁听生，1980级硕士研究生。1982年留校任教至1995年，曾任兰州大学副教授、硕士生导师、经济系国际经济教研室主任。

研究兴趣涵盖国际经济学、空间经济学及外国经济史等多个领域。迄今在*Journal of World Trade*、*Journal of International Management*、《经济研究》、《管理世界》等国内外学术杂志发表中英文论文200多篇，学术随笔300多篇。著（编）有《干预市场》等书19部。主持并完成国家及省部级各类研究项目20多项。

多次应邀赴国外讲学。多次应邀出席商务部、新浪网等政府机构和媒体主办的高层次论坛并发表讲演，以经济专家身份出席央视“省部长对话”，参与浙江省委省政府重大经济决策论证。

1998年入选浙江省“151人才工程”第一层次百名学科带头人之列，2010年获浙江省人民政府颁发的“突出学术贡献奖”。2012年入选国务院特殊津贴专家之列。曾任《新京报·人文评论》《人民网·理论》《经济参考报》等媒体专栏作家。2017年以来连续两年入选中国高校学术影响力（经济学）五十强。入选2018年《经济学家》杂志选出的中国“学者影响力”五十强之第27名。

我的母校我的师

谨以此文献给那些为母校赢得好声誉的兰大人。

我自“文革”后期在一企业邂逅一批多少有些落魄的兰大学人，到自己变为兰大人，再到离去兰大，前后整整二十年时间，期间曲曲折折的历史变故尤其是大学内外政治氛围的变化之大，可谓翻天覆地，也有某种义务来写写这所学校，来写写亦师亦友的兰大人。此文是在兰州大学建校一百周年前夕写的。

一、引子

兰州大学在2009年将迎来百年华诞，在这一年这一季，我想每一个曾经在那里学习与工作过的人，确切地说每一个兰大人，都会生出或多或少的想法，发出这样那样的感叹吧？还在年初去东京访学与小住之前，临上机场打的时，接到邻门师弟高新才的一个电话，告知母校百年校庆之事，并邀我写篇回忆文章。由于当时急着赶飞机，在匆忙中也就应承了下来，同样在匆忙中也未仔细想想，便将内容也给限定了，应承写写我读研时期的导师刘天怡先生，以为纪念。然而，待到静下心来翻出这个话题时，心中却颇有些翻江倒海的感受，不由得生出了许许多多的想法，脑海中跃出许许多多关于兰大的记忆，发现要写的人和事太多太多，大大超出原先应承的范围了。说实在的，我读研时的导师刘天怡先生自然要写，但提到刘先生，便不由得带出那之前的好几位兰大人，要写刘先生，不能不提他们中间与我亦师亦友的几位，因为正是这些亦师亦友的兰大人，将我引入了学术研究的殿堂，带进了这所西部著名学府。没有他们，像我这样一个生在古文明底蕴虽然深厚而现代物质文明与文化匮乏的西北乡村，中学毕业即开始漂泊在城乡之间，且智商平平的人，何谈考取研究生，更何谈投入业已平反昭雪的一位大学名教授门下呢？然而要写这些兰大人，便不能不写我曾经学习与工作过的这所学校——我的母校。事实上，我虽求学、治学数十年，而今在国内一所还算可以的高校执教，也曾到过国外不少名校求学与讲学，但迄今所拿到的学位只有一个，这便是硕士学位，这个学位正是在兰州大学“挣得”的。如果把母校界定为获得学位的那个学校的话，那兰大就是我的唯一母校了！

兰大西校区积石堂

出于诸如此类的想法，我决定撇开一人一事的狭小圈子，从更广的视野下笔，写写我所熟悉的兰大人，写写我的母校。

要写的内容有谱了，但起个什么名儿呢？正在犯难，恰好看到近期热播的一个电视剧，剧名叫《我的团长我的团》，好了，就仿照这个剧名，暂时就叫“我的母校我的师”吧！原本是暂时的，原本想着写毕再改名，但写着写着，发现模仿来的这个标题下所要涵盖的人和事儿，与被模仿的电视剧情节颇有几份“神似”，至少有很强的隐喻性。对于我所要写的人和事儿，这个标题不仅妥帖，而且简直有点妙极了。细细想来，电视剧描写的那个团可谓悲壮，面对强敌轮番进攻誓死坚守到底！

我的母校兰大的百年史也不可谓不悲壮，历史上数次面临“关张”威胁，几经分割重组，好不容易盼到了改革开放，获得了新生与发展。但问题又接踵而至，先是因地处“边远”不得“地利”，经历了巨大的人才外流，而后似乎因不得天时与人和，而被部分地逐出都市，迁往荒郊遗弃兵营！即便如此，母校迄今似乎依然生生不息，昂首屹立在西北高原，颇有几分岿然不动的意境！其命运与经历之曲折，也不可谓不悲壮耶？

不仅是母校，而且那些在艰难时期为兰大做出过贡献的“老兰大人”，他们中一些人的经历也有几分悲壮，其中包括了几位将我领进学术之门的亦师亦友的兰大人。其中有些人毕业于海内外名校，腹中学问过人，教了不少优秀学子，将大半生奉献给了母校，然而一生历尽坎坷，写兰大不提他们于心难忍！

二、我与兰大

我与兰大的缘分始于“文革”后期，原本是政治时事促成的。当时，兰大历史系与我当时工作的单位——省建工局（原建工部七局）达成协议，将建工局确定为兰大历史系师生“开门办学”的定点单位。那时适逢中苏边界争端，上面指定兰大历史系承担搜集与整理一些关乎中苏边界纷争的历史资料。说得具体些，就是让组织编写两本历史材料，分别为《沙皇俄国侵略中国西北地区史》和《沙皇俄国扩张史》，以便为中苏边界论战提供“弹药”。那时流行且唯一合适的做法是组织一个编写组集体编写，不允许个人编撰。编写组还须吸纳工人和解放军成员，与知识分子组成所谓“三结合”体系。不知出于什么缘故，这项任务最后只议定由兰大历史系和建工局两方合作。其中兰大历史系身份照旧，建工局则取“工人理论组”的名分。那时，我参加正式工作不久，还属于企业的“小字辈”，但因着“根正苗红”的家庭出身和“产业工人”的身份，又有些“笔杆子”功底，一个多半有些偶然的机会，被选中充入“工人理论组”，与兰大历史系的专家们一起“合作编书”了。由此开始了我与兰大及兰大人的交往。

不久“文革”终于结束，高考得以恢复，兰大获得新生，我也在全民读书热与从未有过的对知识崇尚与渴求的浪潮中进了兰大，随1977级在经济系修学。不到两年，邓小平同志提出“不拘一格降人才”及鼓励大学生跳级等教育思想与政策，我以同等学力身份考取了兰大经济系研究生，主修外国经济史。两年后，又沾着研究生缩短学籍试点政策的光，提前与“三年制”的同学一起毕业并获得硕士学位。其后留校任教，成了一名正式的兰大人。十多年后，我选择了离去，离去的原因这里不想去说，不说的原因也不想去提。我想说的是，最后我是抱着几分遗憾以及“外面的世界更精彩”的混合心情离去的，时在20世纪90年代中期。而今一晃又是十多年时间。十多年以来，我每时每刻不在关注着母校的变化。

仔细算来，自从我在“文革”后期邂逅一批多少有些落魄的兰大人，到后来我自己变为兰大人，再到无奈地离去，前后整整二十年时间。客观地来说，二十年时间的交往与感受，对于认识一个人足矣，但对于感悟一所大学及其内在底蕴和外在感召力，尚嫌不够。然而，我与兰大的这二十年，却不能算平平淡淡的二十年。因此有某种义务写写母校，写写与我亦师亦友的兰大人，当然也包括我的导师刘天怡先生。

三、兰大之大

提及兰大，有爱慕亦有遗憾，我相信每一个兰大人都会有这样的同感，尤其是那些在兰大读完书并留校服务了多年，最后选择离去的兰大人。然而我相信，当你离去多年，尽管已经感受到“外面的世界的确很精彩”，甚至还获得了超出预期的成就的时候，你也不得不承认，母校兰大有着一种让人深深敬仰的东西或曰底蕴，尽管这种东西或底蕴有些朦胧，用言语说不大清楚，但不能否认它的存在，更不能否认它对于每一个兰大人潜移默化的深度影响。这种底蕴，也许就是学人们常说的“大学之大”吧？

说到大学之大，我自感也有些“话语权”。几年前，我在牛津大学客座访学时，基于对这座世界一流名校的实地考察与思考，尤其是由里及外的观察，沿着国内教育名家常说的“大学之大”的套路，将大学的实力归纳为“四大”，分别为大师、大楼、大包容与大器，并对这“四大”做了诠释。其中大师与大楼沿袭已故教育家梅贻琦的说法，对大包容的诠释是，对学术思想和学术人才的大包容，对于大器的界定是，“同时体现在其基本人员的行为上，具体来说就是管理者的战略性眼光，教授们的大家风范，学生们的远大抱负”。原本我是准备以这些标准为参照来评判国内大学的，然而近些年经过仔细观察，我发现这些标准不大适合国内高校，拿这些标准是无法分出时下国内大学好赖的。原因在于，大学的这“四大”在而今国内高校，多少有些走味。在此不做细评。

然而舍去上述“四大”，何以评判中国大学好赖或其底蕴呢？我以为，上述“四大”中，尚有“半个大”可以作为参照。这便是“大包容”中的半个内涵。所谓半个内涵即除去思想而外的半个包容，这里面最重要的是容人容事。其中容人即容得下有性格乃至有些孤僻的学人。这一点，我在《牛津访学散记》中曾经写过，“大学不适合小肚鸡肠、心胸狭窄的人来主政，但却应有大海那样的胸怀，能够容得下性格孤僻乃至偏执的学者与学生，尤其是韦博、纳什那样精神忧郁型的杰出学者”。我以为，一所好的大学首先应鼓励学者与学生们的个性发展，至少是能容忍有个性有脾气的学人。中外历史一再证明，那些有个性有脾气的学人，大多具有过人的创新思维。能容人，就能容事，集容人容事于一身，对于当今国内的大学，可能已经相当不容易了！

上述“半个大”或许就是先贤们所谓的“有容”吧？如果这个说法得当，就可按照先贤们之“有容乃大”的思路来评判大学了。若以这个“大”为参照的话，那我的母校兰大的确“有容”！其“有容”的表现或曰“延伸”，大概当首推兰大人尤其是学人们的“脾气”了。

提及兰大人的“脾气”，大概许多老的兰大人不由得要想起历史系的赵俪生先生了。赵先生可能是兰大最有名的有个性有脾气的教授了。尽管自20世纪50年代被打成“右派”起到“文革”结束的数十年间，历次政治运动赵先生都是重点批判对象，但老先生的直率与童真终生未改，亦常常令不少场面尴尬。记得“文革”结束不久，尚未获得完全平反的赵先生，当着多人的面调侃当时的一位老海归出身的教授。据说，那位被调侃的教授只是干咳了几声，不置可否。事后依然将赵先生敬为学术权威，更谈不上什么打击报复了。实际上，就我所知，那位教授学问很深。记得“文革”后期在建工局“编书”期间，兰大师生们一遇到学术问题就去问他，几乎都难不倒他，他简直像个百科全书，几乎无所不知。大概迫于当时的环境，怕惹麻烦而养成了述而不作的习惯吧！

兰大之“有容”的另一表现是对学人的吸纳。粗略浏览一下有关历史学家赵俪生先生经历的文献，便不难得出这样的印象：这位脾气大个性强的学人，实际上是在被多个学术单位赶走的困境下，被兰大老校长江隆基如获至宝般地请来兰大任教的。而像我的导师刘天怡先生等一大批有着留美背景，在50年代为许多学术单位所不容的老海归们，都是由江隆基校长诚聘而来的，且其中多半被委以重任。兰大之“有容”的校园文化，多半也是江隆基这位中国现代史上鲜有的大教育家所奠定的。

值得一提的是，即使在江校长过世多年之后，兰大这一“有容”的传统依然得以延续，那些有脾气有个性的兰大人，往往被学校视为“宝贝”，一旦提出调离，从专业系到学校，各级领导便层层出动，尽力挽留。挽留不成，有时还不得不动用“组织手段”予以“截留”。

或许是受了母校兰大这一“校园文化”的感染，当年我虽系晚辈，也养成了某种兰大人特有的性格和脾气，给校、系领导不少难堪，他们也不怎么计较。后来我调离时，仍然千方百计挽留，我的调动竟然惊动了学校最高决策层，要由校党政联席会议定夺。想想当年我仅系略有微成的青年人，去留竟然为学校如此重视，可见母校对人才的重视，其“有容”亦可略见一斑！

如果说上面所说的兰大之“有容”，主要指一种内在包容性的话，那么下面所说的兰大的“有容”，还体现在外形上，有几分“草莓的包容之美”。“草莓的包容之美”是我在异国他乡的感悟与杜撰。早年去英国求学期间常常分不清英文草莓（strawberry）与山莓（raspberry），有次闲聊中问一位英国朋友，他半开玩笑半认真地说：“草莓的籽长在外面，山莓的籽长在里面。”后来仔细观察，的确如此：草莓的籽一粒粒清晰地覆盖在果肉的外面，而不像山莓那样将果籽深藏腹中，藏而不露。说老实话，就这两种浆果比较而言，山莓肉少而味偏酸，草莓肉多而味偏甜，有一种雍容大度的样子，两种浆果中，我更偏好草莓！在我看来，母校兰大的包容亦如草莓那样，不仅雍容大度，而且将其果实亦即优秀人才撒向海内外，为学术界输出了大量的人才。可以毫不夸张地说，一些在改革开放初期位居全国高校末流而后来纷纷“发达”的沿海大学，不少都是得益于兰大的人才。还在90年代初期，有段时间山东青岛某大学的主要领导率人事处

兰大西校区校史馆

长等一干人，在兰大附近的宾馆安营扎寨，专门“挖”兰大人，许以优厚待遇或一官半职，挖走了好几位老师。而今，那所学校好几个专业的主要学术带头人，都系当年的兰大教师。提及校外兰大人当然远远不止这些，前年在广州过年期间曾与几位兰大人聚餐，期间议及，如若集目前散落于国内一流高校的兰大人于一堂，完全可以再办一两所兰大，且其学术声誉当比目前兰大有过之而无不及，大家一致同意此说。别的专业不敢妄言，就我所从事的经济学领域而言，若会集目前活跃在国内高校经济界的兰大人，完全可以办一所国内一流的经济学院。

四、 亦师亦友兰大人

在我的专业与学术之路上，亦师亦友的兰大人起了启蒙与领路的作用，没有他们，我可能还在企业干我的本行，或许在做宣传干事的乏味工作。这些兰大人中，第一个要提的，当是李建先生了。

我与李建先生邂逅，恰是在前述“文革”后期兰大与我当时的工作单位建工局的“政治合作”中，即在两个单位合作承担那项编书任务期间。那项任务由徒有其名的建工局“工人理论组”和兰州大学历史系两方组成，其中建工局一边的“工人理论组”，实则由三四个人组成，我算其中一位，也是参与时间最长的一位。而兰大历史系的专家则分为前后两拨：一拨由李建先生牵头，成员有赵桧杰、侯尚智、颉普等先生，负责《沙皇俄国扩张史》的编写工作；另一拨由卢苇、杨建新等老师牵头，成员有马曼丽、杨定名、何玉畴等老师，负责《沙俄侵略中国西北地区史》及其附属材料“西北史地”的编写。作为建工局那边“拼凑”的“工人理论组”的成员之一，我有幸同时与这两个专家组相处，从他们那里学了不少知识。这里面对我教益最大的，也要属李建先生了。

首次认识李建先生，是编写组组建的那一天，在我确有些一见如故的感觉。那是在1975年初冬的一个下午，李建、赵桧杰等专家由兰大历史系总支书记和“工宣队”负责人带队来我当时的工作单位，位于“七局红楼”的“建工局工人理论学习班”。建工局这边，则由政治部宣传处和学习班的两级领导带队。两个单位的领导将我们召集在一起，开了个简短的会议，编写组算是正式成立了。按照领导安排，李建等专家须在学习班安营扎寨。但我注意到，来的几位专家中，就李建带来了铺盖卷，别的专家只带了个小包。待到会议结束，也快到吃饭时间了，那时的单位间未有而今的宴请或聚餐的事儿，包括系领导在内的别的客人纷纷告辞回家，唯有李建先生留了下来。那时我也吃住在学习班，于是就帮他拎行李，安排住宿。出于工作考虑，单位将我们几位青年人的宿舍和给兰大专家预留的宿舍安排在同一层楼，李建先生的宿舍恰好在我隔壁。待到帮他安顿下来，已经过了食堂开饭时间，于是我们便一起去单位斜对面的牛肉面馆吃兰州拉面。餐中彼此交换了“背景信息”，始知他系湖南人，北大历史系苏联史专业毕业，已任兰大历史系讲师多年。他也了解了我的一些背景，并感叹我们失去了读大学的机会，提醒我要多读书，走自学成才之路。

我因自幼生长在崇尚知识与文化的家庭环境中，对于有知识有文化的人有着与生俱来的仰慕。虽然“时势”将我这样的青年人推到了不恰当的位置，但我那时还算清醒，自知未有高等教育背景，才疏学浅，从心底里崇拜有学问有知识的人，因此视李建先生为难得的良师。虚心请教为学之道，李建先生也不推辞，第二天便给我拿来两本书，让我去读。那以后的两年多时间，我有幸与李建及兰大历史系几位多少有些落魄的专家们朝夕相处，在他们的引导以及言传身教下，读完了大学历史系学生所应读的几乎所有的教科书和专著，打下了自感坚实的世界史基础，并在他们近乎“手把手”的教导下，学到了一些社会科学研究的基本方法。

这期间尤其值得一提的是李建先生及其同事们对我的学习的两次安排，这两次安排对我的求学之路，确切地说是“大学之路”，有关键性的影响。

一次是在1975年末到1976年末，这期间的一年多时间，我们的编写组处在某种“游击”状态，不时搬迁。虽然处在此种“游击”式动荡时代，但我的学业不仅未受影响，反而大有长进，这在很大程度上要归因于李建等亦师亦友的兰大人的影响了。原来在编写组迁入兰大时，李建等兰大人特意向我们单位领导建议，让我随编写组进驻兰大，并在兰大招待所给我安排了住宿，在历史系资料室给我安排了一间用书架隔出来的工作间，提供了当时看来简直可谓“一流”的“读书间”。那时读书的人很少，有这样一个坐拥书城的机会，我简直有些欣喜若狂。由于处在知识饥渴状态，碰到这样的好机会岂能虚度！几个月内我阅读了大量的书，做了好几本笔记。那时借书要在书后借阅单上签名，历史系许多书都留下了我的签名，以至多年后当我已在经济系任教时，有位历史系跨专业的考研生告诉我，他在历史系不少书的借书单上看到了我的签名，还以为是同名同姓者所为。

另一次是1977年，那年“文革”行将结束，高考突然恢复，编写组任务已完结并面临解散的前景。单位领导肖铭德先生惜才爱才，有意送几位好学的青年人去兰大，以进修名义深造。当时与兰大一方谈定的只有两个名额，分属历史和政治经济学两个系。我有幸被保送到了经济系，由此走上了经济学之路。事后获知，关键时候也是李建先生和肖铭德先生帮我说了话。据说，他们二位对我们单位的上级领导说，经济学比历史要难，要有一定数学功底，两个候选人中，赵的学习更勤奋，底子更扎实，因此适合读政治经济学。

后来我到了兰大，变成了兰大人，才从历史系的一些老师那里了解到，李建先生系北大高才生，有名的俄国史专家，俄语功底极好，人民出版社的高级编辑们但凡遇到俄语及苏联史书稿疑问时也常常向李建先生请教。先生为人宽厚，对晚辈尤甚，惜才爱才，同事及其入门弟子有口皆碑。然而遗憾的是，这样一位好老师，半生经历坎坷。

遗憾的是，在我变成名副其实的兰大人之后，有段时间工作生活压力俱增，颇有些自顾不暇的处境，不知不觉中淡出了与李先生的交往。只是临离开兰州时与先生匆匆告别，十余年后当我重返兰州再想去拜访他时，方知先生已经故去。更令人遗憾的是，查了一下网络，发现李建先生故去得如此“干净”，乃至在网上也查不到他的丝毫信息，真有几分“去而无踪迹”的神仙意境，在此特表示纪念。

除了李建先生外，当年在编写组与我亦师亦友的兰大人还有多位，这里必须提及的有四人。一位是温文尔雅颇具绅士风度的四川人卢苇先生，专修中国古代史。另一位是快人快语的湖南人赵桧杰先生，北大高才生，苏联史专家。第三位是四川人何玉畴先生，给人一种30年代“肺痨学者”的印象，何先生总是一手握卷一手拿烟，专注于书稿而强忍着“喷薄欲出”的咳嗽。第四位是马曼丽老师，据传出身江南书香世家，言谈举止间流露出现代知识女性特有的那种内秀与高雅兼具的美，精通俄、德、英等多种外语。这一群多少有些落难的兰大人，成了我难得的老师。他们那种对待知识与学问的严谨态度，虽处乱世而不改追求学问承诺的人格魅力，都深深地感染了我。在某种程度上可以说，正是这批兰大人的感染与言传身教，将我带入了一个广阔的知识海洋，并领我找到了人生追求与努力的方向。

同样遗憾的是，自离开母校之后，多年未有他们的丝毫音信，在此我遥祝他们健康长寿，人生幸福美满！

五、“学长”同事兰大人

我进入兰大，成为这所百年学府的正式学生，当始于1980年秋季。那是在我以一种非正规身份随1977级在兰大学习两年之后。那两年，我在原有历史专业基础之上，又构筑了经济学——政治经济学专业基础，可视为我的经济学“入门”阶段。这样，从1978年到1982年研究生毕业并获得学位，我在兰大度过了整整四年半的学生生活。期间教过我的老师很多，但我自感在学问上受益最多的老师，当首推两位：一位是张忠修先生，另一位是刘天怡先生。刘天怡先生是我的硕士学业导师，后面将予以专述。张先生于我，则先为师长后为领导加同事。除了张先生而外，在我留校工作的十多年间，这种领导加同事关系的兰大人颇多。

我以为，时下国内将大学担当院系行政职务的教师称作“领导”，容易使人将其与职业官僚混同，而忘却了他们的专业背景，实际上有几分失敬。相比较而言，旧时的“学长”称谓，当更为恰当，更为亲切。出于这种考虑，此处就称他们为“学长”加同事吧。他们中间，对我的人生选择起了关键作用，因而最值得一提的还有两位：一位是李国杰先生，另一位是史柳宝先生。

按照我就学及受益于他们的先后，先说说张忠修先生。张先生与我仅为课堂师生之交，课下并无深交，师生关系不仅纯而又纯，而且可谓淡而又淡，但先生的政治经济学课，则令我受益半生。张先生开的“政治经济学”（资本主义部分）课，可用两个词来形容：一个是严谨，另一个是丰裕。所谓严谨，集中体现在授课内容的逻辑联系上，而丰裕则体现在广征博引上。现在看来，他将马克思那种德意志人固有的富有哲理的推理与中国人的实用主义“遐想”巧妙地结合在了一起，把一堂政治气氛很浓的半经济学半哲学的课程，变成了一门理论与趣味兼具的课，听他的课的确有几分享受。我相信每一位兰大1977级政治经济学班的同学，都会同意我的如下看法：作为一堂“入门级”的政治经济学课程，张先生的课的确不俗。他的课不仅给我们打下了坚实的政治经济学基础，而且培养了大家对经济学的兴趣。两年之后，当我自己也开始边读研边给一所“社会大学”的学生上课时，讲的就是政治经济学，所用教案“蓝本”，则是上张先生课时所作的详细笔记。或许受到张先生“真传”的感染，我的课也一度让我那时的学生们着迷！这在很大程度上要归功于张先生的教学方式。实际上，我在上完张先生的课之后，自感找到了学习政治经济学的方向，便沿袭我“文革”后期养成的旧习，转入自学，花了大量的精力去读原著，其中翻得最多的要数马克思的《资本论》和《政治经济学批判大纲》这两本书了。至于别的几位老师的课，而今回想起来有些讲得也的确不错，但印象不是很深。这里我表示遗憾！

张先生属于那种“述而不作”型学者，虽然课讲得出神入化，但发表文章不多，后来兼任学校研究生处处长，行政事务繁多，想必也没有多少时间著述。但即便如此，我相信1977级同学迄今对其在政治经济学领域的学问功底，亦有几分敬畏的！

现在说说李国杰和史柳宝两位先生，他们二位先是我考研拜师的举荐者和鼓励者，后来在我研究生毕业时，力排众议将我留校。其后数年为我的直接或间接领导，我本人以及当年与我资历相近的兰大经济系的年轻学人，受益于他们鼓励与举荐者当不在少数，提及兰大经济系20世纪70年代末至80年代中期的发展，他们二位功不可没。

说到李国杰和史柳宝两位先生，须从我的考研说起。现在看来，当年我以高中毕业的“正式学历”与文凭“越级”考研，完全得益于某种“天时”与“人和”的“时世”安排。这里最大的“天时”，莫过于改革开放促成的大环境。事情是这样的，我在兰大经济系随1977级进修两年之后，国家大环境已发生了大的变化，社会上已经开始“论文凭”了。我虽然靠自学几乎修完了历史与经济学两个专业的课程，但因未有文凭而面临着出路困境。正当我为下一步求学之路困惑的时候，“天时”有变：国家恢复了研究生教育制度，兰大经济系拿到了培养研究生的资格。事实上非止拿到，简直是“斩获颇丰”。就在许多大学还处在“可望而不可即”的境地时，兰大经济系首批就拿到政治经济学、外国经济史、世界经济和中国经济史四个专业研究生的培养资格，其实力之强由此可见一斑！最初听到这消息，原本以为考研与自己太远，因此一点也高兴不起来。但后来仔细看了一下招生简章，则近乎大喜过望。原来那时国家正处在百废待兴、人才奇缺的时期，邓小平同志高瞻远瞩，提出“不拘一格降人才”的思想，鼓励高校学生跳级、越级。也许是为贯彻邓公这一思想，研究生招生简章特列一条："鼓励'同等学力'者报考"。注意那时强调的是"学力"亦即真才实学能力，而非"学历"。多年后，当我自己招收研究生时，有次再看招生简章时，不无吃惊地发现，不知何时这一条已给人"窜改"了，"学力"变成了"学历"！这是后话，此处不拟赘述。

于是，我打定主意准备考研了，但考哪位教授的研究生，考哪个专业呢？那时高校招硕士与时下招博士差不多，得先找好导师，冲着导师去报考。幸运的是，正在我犯难之际，得着了"人和"：我在建工局的老领导肖铭德先生听到我的打算，主动出面，鼎力推荐，将我举荐给了兰大经济系的两位领导，这便是李国杰先生和史柳宝先生，他们时任兰大经济系正、副主任。这两位先生与肖铭德先生系"文革""开门办学"年代的旧交，正是他们二位力主给建工局一个进修生名额，我则是这种安排的第一个受益者。我那时有几分腼腆，虽在他们领导下的经济系进修，但自知学识浅陋距他们太远，未敢贸然去找过。当我带着肖铭德先生的问候求教于两位先生时，得到他们二位的热情鼓励。原来，这两位先生对我的情况也略有所闻，知道我有世界历史和政治经济学两个专业的背景，力荐我考刘天怡先生的外国经济史研究生。记得史柳宝先生说过，外国经济史是介于世界史和经济学之间的学科，带有跨学科性质，适合我考。李国杰先生还

从左至右：李虎存、赵伟、刘老师、王春法（1988年）

写条子给刘先生举荐我，待到我拜访了刘先生并得到肯定答复之后，李先生还半开玩笑地对我说，“小赵将来要喝‘洋水’去了”，意思是刘先生系留洋归国学人，跟着刘先生有望出国。现在想起来，李先生果然具有先见之明，后来我留兰大工作期间，出国进修两次，而自入职浙江大学以来，出国交流对我简直成了家常便饭。

正是得益于我与兰大人的这种“人和”，加上改革开放初期的有利“天时”，我才得以以“同等学力”身份考取了兰大经济系的研究生，成为一名正式的兰大人。但这仅仅是开始而已。后来，在我留校之后的出国求学与为学之路上，李先生和史先生也不时予以鼓励，提供了他们力所能及的关照。现在回过头想想，兰大那时的“有容”，恰恰是通过李国杰与史柳宝这样的“一线”学长们来贯彻的，他们那种惜才、爱才乃至求才若渴的人格魅力，在“文革”结束百废待兴的转折年代，奠定了兰大在新时代发展的良好基础。

我相信，大多数当年在兰大经济系求学而后留校工作过的同仁，都会同意我的这一看法的。

六、导师刘天怡先生

现在说说我的导师刘天怡先生。初次认识刘先生，是在1979年春季，那年先生给1977级开上外国经济史课程。事先听同学说过，刘先生是经济系著名学者，早年留美，“文革”期间受迫害并被迫按照“一般职工年龄”提前退休了，粉碎“四人帮”后又给请了回来。获知刘先生这一经历，同学们都抱着一种崇敬的心情，早早去教室占位子等着上课。随着上课铃声，进来了一位个头不高温文尔雅的老先生。先不说话，拿一支粉笔在黑板上写了四行字：“一别檀台十四年，刘郎无意说辛酸。而今沐浴春风里，善逐阴晴避乍寒。”随后用平和而缓慢的“川味普通话”解释说，这是他本人对“文革”以来学术生涯失而复得的写照，话语间流露出对新时代的赞美和期待。

当时作为一位非正式学生，我还未有任何奢望日后会拜眼前这位德高望重的老先生为师，更没有丝毫奢望能读研究生。实际上，那时只听到人们在议论恢复研究生招考的事，但我总感到这事离我有些远。更想不到的是，不久之后，自己便成为邓公力主的这一变革的首批受惠者之一！世事因时沧桑巨变之大，的确是常人事先所难以预料的！

前已提及，我拜刘先生为师，得益于李国杰先生和史柳宝先生的引见与举荐。当天下午，我便带着李先生的“口信”去找刘先生。那时一般教授家里没有电话，教授也没有办公室，除了“政治学习”之类的会议以外，教师们照例不坐班，要拜访便径直去人家家里敲门。我也就按照当时这一“惯例”去找刘先生。那时先生住在刚刚修成的17号家属楼，家属院的新楼仅一两幢，与旧楼泾渭分明，很好找。找到后说明来意并称是李国杰先生推荐的，刘先生很客气，仔细听了我的经历，表示可以按照“同等学力”资格报考，但同时重申了招生简章上的规定：“择优录取，宁缺毋滥”。

那年头师生都很“正统”，以向老师“求教”为名的“探题”行为为人们所不齿，我也未有这方面的丝毫念头。实际上，我与刘先生根本就未曾谈及专业问题，只是简单地讲了我的经历，求得允许报考，即起身告辞。接下来便是紧张的复习、参考，直到五个月之后拿到录取通知书，期间也未曾造访过先生。后来获知，我们那一届报考刘先生的学生有十五人，其中多半为“老三届”大学毕业生，仅有两人过线。我的专业考了第一，也仅有68分，足见老先生把关之严。拜师入门后与先生熟识了提及当年考分，先生说对我的答卷印象很深，只有短短两个小时的时间，居然提笔写了满满八大页，不仅思路好，而且文笔流畅。这是他给我最高分的主要理由。

我是在1980年9月中旬正式注册入校的，由于“同等学力”的身份，比一般“科班”出身的师兄弟们多一道“门槛”，注册前又接受了系里设置的外语和专业课复试，正式注册入学要晚一周。从那时到1982年6月毕业，师从刘先生近两年时间，受到先师耳提面命式的教导。

而今细细回想，作为导师与专业领路人的先师，给我最大的教益，莫过于基础知识的锤炼与熏陶。在先师看来，中国学人基础知识中，古典文史知识不可或缺。先师孰知我们那一两届入学的研究生大多是在“文革”中接受中学教育的，缺乏中国古典文化熏陶，因此特开设了一门课程，名称为“史论经典著作选读”，内容主要是中国古典文史论著，布置我们读

《史记》《汉书》和《资治通鉴》中选出的一些佳作，督促我们做笔记，写读书报告。而后又设“史实经典著作选读”课程，读的书为国外经济理论原著，但目标则定位于从那些大家名家的著作中寻找与摘录经济史史实资料，制作卡片。

当时我们几位弟子都感到有些诧异，怎么不从读经济史大部头著作开始，而从“外围”开始？因为我们看到别的专业导师都列了一大串专业书目，让其弟子去读，所开课程也紧紧围绕专业方向展开。私下里难免有些议论，与先生交谈中亦有所流露，对此先师并不理会，只是一个劲儿督促我们去学，并要定期汇报，提交读书笔记。这样一年时间下来，不知不觉中发现自己为文时笔端开始“生花”，“美言佳句”跃然而来，始知先生从“外围基础”抓起的妙用。而到后来写学位论文时，发现当初先师让我们“倒读”原著的妙用。以寻找史料为宗旨的读原著方式，实际上是给人研究与感悟经济理论所提出的时代背景或环境的方法训练，同时也有望教会一个人深层次把握经济学大家们的思维方式。因为任何经济理论，都是先贤们对特定历史阶段经济现实研究与思考的结果。

现在看来，先师给我们培养的是某种“倒读”理论的方法。这种方法与基础训练，实际上给人以理论统领历史之“入门”捷径。客观地说，掌握了这种方法，打下了这一基础，很容易将研究从经济史拓展至纯理论研究。到了后来，当我从外国经济史专业“跨学科”到国际经济学与区域-空间经济学专业研究的时候，发现当年跟先师学的这一“倒读”招式依然管用。

除了基础知识与方法训练以外，先师在指导学生论文方面也很“另类”。从选择研究方向到选定题目，刘先生从不事先干预。他常说的一句话是寻找研究方向和选题要水到渠成，主张每位学生自己在阅读原著中去寻找去定位。起初，我们不大理解这种指导方式，期望刘先生像多数导师那样能给出个题目，先生笑而不语，让我们自己去做。到后来，随着我们读书日多，学力日增，逐渐找到一些“感觉”，这时候先生往往给我们一些“提点”，坚定我们的信念，如此日积月累，不久便找到了方向，确定了论题，并沿用同样的方式完成了论文。后来在实际工作中逐渐感悟到，刘先生当年教导我们的方法，实际上属于古人常说的“授人以渔”的方法，比之“授人以鱼”来要高出一筹。

多年后，当我自己从教也逾二十年，做教授也有些年头的时候，对教授职业的认识得以升华，有一日忽然从孔老夫子《大学》开篇几句得到某种“灵感”。孔子《大学》开篇说“大学之道，在明明德，在亲民，在止于至善”，我对这段话的“现代感悟”是，“博大学问的道理，在于彰明人的心底已经存在的灵气和美德，在于将你所做的这件美事感染给你所认识的每一个人，在于将这件事做得尽善尽美”。这当是做教授的最高境界吧？本以为这个“秘诀”是我的一大发现，然而当我着手要写先师刘先生的时候，忽一日不觉感悟到，刘先生当年对我辈的教导，恰恰符合“在明明德”的思想，这或许与先师深厚的古文化修养有关吧！

刘先生于我耳提面命的师生时间是短暂的，而以师长加同事的时间要长些。前已提及，在我读研不到两年的时间之后，得着国家两年制研究生学业试点之光而提前毕业，随之留校任教，时在1982年夏天。客观地来说，我之留校，部分是奉了师命，部分是因着学长爱才惜才的缘故。我属于改革开放以后中国大陆的最早两届研究生之一，到我毕业那年，全国毕业的研究生仅千把人，经济类毕业生不足百人，其中学外国经济史的可谓凤毛麟角。那时国家百废待兴，各方面人才奇缺，研究生成了“香饽饽”，高校抢着要。我当时也打算走出大西北，去沿海大都市干一番事业。然而我毕业时面临的局面是，刘先生年近七旬，身患高血压等疾病，身兼校内外多个职务，母校外国经济史教学后继乏人，面临“断档”困境。先师的意思很清楚，希望我留下来接手他的本科教学工作，只是等着系里表态。恰在此时，终于等来了论文答辩。我在论文答辩中的表现，显然给答辩委员会五位老师留下了很好的印象。事后邻门师兄窦汝广多次告诉我，他曾亲耳听见系主任李国杰先生在给系里别的老师绘声绘色地描述我的答辩情景，言语中赞赏有加。这样，答辩一结束，我的留校也就成了定局。那时实行国家计划分配制，学生去留完全由学校及其人事主管部门定夺，谈不上什么个人意愿。当年九月份新学年开学后，我就正式接手了刘先生开设的“外国经济史”本科教学工作，先生随之从本科教学活动中“隐退”，专事研究生教育及兰大人口研究所的领导工作，直到1992年仙逝。算起来与先师相处前后共十二年时间。

待我留校工作之后，刘先生待我多半如同事，教学及研究方面任由我独自发展，从不干涉。事实上，先生晚年几乎完全超脱了经济系师生的日常活动，除了带一名研究生以外，专事兰大人口研究所的领导工作和《西北人口》杂志的主编等工作。作为弟子，不忍心多去打扰，这样师生之间平时的来往，反而不如当学生时那样频繁。当然，逢年过节或在教学与研究方面有些新的想法时，亦不时登门拜访、讨教，先生偶染小恙，亦不忘前去探访，执弟子之礼。这期间先生教诲亦有言传，但更多的则属于身教。

言传方面，刘先生给我最大的启发是对学问与人生之长期性的认识。留校不久，我发现自己所接手的“外国经济史”课程属于“冷门的冷门”，一个学年中只有一学期的课程，且每周不到三小时。那时炙手可热的课程是政治经济学、企业管理等。与我前后差不多时间留校的几位青年教师，就属我的课程最少，学生也少，因而受上面重视程度也最少。更要命的是，那时中国改革开放刚刚起步，学术杂志很少，聚焦现实经济问题的文章容易发表，经济史方面的文章不易发表，有段时间自感有些“失落”，有次拜访先生时流露出这种情绪，先生听后笑道：“经济史课原本就是冷门，需要向别的学科拓展，上课少反而是好事，可以花时间多做研究，拓展学科”，接着说，“年轻人学问起步阶段要注重基础训练，不要攀比‘篇篇’多少”，“人生是万米赛跑，开头几步跑在前面并不能说明什么”，并告诫我说，不要去搞那种“应景”式文章，先打基础，这样十年后当你发文的时候，别人是赶不上的。部分得益于先生的教诲，部分也得益于当时“大环境”的影响，从那以后我便调整战略，花少量精力于外国经济史的教学与研究工作，而将大量精力花在了外语和经济理论基础知识拓展上，自修了当时还受到官方批判的“西方经济学”和“国际经济学”。这种“战略调整”不久即得到实实在在的“回报”：年余后当学校选拔出国进修教师时，我的外语考试名列文科青年教师第一，由此确定了我的出国之路。数年后当我负笈留学归来，一度曾开了五门课程，其中四门是全新的。而在科研方面，好思路则接踵而来。由此感悟到先生的“先见之明”。

论及先师身教，感受最深的要属其晚年为人之宽厚。先生自50年代后期到“文革”结束，长达二十年间历次政治运动都难以幸免。“文革”

结束后先生一度身居学术要职，有着左右学校文科尤其是经济类学科教师晋升职称的影响力，大可行“挟私报复”之事。然而，先生从未这样做过。在我与先师十多年交往中，偶尔听到先生提及当年情景，但从未提及具体人氏。每遇学校提职称，先生则完全依照经济系学术委员会意见，公正地对待每一位中青年教师，帮每位老讲师说情。这当是那期间的兰大人有目共睹的。客观地说，先生晚年此种不计前嫌之宽厚为人处世方式，也给他带来了好的“回报”，乃至在先生过世之后，当年与其共事过的晚辈学者大多对其褒奖有加。这一身教，当为我辈终生效仿！

说到先师，不能不提及师母白朝莼女士。师母是一位出身名门而历经磨难的知识女性，在她身上，可以看到东方女性那种外在美与内在贤淑的完美结合。她一生忍辱负重，以相夫教子为己任，养育四个子女。好不容易盼到平反与海外家人取得联系，然而不幸之事又接踵而至：先是刘先生中风卧床数年，师母日夜服侍积劳成疾，后来竟然患上绝症，先刘先生月余而逝去。人们常说，一位成功的男子后面大多有一位伟大的女性，这句话放在先师与师母白朝莼女士那里，无疑是格外恰当的！

写到这里，想再说几句。天怡师一生，可谓青年得志。中央大学毕业，官费赴美留学，皆属那个战乱年代青年人所羡慕的；中年遭难，怀揣赤子报国之心回国，想为国家做点事，没想到十数年间屡遭批斗。晚年迎来好时光，重上讲台，招研授徒，然没几年。一位学者的一生就是这样愣给磨完了！每回忆起，都有些伤感！

七、简短的结语

现代中国高等教育的历史比之欧美来要短得多，从1895年到1898年北洋大学、浙江大学以及北京大学的先后创立迄今，也就百十年时间。兰州大学以其百年建校历史理所当然地跻身中国近代首批大学之列，其“资历”不可谓不长。百余年以来，兰大虽然地处西北内陆而不占多少地利，但在中国大学中的建树却不亚于沿海名校，其声誉向来不差。在50年代末至60年代中期江隆基校长主政期间，其达到的辉煌当令国内拔尖的几所大学汗颜，而在改革开放最初十年，其学术实力也在大陆高校十名之前。近二十年来，与沿海一些发达地区的高校相比，发展或许有些缓慢，但其积百余年经历而形成的校园文化底蕴，当是那些依靠物质“大投入”加官方关照获得跳跃式扩张的“后生”大学所无法比拟的，这一点或许就是古人所说的“百年树人”的真谛。那些资历浅浅，靠短期跃进扩张的高校，或许只能“树木”，要达到真正“树人”的境地，还须历练。

然而值得一提的是，近年来不断有机构对大学排名，母校兰大在各类排名中的名次一降再降，令许多兰大人上火、着急。我以为，这一点大可不必去计较。目前关于高校排名，全部依据量化指标，如若仔细琢磨，这些量化指标中，没有一个（也无法有）能够反映一所大学文化底蕴的，不难想象，如若抽去文化底蕴，还有大学之间的本质差异吗？如若抽去文化内涵，那牛津、剑桥这样的世界名校可能就与英国任何一所大学没有差异了。

在我看来，近年国内关于高校的排名，多少带有“政学”排名延续的影子，而“政学”排名，则有些“十二生肖”排序的味道。笔者不时出席一些学术活动，发现有些德高望重的学人座次，每每排在了一些亦官亦学的“政学”后面。本人也不时遇到这种场面，发现学术未曾跃进而不知靠什么弄了个“行政级别”的“后生”给弄到了前面，最初心里也感到不是滋味，然而久而久之也就习以为常了。有一日联想到“十二生肖”排名，一下子想通了！不知何故，十二生肖中尽管令人生厌的耗子排在前面，但天下父母大多都想“生龙生凤”，至少“生牛生猪”，而将鼠老大冷落一边。人们谈起十二生肖来，关注最多的还是后面的几位。既然大学排名带有“政学”排名的延续，一所百年大学给挤兑到了后面，那又何必值得去计较呢？

附记：

《我的母校我的师》至此分节转载完毕。本文既是个人在一所西部名校求学而进入学术之门的简略回忆，也是本人对时下中国大学体制的一种感悟。令人欣慰的是，文章在正式刊物发表以来，获得朋友及前同事们的一致好评！迄今未见对文章所述人与事的真实性持异议者。我以为，作为一篇回忆评论兼具的文章，史实准确最为重要，但由于涉及间接材料，这一点相当不易达到。尽管在这方面作者花费的精力不少，但难免记忆偏颇，诚恳欢迎新老“兰大人”批评指正。

当然，时下中国大学体制固有缺陷趋于膨胀，且到处一样，不尽如人意的地方很多。由于本文系为母校百年校庆而写，立意本身就是正面的，只说好的，隐去了差的。这一点，既有些“为贤者讳”的意向，也有某种“替委屈者言”的意向。网上有言：当今中国大陆最为委屈的高校，要数兰州大学了！

阎军

作者简介

阎军，1952年生，河北省沧州市人，兰州大学军事教研室副研究员，教育学硕士，曾任原石家庄陆军指挥学院特聘教授、研究生导师。

1970年起任职于兰州大学，先后在兰州大学长征厂、外语系、中文系、教务处、武装部军事教研室工作。出版及合作出版著作10部，其中合作出版的《毛泽东诗词全集辑注》获甘肃省1994年社会学成果三等奖，《高等学校军事理论教程》《高等学校军事思想教程》在全国部分高等学校使用。发表论文30余篇，散文《我的国防情》2003年在甘肃省国防教育征文大赛中被评为一等奖。2001年获甘肃省国防教育先进个人的荣誉称号。现受聘于兰州大学档案馆口述档案研究中心任研究员。

春风摇墨笔　兰芷动芳馨

——记九州台阅微草堂兰大校友书画雅集

腊月里肆虐神州浩土之上的那场疫情的面孔随着残雪的消融逐渐变得模糊了起来，春风轻轻拂过这座伫立在山峦间的城市，带来勃勃生机，“四月秀蔓，五月鸣蜩”，在这个山川莽原粗犷坚硬的线条都变得柔软的季节中，有着这样一群人，用水墨描摹出这个春天里最美的故事，用心中的热忱谱写了关于兰大、关于金城、关于中华文化悠悠千载传承的浩浩华章。

兰州九州台阅微草堂山庄

5月1日，应兰州大学兰州校友科技经济文化促进会（兰大兰州校友会）的邀请，到九州台阅微草堂山庄，参加兰大校友书画雅集。九州台东接城关，西起安宁，与皋兰山隔黄河而峙，拱抱金城，阅微草堂山庄隐于此间，如同点缀在这片郁郁葱葱的画布上盛开的一朵红梅，煌煌而绽。道边垂杨在微风中轻轻摇摆，逗弄着春意，山间薄雾还未完全散尽，丝丝缕缕，萦绕在枝头，春风浇进衣襟，一股融融暖意渗进了骨子里。缓步走进山门，眼见芬芳的蔷薇、缤纷的樱棠在庭中怒放，和煦的晨光洒在上面，粉红的色泽中泛起一抹闪亮的金黄，耳边依稀响起黄莺清脆的啼鸣，像是在欢迎我们的到来。山下的黄河奔涌着、怒吼着，带着洋溢的热情流向远方，河水拍打着河岸，激起层层水汽，升腾而上，让山庄里弥漫的花草芬芳气息间又多了一丝清新的味道。恍然间，我仿佛走进了陶渊明笔下那千百年来无数文人墨客都为之神往的桃源深处。

“尚意阅微探草堂，峰高气畅啸清扬”，九州台阅微草堂山庄这片“世外桃源”的主人是兰州大学兰州校友会会长尚峰，也正是尚峰会长组织了这次书画雅集，让我们这些醉心于书画的兰大人有这样一个机会挥洒墨香。尚峰会长是兰州大学法学院1984级校友，走出兰大校门后，他扎根在这座城市里，90年代末辞去公职，下海创业。二十多年间，那个小西湖畔的“兰州民族贸易城有限公司”已经发展成了“兰州民城实业集团”，万丈高台积于累土、九合之木生于毫末，今天的成绩是他锲而不舍、上下求索的必然结果。他说“母校给了我蜕变的机会，我也应该回报母校”。求学生涯里，兰大坚守奋斗的精神支撑起他的风骨，兰大的琅琅书声洗礼了他的灵魂，走向社会后，他也心怀兰大母亲赋予他的热烈与赤诚，为兰州大学的建设与发展贡献力量，二十年间他为母校捐款多达几百万，并设立“尚峰奖学金”来激励自己的学弟学妹们。“名远德为尚，山高人作峰。阅微能知著，草堂集萃英”，在尚峰的阅微草堂山庄里，兰州大学原党委副书记、甘肃省书法协会副主席李恒滨教授，中华文化产业战略协会常务理事段竑，甘肃省书法协会会员花逢坤等十余位从兰大走出来的书画名家及三十多位爱好书画的兰大校友齐聚一堂，在书画的海洋里徜徉。

偌大的厅堂中放置着几张长桌，上面铺着雪白的宣纸，李恒滨副书记开笔提起狼豪，在砚中浅浅地点了点，随后便挥毫落笔，墨迹如游侠桃林间舞剑般在纸上行走，他依旧昌茂的眉弯化成刚柔并济的笔画，笔风苍劲有力，只消片刻，“弘道养心”四个大字便已落成。“墨客文人登顶瞩，挥毫吟颂共兰园”，其余人也纷纷动笔，挥毫如烟，人们的深情是那么的专注，悄然间我仿佛看到墨气缕缕，在雕梁画栋间缠绵，又仿佛听见了春燕蹁跹，在檐角窗前呢喃。一方方墨字在麻布白的宣纸上写就，黑黝黝的大字，风吹林动般秀美，黑在白里恣意游弋着，像是有数百尾黑色的锦鲤在清澈的纸页浅塘里游荡，横竖撇捺弯折点游龙般蜿蜒开来，醉了清寂华裳。花逢坤老先生焕发青春，不厌其烦地给求字的笔友们写着，李永超和陈乐道两位校友还特意为我写了“琴瑟和鸣”“室雅兰馨”两幅墨宝，王鹏秘书长知道我先生喜欢花鸟给我写了“鸟语花香”四个大字。一室竹兰，墨香入骨，三幅书法随着兰大校友浓浓的情谊永远地镌刻在我的心中。另一边亦是一派旖旎风光，宣传部的段竑的笔下，一串娇艳欲滴的葡萄跃然纸上，“不饰瓜梨与李桃，果珍独喜是葡萄。凭风鼓力三千日，万里霜天一笔高”，深圳校友会《兰馨集》主编翟亚军这样称赞段竑所画的葡萄。

兰州校友会会长尚峰（左二）和作者（左三）一起观赏花老先生的书法

尚峰会长为大家准备了丰盛可口的自助餐，景泰羊肉名不虚传，茅台美酒袭人肺腑。大家品尝着美食佳酿，笑容洋溢在眉梢，李白斗酒作诗百篇，我们兰州大学的校友酒酣之际胸胆亦张，佳篇雅颂频出。甘肃省档案馆研究馆员、甘肃楹联学会副会长陈乐道作诗曰：“一路车旋入翠微，春眉翠抹笑声飞。阅微今喜堂何在，风送花香染客衣。”仇金选、刘白瑜、范国明、王德忠四位的唱和更显我兰大校友情真意重，巧具匠心。仇金选诗为：“假日偷闲到草堂，春来积气稍飞扬。开怀可对二三子，得句还成七八行。青眼追随白云远，玄谈引出素心长。挥毫数幅争评点，最是兰庭墨味香。”刘白瑜诗为：“济济群彦登雅堂，杨花柳絮漫天扬。携壶寻春诗千首，放怀飞墨书万行。黄鹤楼头帆影远，九州台上画情长。寰宇疫乱多艰日，兰苑更传云外香。”范国明诗为：“玉笋班行积石堂，伯英墨池海波扬。祁连雪浪诗千首，麦积贞珉态万方。西狭黄龙形劲古，流沙坠简意绵长。兰庭最是群龙会，洮砚隃麋着意香。”王德忠诗为：“尚意阅微探草堂，峰高意气云飞扬。同门当日拔渊薮，悟道争先序雁行。雅趣余风梁苑好，流觞兴尽此间长。清酣客醉白云外，共梦萃英弄墨香。”四位校友的诗用了相同的韵字，诗意相合情更切。段竑、何双玄、翟亚军、钟志凡、刘志华、王芸兰、陆野等校友也纷纷提笔成诗，吟诵之声响遏行云，激荡着滔滔东去的黄河之水，带着墨香雅韵，氤氲在湛蓝的天空下。

也正是这一天，在尚峰会长的倡议下，兰州大学兰州校友科技经济文化促进会书画分会成立了，李恒滨、花逢坤等六位书画名家为顾问，魏翰邦、李永超为名誉会长，段竑为分会会长。尚峰会长心系兰庭，奔走各方，为兰大校友搭建了这样一个平台，水墨丹青在这里荡漾开来，兰大校友的情谊与才思在这里水乳交融。像兰大校友书画雅集这样的活动只是一个开始，在不远的将来，还会有更多的活动在尚峰会长的大力支持下开展。九曲自昆仑卷地而来，毓秀钟灵，八郡人才兹荟萃；一画当少昊开天之后，经文纬武，百王政教此渊源。兰州大学自建校起至今，百十年间一直是西北浩渺苍穹上一颗闪耀的明星。在这里，随着黄河涓涓流淌千年的中华文脉从未断绝，从这里走出去的每一个人都怀着将中华文化发扬光大的光荣梦想，都肩负着让文化之花在陇原盛开的神圣使命。书画分会的建立、书画雅集的开展，在联络校友感情的背后，都蕴含着为母校百十载征程重添异彩，为中华千百年文化再续新篇的责任，这是兰大人的担当与坚守，也是值得每一个中华儿女矢志不渝去追寻的目标。

下午四点，我依依不舍地离开了这里。“欢声留雅趣，美酒聚群贤”，阅微草堂山庄里每个人上扬的嘴角，庭院中争奇斗艳的棠梨与牡丹，入喉即化的醇香美酒，一支支生花妙笔下的翰墨丹青，崇山之间、黄河之滨校友们的酬唱诗篇，伴着兰大人立足西北、坚守奋斗的精神，都在我心底扎根。这个春天里的故事，被珍藏在悠悠岁月中，永不褪色，无论多久，我都不会忘记，那天的春熙洒在衣袖上，暖意入心而化。

二〇二〇年五月四日

王钰

作者简介

王钰，毕业于兰州大学历史系（1978级），曾当过中学历史教师，县检察院书记员、代检察员。天水监狱管教民警，一级警督，主要从事教育改造罪犯工作，主办《育新报》，曾出版《笔走大墙内外》《25号监舍》《上磨的灯光》《神农山与神农文化》《杜甫与地域文化》等五部专著。现为甘肃省作协、天水市作协会员。

想起家乡的槐花香

每当初夏，一串串洁白的槐花缀满枝头，微风吹拂，空气中弥漫着阵阵的清香，扑鼻而来，沁人心脾，神清气爽。有诗曰：“槐林五月漾琼花，郁郁芬芳醉万家。春水碧波飘落处，浮香一路到天涯。”

在喧嚣的城市已生活了二十多年，每当看到街道路边的槐花盛开，就不由地想起家乡的槐花。近年来，每当槐花开放季节，就回乡一趟，品味家乡的槐花。那南北两山，房前屋后，村前村后，崖边沟畔，壑壑谷谷，山梁陡坡，都栽上了槐树，郁郁葱葱，浓荫蔽日。那白花花的槐花似银如雪串串垂挂枝头，脉脉含情，让人走在哪里就在哪里驻足久久观看，或摘一两朵品尝其甘甜清香。空气中弥漫着浓郁的槐花的清香，整个山村也沉醉在这槐花的香气中

家乡的槐树林

站在槐树前，一树树洁白的槐花在绿叶的掩映下，白中有绿，绿中有白，绿白相间，给这黄土高坡的西北带来了一种勃勃生机，也给初夏的空气中平添了一些滋润和清爽。细观，槐花又是白中泛黄的，因为“嗡嗡”的蜜蜂忙碌在花蕊之中，槐花又有着蜜蜂的质感，槐花和蜜蜂是不可分割的，有槐花的地方就有蜜蜂，难怪养蜂人将一箱箱蜜蜂置放于槐花树下。在绿叶的映衬下，那槐花更显示出它的白色主调来，槐花的一点“黄”是躲在花蕊之上的，藏甜蜜于心底，造物主总是那么有道理，馈赠于人间的槐花给人以诗情画意和大慈大悲。我对槐花恋恋不舍，思绪万千，感慨不已，热泪盈眶。

20世纪70年代，正是我童年和少年时期。那时家乡的槐树栽得并不多，在“以粮为纲”“大办农业”的方针下，即使陡峭的山坡也要种上庄稼，只有几条沟壑由生产大队统一栽上了槐树。每当槐花开放时，全镇的老老少少、男男女女都会提着藤条笼到沟壑里去采摘槐花。那时的人们粮食不够吃，只能以采摘槐花、挖山野菜来补充，常常“野菜伴半年”。每当春末夏初，正是青黄不接的时节，以菜代粮，也是老天对人的一种慈悲。农民顺口溜说：“三月苜蓿，四月苦苣、灰灰菜，五月槐花团团转。”槐花味道清香甘甜，富有营养，是一种“奢侈”的食料。

那年春天，我已是一个十四岁的少年了。下午放学，当我刚踏进大门，母亲提着笼子已走出门口，让我快放下书包，随她去捋槐花，我提了个笼子匆匆随母亲去了。走到半道，碰见几个妇女，母亲与她们商量去哪条沟壑好，因有的沟壑的槐花已被人捋得差不多了，最后决定到“四花沟”去。

沟里已散满了人，沟崖上还站着一个中年护林员，扯着嗓门喊着：“不能捋叶子，树靠叶还要长哩。”但人们不理他，尽管捋自己的槐花。我们来时带着一条小棍，上头绑上用铁丝折成的钩子，我将一树枝钩下来，定定压住，让母亲捋槐花。因近几天人们不断来捋槐花，树上的花儿零零散散的，已剩不多了，还有较多一些花的在树的高处。我仰首望着树上头，东瞧瞧这棵，又看看那棵，只要有花，我就如猴子般攀上树去捋，叉开两腿骑在树杈上，将树枝钩过来一把一把捋进包里，然后用细绳吊下去，母亲在树下掏出来装进藤条笼子里。我边捋边大口大口地吃着，味道有一丝甜甜的香，又有一丝淡淡的苦，在那个口粮极缺的年代，槐花真是一种“美味”。当我俯视树下时，发现母亲也正蹲在地上大口大口地生吃着槐花。

那天，当我下树时，不小心被槐刺划破了小腿，血流不止，母亲顺手抓了一把土按压在我的伤口处，口里念叨着：“面面土，土地爷爷给的药面面，止烂烂，快快好。”说也奇怪，几分钟后，血渐渐少了，母亲让我往伤口处撒一泡尿，才将面面土冲光了，不大一会儿，伤口处的血慢慢凝固了……

捋回来的槐花，母亲将其洗净，放在锅里撒上一些苞谷面，不到半个小时就蒸出了槐花馍，全家人吃得津津有味，享受着一次“美餐”。但槐花吃多了，肚子会发胀。我睡到半夜，肚子胀得实在不行。母亲说槐花没毒，不伤胃，放心睡，又说槐花是凉性的，清体内的热，可以凉血，所以就肚子胀，让我喝开水。母亲还让我平躺下，给我揉肚子，当时我已是个少年了，觉得害羞，就让父亲揉，父亲边揉我的肚子边说：“鸡儿叫，鸟儿吵，狗儿咬，娃娃肚子里的食儿都消了，不胀了，放屁了。”果真一会儿，肚子如雷响动了，放了几个虚气就轻松了。

多少年后，回想起当年那个情景，心里总是酸楚楚的，感叹不已。然而，当时那带着一种满载而归的喜悦心情，蹦蹦跳跳像小兔子一样往回走，又站在高坡半山，环顾周围，看着西山的晚霞映红了大半个天空，火烧连云，绚丽多彩，很是耀眼；俯视山下的小镇，缕缕炊烟袅袅飘起，山村处在一片幽雅静谧的氤氲之中……那个场景至今难忘。

啊！家乡的美，槐花的美，那种素雅、醇厚的、馥郁的家乡的槐花的美，至今已有多少回还在梦中笑醒……

有拙诗为曰：

梦醒常伴窗柳前，回起当年受熬煎。
炊烟袅袅村一片，槐花总被情缠绵。

又曰：

夜夜迢迢梦境间，回乡归路绕南山，
今朝骑马摇鞭去，春雨槐花生死关。

陈发虎

作者简介

陈发虎，1962年生，陕西丹凤人，中共党员，博士，中国科学院院士，发展中国家科学院院士，教授，博士生导师。1984年毕业于兰州大学自然地理学专业，获学士学位，1987年获硕士学位，1990年获博士学位。1995—1997年在英国利物浦大学地理系做博士后。现任中国科学院青藏高原研究所所长、兰州大学特聘教授、中国地理学会理事长。出版专著4部，编辑英文专刊5本。主要从事环境变化、气候变化及史前人-环境相互作用研究，先后开展了西部黄土地层与黄土古气候记录、晚第四纪气候快速变化、全新世干旱事件、干旱区湖泊演化、西风区湿度/降水变化、青藏高原环境考古、气候变化对湖泊生态的影响等研究工作。在Nature等学术期刊发表论文530多篇（其中SCI论文300多篇），论著总被引20900多次，SCI刊物总引11400多次。H指数53，是国际地球科学前1%的高引用科学家。5篇第一或通讯论文进入ESI Top1%高被引论文。1994年入选教育部跨世纪优秀人才计划，1996年获中国青年科技奖，1997年享受国务院政府特殊津贴，1997年入选中组部1—2层次国家百千万人才计划，1998年获评甘肃省优秀专家，1999年获宝钢优秀教师奖，2002年获国家基金委杰出青年基金，2005年获全国先进工作者称号，2005—2008年任教育部“长江学者”特聘教授，2005—2013年任国家基金委创新群体负责人，2005—2016年任教育部自然地理学学科引智创新计划负责人，2015年入选中国科学院院士，2016年入选发展中国家科学院院士。

骑白马、探冰川、做真人的大先生

——怀念我的老师李吉均院士

人的一生，如果能遇到一位好老师，那是非常幸运的。遇到李吉均老师，就是我的幸运。正是在李老师的引导下，我坚定地走上了科研创新、探求真理之路。

一辈子就是爱看书

大约四十年前，我在兰州大学地理系自然地理学专业读本科二年级的时候，第一次与李老师见面。当时，李吉均、徐叔鹰、牟昀智、张林源等几位先生是学科带头人，是我们这些喜欢地貌第四纪学生们心中的偶像。出于对李老师及他所从事的冰川研究的好奇，我与同宿舍的李友勤准备了几个关于冰川的问题，叩响了李老师家的大门。当时的主要目的是想认识一下李老师，已经记不清楚具体问了什么问题，只记得李老师书桌上的书堆得足有半人高，这让我对学者的工作生活有了直观印象。

1987年，兰州大学地理系招收首届自然地理专业博士生，我有幸与康建成一起成为地理系的第一届博士生，后来也是李老师指导的研究生中第一个获得博士学位的。当我逐渐深入了解了李老师的业余生活才知道，他并没有太多爱好，一辈子就是爱看书，而且涉猎很广。即使在晚年，因手术失败造成行动不便的十多年时间，甚至在他去世前，李老师家的桌子两端都堆满了书，他还是在看书、翻资料。李老师人聪明，记忆力好，知识面非常广，讲课、做学术报告深入浅出，语言风趣幽默，学生们都把听他的报告当作一种享受。我想，这多半是因为他从来没有停止过学习、不断吸收新知识。对有价值的书，他会反复看几遍，甚至会翻看小人书来获取知识。这潜移默化地影响我对学界伟人的认知：从学生时代，我就不迷信他们天生比我聪明，而是相信经过后天的不懈努力，自己也可以做一个“大先生”。

讲真话，做真人

1986年暑假，我已经确定次年跟随李老师攻读博士学位，他带着我们七八个学生到达里加山出野外。达里加山是甘肃甘南藏族自治州夏河县甘加乡到青海循化县黄河河谷之间的一座高山，我们骑马从北坡攀登到海拔4000米夷平面考察第四纪古冰川。那次，李老师骑着一匹白马，师母朱俊杰老师骑着一匹杂色马，这个场景至今时常在我脑海中浮现。考察途中，天气很热，一条清澈的小溪从山上流下，在平缓处形成几个水洼。李老师提议，大家一起到河里享受自然沐浴，说完第一个脱去衣服跳入小溪，一下子解除了我们学生的拘谨，大家也都洗了一个自然浴。

这次两周的野外工作，李老师手把手地教我们扎帐篷、画地质填图。当一张图画下来，一个区域就烙印在头脑中。李老师骑着马，边走边给我们讲，有历史故事，也有科学问题，高兴时，他还会即兴作首打油诗，将当时的情景融入诗句中。

我在读博士期间甚至工作后的很长一段时间，常去李老师家“蹭饭”。读文献或写文章时，遇到不懂的问题，就到李老师家求教讨论，不知不觉到了饭点儿，他一定留我在家吃饭，边吃边继续讨论。现在记不得具体讨论了什么问题，只记得李老师母亲做的川菜很好吃，师母朱俊杰教授多半会到学校食堂再买份肉菜。

从跟随李老师攻读博士学位到留校工作，这三十多年中，我深刻体会到，李老师是一个非常率真、坦诚的人。他奉行做真人的理念，喜怒形于色，总是坦率地表达自己的意见。李老师平时以“小陈”称呼我，当他直呼我姓名时，多半是因为我的工作做得不够好，严重时，他会当面批评。读研究生时，我曾听系里的老师讲，李老师就是由于敢讲真话，“文革”时被下放到甘肃一个荒凉山沟的“五七”干校，吃了很多苦头。李老师的为人、为学，对门下学生影响深远。尽管知道讲真话有时会吃亏，但我的性格无形中受到他的影响。跟随他时间长的学生，大多也都性格豪放开朗。

1981年，李吉均在青藏高原考察时翻阅地貌图

八十岁还在出野外

李老师注重野外考察，注重第一手科研资料。他1958年就参加了施雅风先生组织的中国科学院祁连山冰雪利用考察，开始了他的冰川研究生涯。骑一匹白马考察我国西部所有冰川，就是李老师那时的志向。

从1973年开始，李老师加入青藏高原综合科学考察并担任冰川组组长，首先考察的就是横断山海螺沟冰川和藏东南地区察隅阿扎冰川，后来又考察了羊卓雍湖区域的冰川。在我做博士生期间，李老师讲课时经常提到这些冰川和区域的名字。李老师对东起雀儿山、西到阿里与西昆仑山、南起喜马拉雅山、北至羌塘高原的山地冰川，进行了艰辛的长途考察，取得了异常丰富的区域性资料，主要成果体现在他主编的《西藏冰川》和《横断山冰川》两部专著中。后来，李老师与施雅风先生、崔之久老师等又对中国东部第四纪冰川和环境开展研究讨论，李老师凭借广博的地貌第四纪知识和对我国现代冰川与冰碛物沉积研究的深厚基础，合理解释了庐山地貌演化和相关沉积。他是中国东部山地第四纪冰川问题和环境研究的主力，是无冰川作用学派的干将，相关研究成果获得了国家自然科学二等奖。

李老师长期在青藏高原这一“地球第三极”考察研究，他的学生秦大河横穿南极考察，秦大河的学生效存德又到北极考察研究，“师徒三代勇闯三极”成为学界佳话。

李老师一辈子努力工作。无论遇到什么挫折，他都以积极的心态看待社会，看待整个世界的发展。李老师以亲身经历告诉学生，只要想干，积极去干，坚持去干，就能取得成功，他把这种一生奋斗的精神传给了学生们。这也是李老师对我最直接的影响。

开展野外工作是地理学工作者理论结合实际、学以致用的最好方法。先生晚年时，因手术失败，身体有了残疾，行动不方便，但只要身体允许，他就坚持出野外。八十岁高龄后，仍多年坚持对甘肃陇西盆地新生代沉积和地貌演化开展考察。2013年，我与李老师一起到陇西盆地开展了几天野外工作。他随身带个坐凳，常坐在凳子上指导青年老师和研究生。他晚年无法用右手写字，就练习用左手写“读万卷书行万里路”的毛笔字，我让人把这幅字挂在兰州大学“西部环境教育部重点实验室”一楼墙上，激励大家努力多读书，理论结合实际、学以致用。

“有自己的想法就好”

李老师希望自己的学生思维活跃、知识面广阔。他鼓励学生拼搏创新，在宏观审慎的框架下探索，选择自己感兴趣的科研方向。李老师带出来的学生都积极向上，多有成就和贡献。

我还记得，博士入学考试的专业课试卷是李老师手写的，一共四道题，前三道题我都顺利作答，但被最后一道大题难住了。这是一条教科书中从未见过的曲线，当时我也搞不清楚它是股票曲线、气候曲线还是别的什么曲线，只能天马行空地做了几种猜测和假设。考试结束，我特意找李老师请教，才知道这条曲线是《自然》杂志发表的南极东方站冰芯同位素曲线，当时李老师考虑用它与兰州的黄土研究记录做对比。听了我的答案，李老师对我说：“有自己的想法就好。”

作为一个“有自己的想法”的学生，我如愿以偿地进入李老师的科研团队，跟随李老师攻读学位。原本李老师招收我，是希望我做第四纪冰川研究的，但在20世纪80年代后期，并没有足够的科研经费和合适机会再开展青藏高原的古冰川研究。当时，中国黄土沉积及其记录的冰期—间冰期旋回变化成为国际研究热点，解决了深海记录缺少陆地记录支持和冰期

—间冰期气候旋回变化的驱动机制问题。兰州是世界上黄土沉积最厚的地区，典型风成黄土有320多米厚，里面古土壤分化更多，再加上水成黄土，一些地方的黄土沉积厚度超过400米，而黄河河流阶地上特殊的高分辨率黄土沉积和古土壤发育更具有特色，这引发了我对黄土记录研究的兴趣，李老师鼓励我尝试开展以兰州为主的黄土记录研究。在这期间，李老师安排三个实验室技术人员曹继秀、张玉田、徐齐治老师帮助我。大家骑着自行车，背着干粮和水到兰州九州台采样，一干就是[illegible]天。此后，我还系统开展了兰州河谷从一级阶地到最高的九州台阶地砾石层上的黄土地层、年龄和黄土—古土壤序列研究，后扩展至循化盆地、西宁盆地。我的博士论文也专门对冰期、冰川作用期进行讨论，还依据达里加山第四纪冰川作用，开展了冰期旋回与黄土记录的对比研究。我的认识是，好老师是有前瞻性的，总是能够给学生指明研究方向，而且鼓励他们积极去干。

1990年，李吉均（前排中）与博士生在四川甘孜雀儿山考察
（后排左一为陈发虎，左二为潘保田，左三为张叶春）

改革开放后，李老师1978年就与施雅风先生、谢自楚研究员等到英、法、瑞士等发达国家访问。1980年，兰州大学主办了高校第四纪冰川沉积和地貌培训班，他邀请英国专家来讲课，多数第二代从事冰川和第四纪冰川研究的专家如秦大河院士、姚檀栋院士、周尚哲教授等均是培训班出来的学员。

李老师也鼓励我积极主动与外国专家讨论兰州九州台黄土年代问题。1988年，李老师安排我在国际兰州黄土研讨会上作报告，与英国学者争论兰州黄土的形成年龄问题。后来，事实证明我的工作更扎实，兰州黄土是近160万年以来才形成的，不同河流阶地上的黄土发育年龄不同，这也间接解决了河流阶地的发育年龄问题。1989年，在李老师的安排下，我到杭州参加了国际南极学术研讨会，代表李老师在会议上做了题为“15万年以来甘肃临夏北塬黄土记录与南极东方站气候变化的对比”的学术报告。在20世纪80年代，老师资助学生参加两次国际会议是非常难得的。

知识可能有“保质期”，科学精神永不过时

在科技飞速进步的时代，老师传授给学生们的知识可能会有“保质期”，李老师也在一年前永远离开了我们。但是，他的学术著作、治学理念、教育思想和科学精神永远留给了学生们。

我读博士期间，李老师专门带着冰碛石给我讲授了冰川擦痕，并引申至冰川沉积和地貌。尽管我的博士论文和后续的研究没有涉及第四纪古冰川研究，但李老师鼓励我读书探索，不必受书本知识的局限。那时，李老师鼓励我将今论古，因为只有理解现代过程才能更好理解过去发生的变化。他也鼓励我从气候变化角度理解古冰川变化，还专门请原中科院兰州高原大气物理研究所的科研专家给我讲授青藏高原气象学、青藏高原降水变化机制和大尺度大气环流过程等，这些都深刻影响着我的科研生涯，也让我对气候变化保持浓厚兴趣，更是我后来开展全新世古气候和环境变化研究，也始终将古气候变化与现代气候变化机制相联系的重要原因。

李老师出野外时，常常海阔天空地畅谈人与环境的关系，尤其是风趣幽默地谈论历史典故和历史时期人类与环境的相互作用，让我对人地关系、文明演化与自然环境关系等始终保持兴趣，研究方向也从博士论文就开展的黄土记录与第四纪冰期—间冰期旋回变化，以及毕业后开展的以湖泊记录为主的全新世西风和季风变化，拓展到当前聚焦人与环境相互作用、环境考古和文明演化研究，深化史前人类探索、适应和定居青藏高原的研究。

李老师要求学生脚踏实地、勇于探索，鼓励学生协力攻关、永攀高峰，这种做法正是青藏科学精神的体现。李老师指导的研究生，尽管毕业后从事的研究方向各有差异，但普遍大有作为。在他指导的硕士研究生

中，秦大河、姚檀栋先后当选中国科学院院士，我本人也当选中国科学院院士和发展中国家科学院院士，创造了“一门四院士”的学界佳话。李老师还有一些学生在学界的成绩也非常突出。

学术界有一个现象：一些世界著名大学和研究机构，集中产生了多位诺贝尔奖获得者；同时，新的诺贝尔奖获得者更有可能在诺贝尔奖获得者的学生中出现。我想，这主要是因为团队的创新文化。常听李老师讲“得天下英才而育之，人生一大幸事也”，李老师在指导学生过程中建立的求真务实、积极向上和勇于创新的文化，持续激励学生们有所作为、奋发向上。

李老师一生积极奋斗，奉行读书、做事都要求真的理念，作为学生，我受益至今。永远怀念李老师！

张孔明

作者简介

张孔明，本名张孔明，曾用名张孔民，陕西蓝田人，散文家、编辑家。1985年毕业于兰州大学历史专业，陕西人民出版社编审，为《全唐五代诗》《贾平凹文集》《陕西文学60年作品选》等大型图书责任编辑。有《说爱》《谈情》《红炉白雪》《当下最美》《书中最相思》等散文作品集及点评本《贾平凹妙语》行世。为中国作家协会会员、陕西省作家协会理事、陕西省网络文学委员会委员。

兰大与我

一

兰大一百一十周岁了。作为兰大的学子，不想她是不可能的——不唯今日，几乎日日。在我的心里，岁月的錾子凿刻了一尊碑，上边已刻满了我对兰大的思与情、爱与敬。或者说，人在旅途，兰大是我人生的一个印戳，烙印了，就长在身上了，走到哪儿，都有资格以兰大人自居了。

1981年夏，临近高考，我常在校园里徘徊。时而低首，时而望天，时而对着一棵树或一丛兰草发痴发呆。高中就要毕业，我能顺利考上大学吗？全国那么多所大学，哪一所将接纳我？

一日，在花园边上徘徊，被阅览亭里一张彩报吸引了过去。我的目光不由自主地凝聚在一幅风景照上：黄河岸边，绿柳垂吊，一座铁桥横卧，有学子抱着书正在优雅地散步。目光移向报头，才看见了“兰州大学”的名字。仔细地阅读完兰大的自我介绍，我怦然心动了，寻思：若是能像那风景照里的学子抱着书在黄河边散步，该多美、多惬意、多得意啊！随即，一朵愁云涌向心头。人家是全国重点大学，咱够得上吗？虽然心高如天，但仰望白云悠悠，我的心里尽是忐忑不安。并非自卑，却也并非自信，只是心存一种心驰神往的愿景罢了。

填写高考志愿时，我神使鬼差地放弃了重点大学那一栏，直接在一般大学的那一栏里填写了唯一的学校——西北政法学院。我的目标真不高远，能上大学就谢天谢地了。志愿表上交后，班主任王至正老师气冲冲走进文科班，指着我说：“你来！”转身即去，疾步如飞，我追跟不上，便踅进了厕所，想让自己的情绪舒缓一下。此前，已挨过他一顿训斥，心里嘀咕而胆怯。那是在春天，学校动员报考航空学校，我和班长都放弃了报名，导致全班没有一位报名的。王老师大发雷霆，骂我们没有爱国情怀。班长坦白，说他是听了我的话且觉得我的话很有道理才没有报名的。王老师闻言，气得满脸通红，把我叫到他办公室，先是一顿批评，然后又语重心长，使我如释重负，没有背上不爱国的包袱。我记住了他的一句话：“人生如履薄冰。”

我向王老师办公室走去，心里真有“如履薄冰”感。走到门口，立定，喊了三声“报告”，里边没有回应。王老师背对着门，伏案而坐，头也不抬。我正要再喊，他终于转过头来，铁青着脸说：“进来！”走近，端立在他座椅跟前，只见我的志愿表正摆在桌面上。王老师说：“你很张（陕西方言，轻狂的意思）啊！”又说：“真是出得槽了！”这是骂人的话。我已明白他生气的缘由了，盯着自己的志愿表，不敢吱声。他用指头敲着志愿表重点大学一栏说：“给我乖乖填上，填满，五个志愿，不许留有空格！”又指着第二、三、四栏说：“都填满！”又加重了语气：“这是态度，懂吗?”我向他解释:“我为了保险。”王老师说:“幼稚!”摆摆手:“快回去填写好交来。”我回到教室，坐在自己的座位上，恭恭敬敬地在第一栏里填上了兰州大学。

真没指望考上兰州大学，觉得上西北政法学院或许还有些把握。和其他同侪考生一样，其后是漫长而怀有隐忧的等待，整天用读书熬着时光，用指头掐算着日子。心里只祈祷考上，不要再回母校“吃第二遍苦，受第二茬罪”便好。

二

一天晚上，生产队长王宣旗突然推门走进我家，对我妈说:“便姑(我妈名王便)，你孔(我的昵称)考上了!”闻听此话，我的心“腾腾腾”地狂跳起来。他说:“我进县城办事，路过县政府，看见光荣榜了，大红的纸，贴在墙上，醒目得很!我就寻孔的名字，看见了，很靠前的。”此言不虚，当晚，县广播站也广播了榜上的考生姓名，果然有我。一颗悬挂的心骤然间落地，至于上哪所学校，真无所谓了。那时候，考上便是鲤鱼跳龙门，偷着笑呢!

有一个日子像我的生辰一样镌刻在了我的心里，那就是1981年8月17日。连日淫雨，忽然放晴了。晌午，有些闷热。听见有人叫我的名字，我即闻声出门，只见大队会计张景缠踩着一路烂泥，从场畔走来，蓝天白云衬托得他格外精神。他是我大哥的同学，与我大哥同年，且一直友好，我叫他景缠哥。他笑不拢嘴，脸上就像一朵莲花开放。他穿着靴子，裤管挽到了膝盖，靴子上沾满了湿泥。手里拿着一个大牛皮袋，说是兰州大学录取通知书。村里一些人闻讯，跑来围观。当着众人的面，我拆开大信袋，里边居然还套着一个小信封，再打开，才看见了录取通知书。此外，还附寄了《新生入学注意事项》，将如何报到交代得一清二楚。

对兰州，我知之不多，却也并不陌生。一者，我是文科生，学地理。兰州是西北第一工业城市，又是甘肃省省会所在地。二者，我知道兰州军区是全国七大军区之一，听说景缠哥的门中人在那里给司令员掌大厨。三者，我读过关于兰州战役的书。故此，能上兰州大学，我真是喜出望外。或者说，录取完全赶我心上来了。我一家人都高兴，这是自然而然的。特别是父亲，他寄予我厚望，我总算没有辜负他。今后，他在人前说话应该更有底气了。

家里人迅速行动起来，为我上兰州大学做准备。其实也没啥好准备的，一切都现成的。王老师说我张，我得承认："有点儿。"高考后一回到家，村里人问："能端上公家饭碗不？"我回答得不留余地："能！"叫我妈、我姐给我缝被子。从接到通知书，就预备上路了。第二天，我回了母校，去向老师报喜。第三天，我哥去粮站卖粮食，换全国粮票，并帮我迁移户口。这意味着从今往后，我吃上"商品粮"了；也意味着从今往后，我告别自己的家乡了。在那个时代，"吃商品粮"是被村里人啧啧称羡的。

我父亲在玉山供销社工作，供销社在许庙街道上。母亲送我到许庙，在父亲那里住了一个晚上。这是我第一次真正离开父母，不能说难以割舍，却可以说心里还是怪怪的、酸酸的。我躺下睡后，闭着眼睛，其实并未睡着。母亲几次走到床边，拽我身上的单子，其实是为了看我。我那时候还不能真正理解一个母亲的心，甚至嫌她过于操心，因为她总在和父亲嘀咕，也不知道父亲睡着了没有。

供销社有一辆东风卡车，第二天进城送我。父亲为我准备了两大木箱行李，最占地方的当然是两床被子和褥子，都是新棉花网套的被胎、纯棉的被里、印花布的被面，看见喜庆，摸着柔软。父亲尽他所能，日常用品能想到的，都备了双份。就这，我妈还怕我在外边"受症"（陕西方言，就是受苦、受熬煎），临走前，把一沓子新角币（10元）塞进了我随身携带的挎包里。

永远不会忘记那一天：1981年8月25日，农历七月廿六日。那一天，是我告别农村、告别故乡的日子。

三

父亲跟着卡车把我和行李送到西安火车站。父亲决定先送我上火车，然后他再办理行李托运。我排队买了去兰州的火车票。赶上学生暑假返校，西去的车票供不应求，西安火车站临时加了一趟慢车。那时候我对火车的快慢还没有概念，并不知道快车有多快，慢车有多慢，只知道西安距离兰州有一千多里。我家离县城四十多里，感觉已经够远了；离西安一百多里，那就更远了。我要去的兰州，一千多里，该有多么遥远呀！

父亲陪我在火车站广场排队。那队形拐了几个弯，真像蛇爬行一般。雨后的晌午，天上有日，却被薄云遮挡，雾雾的，没有风，湿热难耐。父亲看着行李，我去附近一个书摊上买了两本《长安》文学月刊，准备在火车上看。排队等候进站，感觉时间漫长呀。好不容易进站了，终于顺利上了火车。

1983年春节后返校，于西安兴庆宫留影
（中间为我大哥，右为高中同学贾西民）

此前，我曾经两次跑到火车站，买票上了天桥看火车，做梦也没想到我自己会坐在火车上，感觉真好呀。期盼着火车开动，火车真开动了，伴随着长笛和车身颠动，车头冒起了白烟。在那一刻，感觉长笛是那么悦耳，颠动是那么舒坦，白烟是那么好看。也是在那一刻，我的梦想放飞了。

在火车上，我一直望着窗外，眼睛舍不得离开。扑眼而来的田园、村庄像画儿一样逼近跟前，又一闪而渐远。离故乡越来越远了，离梦想越来越近了。我想象着兰大，想象着今后的大学生活。

看久了，眼睛看累了，就把目光收回了车厢。慢车站站都停的，而且停很长时间。中途上来了两个与我年龄相近的人，一看就是学生，就和他俩搭讪，才知道他们也是兰大的新生。一个叫马金魁，眉县的，被录入外语系英语专业；另一个姓名不记得了，好像是耀县的，被录入了哲学专业。我们立即亲近起来，顾不得欣赏窗外了，谝得很是投缘。

下午四五点吧，火车进了宝鸡站，等了不长时间，听到广播说宝天铁路断了，火车不能运行了。我们仨都是第一次出远门，心里的紧张可想而知。广播通知，让返校的大学生与大学新生出站后集中，统一安排住行。出站时天降大雨，我正好带着一把红油纸伞——就是毛主席去安源时手里拿的那种。瞥见一女子胸前戴着兰大校徽，我立即奔过去，把伞撑在她头顶上，告诉她，我们仨都是兰大新生。她很热情地接纳了我们，领着我们去了一家旅社——应该是车站安排的。旅社的店名里有一个“红”字，忘记了是红星还是东方红。我们被告知，已经没有床位，只能打地铺了。我跟着那位学姐去办手续，一晚上很便宜的，每人八毛钱。又买了长途汽车票，第二天早上五点半出发。关于车票，有个小插曲。我们四个人结伴，买的票却不是同一辆车，那位学姐去交涉，把我们调在了同一辆上。

我们都睡得很踏实，却又很警醒，按时起床了，也按时上车了。对号入座，我们是最后一排。一路上的事多半记不清楚了，只记得两辆班车结伴而行，我们坐的是第二辆最后一排。半路上不记得到了哪里，班车停下来休息，我第一次吃了榨菜——味道至今记忆犹新，而且记得学姐给我们从罐头瓶子里用勺子剜舀榨菜的情景，她的手真白、真灵巧呀！说几句后话：我后来一度爱吃榨菜，总吃不出那位学姐罐头瓶子里的那种味道，百思不得其解。她的榨菜真香啊！

日落的时候，两辆班车把我们拉进了固原车站，住了一晚，第二天蒙蒙亮，又上车赶路了。四个年轻人坐在一起，自然不寂寞。翻越六盘山时曾经有惊无险。上到山顶转而下行时，前边那辆车竟然驶离了公路，幸而公路边上是个缓坡，坡下还有梯田或者台地兜着。但不敢往下看，下边不是万丈深渊，却也不是一马平川。眼看着车横趄在半坡上，悬悬乎令人心惊胆战。我们的车停了下来，车上的人都下来。那辆车上的人也都小心翼翼地从车里出来，上坡时我们都顺势给一只手拽拉。没有办法的办法是那辆车上的人都上了我们的车，车在下行时虽然缓缓行驶，小心翼翼，但车上的人肯定都捏了一把汗。等车行驶在平地上了，车上的人才都松了一口气。已经调度来一辆班车，我们车上站着的人又都下去了。

还有一个插曲：车过定西，只见公路两边都是瓜园，白花花的满地都是。学姐告诉我们，那叫白兰瓜，兰州特产，很甜，很好吃。过一个瓜摊时，班车停了下来。瓜摊很大，垒起的瓜像一座小山丘，旁边站立着一位老农和一个小姑娘。老农叫卖，车上人都蜂拥而至。有买瓜的，也有不付钱就把瓜抱回车上的，竟然还有人抱起瓜就向车上扔，竟被人从窗口接住了。连续扔了好几个，有一个砸在车窗玻璃上，碎了玻璃，司机看见了，没有言语，招呼大家上车。车开动了，一车人都在吃白兰瓜。

黄昏，车开进了一条宽阔的马路——后来就知道了那叫天水路。我觉得西安的路够宽了，却没见过天水路这么宽，宽得就像一个长方形的广场。班车绕到了兰大门口，停下来，让我们下车。我们向司机挥了挥手，表示感谢。班车绝尘而去。

四

兰大校园的门楼是一道风景，我早已看过照片了，但还是在竖挂的兰州大学门牌前驻足，行了注目礼。

进了兰大校园，迎面的文科楼前，摆了一排迎新的桌子，我一眼就瞅见了历史系的迎新招牌，激动得疾步走近。一位同学笑眯眯迎来，接过我手里的帆布包，我就跟着他走，和他交流，竟忘了和那位学姐挥手告别，等我反应过来时，已不见她的踪影。对她一直念念不忘，时常用目光在女生堆里横扫，就是找不见她的模样。此前问知她是数学系1980级的。校园太大了，一开始不好意思打听她，到好意思了，她已经毕业离校了。至今不知道她的姓名。她是四川人，毕业后应该回了四川。

接过我包的，名叫王兴斌，个子比我高，也比我帅，总笑眯眯的，戴着深度近视镜。问知，他也是新生，新疆哈密人，与我一个宿舍。他显得老练而沉稳，开学后就做了我们班的团支部书记。一直到毕业，他对我一直友好。寒暑假归来，他带好多新疆土特产，供全宿舍的同学享用，如葡萄干、哈密瓜等。1984年暑假，他和我宿舍里的其他同学去过我的故乡，那都是后话。

到兰大报到的第二天，就接到我父亲电报："兰大接行李两件。"由于铁路中断，父亲没有写信，也没有更具体的信息给我，我和全宿舍的同学分析，电报告诉我，有两件行李托运到兰大了。我天天去校门口的收发室和邮电所，查看包裹、行李到达信息，一壁墙上写满了姓名，就是不见我的。同宿舍的同学陪同我去火车站查找，也一无所获。没有被褥，学校安排我去住招待所，第一天上课就迟到了。招待所的所长听说后，同意我将被褥带回宿舍。

一个月过去了。十月的兰州，已经很凉了，我心里火烧火燎，写信给父亲，终于接到回信。父亲在信上说，送走我的当天下午，他看见了兰州大学接待站，旁边停着一辆大卡车，喜出望外，就去告诉接待站的人，他是新生的父亲。一位姓梁的科长热情地接待了他，并接收了行李，让他放心。父亲没有理由不放心，高高兴兴地回许庙了。

离开父母的那天晚上，父亲说过一句话，我一直记在心里。父亲说："在家靠父母，出外靠组织。"我看了父亲的信后，第一个反应就是去找"组织"。我去了校部，却不知道"组织"是谁，在楼道徘徊、犹豫，一间房门敞开着，里边有人问："这位新同学，你有事吗？"我闻声走进去，手里拿着父亲的信，将信里的内容告诉了他，他笑了笑说："你不要急。"拿起话筒，拨通了电话，说："小梁，你来。"不一会儿，进来了一个人，三十来岁，蓝制服外套。他听明白了我的情况，让我去他办公室。一进去，他一脸不高兴，批评我："为什么不直接找我呀？"我想解释，却张不开口。他承认他接收了我的行李，答应帮我寻找。他就是父亲信上说的那位学生科梁科长。后来开学生大会，招呼我进办公室的人坐在主席台上，我这才知道他是校党委副书记聂大江。他后来当了兰大的校长、书记，先后兼任甘肃省委常委、宣传部部长、省委副书记，从中宣部副部长任上离休，都是后话。

过了一周，梁科长终于告诉我："行李找不见了。"闻听此言，如雷轰顶，我的眼泪几乎要急出来了。他安慰我不要着急，随即拨通了历史系办公室王文淑老师的电话，说像我这种情况，可以申请困难补助。王文淑老师兼着我们历史系1981级甲班的班主任，对我的困难了如指掌，也一直在帮我寻找行李。

按照王老师的吩咐，我写了困难补助的申请。过了几天，王老师就带我去定西路百货商店，帮我购买日常生活必需品。王老师不但慈爱如母，而且心细如丝，能考虑到的东西，都替我买了。过冬的绒衣、绒裤，都是双份；一件夹克外套和一条涤纶裤子；两床被面，一条是缎子，一条是绸子，纯棉胎套子。我至今记得：绸被面子九元，缎被面子十三元。这一下我可以安然过冬了，不眉开眼笑都由不得我了。

星期天，我去文科三楼教室读书，路过一个教室，几位学姐把几个桌子拼在一起，正缝被子，我认得那被面子，脸立即热辣辣起来，却不好意思进去向她们当面道谢。事后，王老师还告诉我，买被子、被套的棉布票，都是高年级学哥、学姐捐献的，她把剩余的全给了我，叮咛："寒假拿回去，你家里人用得着。"感动得我心里只觉得热，脸上也烫，却不知道说啥好。从这一日起，我心怀感激，一直到毕业，一直到今天。我爱兰大，起根发苗就在这里。

五

11月的兰州绝对是冬天。一日黄昏，天飘着雪花。我从同学手里得到了一张兰州大学校报，四开四版，"兰州大学"的红色报头特别醒目。我边走边浏览，看到第二版时，一行标题吸引了我——"温暖先寒来"，心咯噔了一下，感觉是我的话，一看正文，果然是我的。文章不长，五六百字，却变成铅字了呀！接连看了好几遍，心里的"温暖"真难以言说。我把报纸揣在怀里，一个人在灯光下、林荫道上走了几个来回，以慢慢回味自己的"成就感"。

自从铺上了绸面褥子、盖上了缎面被子后，我的心里就酝酿了一篇文字，恭恭敬敬地写在稿纸上，悄悄溜进校报编辑室，放在了编辑李生茂老师的桌案上。我没指望发表，但存有奢望，想不到真发表了。在我心目中，印在纸上的铅字多么神圣多么高不可攀啊！我记得清楚：上初中时，父亲曾经给《西安日报》的"读者来信"版写过一封信，内容我忘了，却牢记了抬头的两个字："编辑。"我不认识"辑"字，父亲只有一本陈旧的《四角号码字典》，为了查"辑"字，我研究了一上午查字法，稀里糊涂竟查找到了。那是我唯一一次使用《四角号码字典》，其收获便是认识了"编辑"的"辑"。我没有请教过别人，心里只管琢磨兼想当然，认定"编辑"是很了不起的角色，起码很权威，好像无所不知，若其不然，为何报纸上的“读者来信”，都写给了“编辑”呢？我当然不会想到，这可能是我宿命的渊薮，我是命里注定要当编辑、要吃文字饭的。

出乎我意料的是我还领到了稿费：3.5元。在我眼里，这是一笔“巨款”，要知道我入学后第一月的伙食费才是6元。我把这3.5元纸币郑重地夹在日记簿里，压在箱子底里。后来，即使在我最缺钱的日子里，我也没舍得动这笔具有纪念意义的稿费。

因为这篇文章，我被校报吸收为通讯员。说来惭愧，大学四年，我总共在校报上只发表了四篇文章，另三篇是《美之歌》《打水大哥·扫地大哥》和《心里的话儿说给母校听》。《美之歌》是我发表的第一篇散文，与《温暖先寒来》是同一个主题。《打水大哥·扫地大哥》应该算通讯稿，写的也是真人真事。“打水大哥”是指隔壁宿舍的朱永相，他来自河南，年长，当过民办教师，人非常好，和善、勤快、助人为乐。他不睡懒觉，起床很早，起来第一件事就是去打水，左右两手各拎三个热水壶。有时候，他左右手里只拎两个壶，半路上遇见打水的同学，必顺手接过壶，笑眯眯的，就像自己得了啥好处似的。一些宿舍的同学星期天都睡懒觉，起床后壶里空空如也，必到朱永相的宿舍去蹭开水。我问过他为何要这样，他笑呵呵地说：“我正好锻炼身体。”他毕业后被分配到兰州市人民政府当秘书，前途无量是肯定的，却身患绝症，早早地离开了我们。写到这儿，他的音容笑貌活灵活现在我的眼前，我已泪如雨下。当年我一直叫他大哥，他真是个好哥哥！“扫地大哥”是指同宿舍的管廷辉，他来自辽宁，也年长，有长者风范，谨言，与人为善。大学四年，宿舍里基本上都是他在扫地、抹桌子。与我友好，去过我家。大学毕业后，他回了辽宁，被分配到抚顺矿业学院。多年前他来西安，我们见过面。我祝福他。《心里的话儿说给母校听》，其实是我毕业后写给母校的一封信，没想到发表了。

提起在校报发表文章的往事，有两位编辑老师绕不过去，一位是李生茂老师，我发表的文章，都经过了他的修改。另一位是张硕敏老师，大大咧咧的那种知识女性，却当得起“落落大方”四个字。在我眼里，她有端庄之美，更像个大姐。对我的写作，她一直鼓励有加。她后来当了校报的主编，我毕业后她又当了校党委宣传部副部长，分管校报。我写给母校的那封信很自然落入了她之手，被发表就在情理之中了。

我本有文学情结，又与校报结缘，写作的热情自然不减。给《诗刊》寄过一首诗，被退了回来。给《中国青年报》的《秋实篇》栏目寄过一篇杂文，也被退了回来，编辑在退稿一文标题旁边有批语："文笔不错，缺点：浅!"一个"浅"字，如冷水浇头，又如醍醐灌顶，使我既受到刺激，又有所感悟。我当了编辑之后，更掂来了一个"浅"字的分量：为文不浅，谈何容易，须得用一生去修炼!

也因为文学情结，对兰大的文学活动我一直给予关注，但缺乏参与的热情，原因之一是自卑，原因之二是自尊。兰大有个文学社，社长是黄剑华，他是1979级中文系的老大哥。对他吧，我只有尊敬，却敬而远之，说起原因，一言难尽。文学社办了个《五泉山》文学杂志，我是否投过稿，记不清了，但即使投稿，也自信不足。我读过《五泉山》上的作品，佩服是主要的，一些同学的文笔、文采确实好。意识到了差距，我就不刻意求发表了。"纸上得来终觉浅，绝知此事要躬行。"一直到大学毕业，我都没有放弃阅读和写作。我希望在阅读中接受文学熏陶，又在写作中提升自己的文学水平。

学校每次征文，我都参与。一次是《祖国，我爱你》征文，时间是1982年国庆。记得我写的是散文《被子》，获得了三等奖。《被子》写的还是我丢失行李的事，能获奖可能还是因为文章有真情实感。此次获奖给我传递了一个强烈的信息，那就是写作离不开真情实感。我是从农村迈进大学校门的，丢失行李那一年我才十七岁，第一次离开父母，在举目无亲、孤独无助的情况下直接感受到了母校兰州大学的温暖，对母校的热爱是发自肺腑的，怀揣感激和感恩，感情不由自主，化作文字就很自然能打动人了。在那一代大学生心里，母校就是祖国，向母校抒情就是向祖国抒情。

另一次是1983年，兰大举行联合国亚太经社委员会"环境与发展"大学生作文比赛征稿活动。看到通知后我怦然心动了。我对这个主题并不完全理解，之所以有了参与的冲动是因为我联想到了我的家乡。寒假回老家去，目睹了南北沟的滑坡完全是垦荒种地引起的。我现在回想起来，不能不惊叹母校兰大的先见之明与远见卓识。改革刚刚起步，发展迫在眉睫，母校兰大已敏锐地关注"环境与发展"了，这个征稿活动至少向莘莘学子传递了一个信息，那就是发展不能以牺牲环境为代价，如果那样终将得不偿失，甚至适得其反。现在，恰是生态环境的恶化开始困扰改革，甚至困扰现代人的生存、生活质量。嗐，一些事非得回头看才掂量得来其历史性的厚重。

第三次是1983年，兰大学生会举办国庆征文，我的散文《宜把诗魂壮国魂》获二等奖，奖品是狄更斯的名著《远大前程》。我手头还有其他奖品，多是笔记簿，居然还有兰大党委宣传部奖励的，却忘记了具体的活动名目。抚摸着这些奖品，我落泪了！

六

岁月过滤了我的记忆，反而使我的一些记忆像图画般清晰。我上兰大后，有两个暑假没有回家，不是不想，而是不能，因为回家要花路费。学校每月发给我二十一元助学金，吃喝是足够了，但一买书就捉襟见肘了。父亲刚落实政策，被恢复党籍，工资由原来的三十七元调到了五十元，一大家人的吃穿都需要他贴补，给我的零花钱十分有限。每次回家，来回路费及花销，至少是父亲一个月的工资。故此，虽然想家，但还是觉得留校比较划算。

1982年暑假，感觉美得很。校园里空荡荡的，树木花草正茂盛，走到哪儿都是风景，都好像人在画中行走。每天上、下午，最惬意的是去图书馆阅览室，一本书接一本书地阅读，完全称得上如饥似渴。不去读书了，就坐在教室里写作，笔耕的喜悦难以形容。沉浸在自己虚构的文字世界里，浑身像长了翅膀，轻飘飘的，真有翱翔云上的感觉。眼累了，手困了，就走出教室，走出文科楼。楼的东边有一条林荫道，直通古典庄严的图书馆，馆前是假山喷泉，在朝阳或斜阳下，时常变幻着五颜六色的彩虹。林荫道旁，老柳垂钓，遮天蔽日，漫步其下，如同置身仙境一般。我喜爱这条林荫道，喜欢一个人迈着轻快的步子，想书中的人，也想心中的人，如痴如醉了，竟然眼含泪水了。少年不知愁滋味，不知为谁洒清泪。

1983年暑假，有一件事对我意义重大，那就是勤工俭学。本来我是想报名参加暑假自行车丝绸之路考察队的，只可惜我的车技太差不能满足长途骑行的要求，临时抱佛脚训练已经来不及了，只好放弃了。正扼腕叹息，又听说兰大与中国科学院、北京大学等科研院校开门合作，暑假要去西固搞大气观测实验，需要学生打工，我就报名了。8月9日上午，经过了短期培训的我们，被一辆校车拉到了兰化的一幢楼里，我们就在此安营扎寨了。食在兰化研究院职工食堂，住在兰州市政第四工程队新楼406房间。我与刘中祥被分配到科学院实验小组，带队的是一位女老师，姓齐。我与刘中祥的任务是收放氢气球。老师让放，我们就按照操作要求轻轻地转动齿轮，让氢气球升高，升到预定的高度，然后固定。人必须守候，寸步不离，还要不时地观测氢气球在蓝天白云下的浮动状况。我们俩管三个气球，两白一红，听说白的是国货，红的是美国货，俩白的加在一起都没有一个红的值钱贵重。那红的要回收，反复使用；白的破了就破了，有时候就破在高空，随风飘浮，不知在何处飘落。这时候我才恍然大悟：小时候在故乡北沟拾到的所谓“飞机蛋”其实就类似于我们释放的那种气球，剪成小碎片可以吹无数个小气球。

勤工俭学不只使我受到了锻炼，拓展了眼界，更重要的是使我明白了很多道理。一些道理来自老师的言传身教，一些道理则是我身临其境之后逐渐感悟的。一位工程师给我们讲了一个故事，说是姐弟去乡下玩斧头，弟弟对姐姐说：“你敢把指头放在墩子上，我就敢剁！”姐姐说：“你不敢剁！”姐姐真把指头放在墩子上，弟弟的斧头真落下了，姐姐的指头真被剁了。之所以会发生这样的悲剧，是因为姐弟俩的思维顶牛了：姐姐只想着弟弟肯定不敢剁，弟弟却想着我剁时姐姐肯定会把指头拿开。这个故事告诉我：人不能存侥幸心理，更不能孤立地想问题，否则就可能事与愿违。

此次勤工俭学使我意识到了环境保护的重要性。国家在兰州西固进行大气观测不是无缘无故的。那时候的兰州空气真不敢恭维，记得有时上课回到宿舍，鼻孔里有黑乎乎的东西粘在鼻毛上。我之所以参加亚太地区环境与发展的征文活动，应该是基于兰大人环境意识的早期觉醒与耳濡目染。

1984年暑假，历史系1981级全体同学组成学生实习考察队，由叶骁军老师带队，赴古城西安参观学习。乘火车到西安后，两辆大轿车把我们拉到了西北大学校园，我们将借住在西大的学生宿舍里。与兰大相比，西大的校园更像风景区，草地绿茸茸的，像地毯一般。十多天里，我们每日早出晚归，被大轿子车载着，参观大雁塔、秦始皇兵马俑、乾陵和茂陵、楼观台以及周、秦、汉、唐都城遗址。现在回想起来，真是个美！兰大对我们这些莘莘学子，真可谓用心良苦。平心而论，这就是母校之恩嘛！

1984年寒假，对我来说也非同寻常。放假前，校长胡之德教授在学生大会上号召学生参加社会实践，会后我有些小激动，也有点小冲动，立即写了一个利用寒假回故乡搞社会调研的申请报告。记得是一个星期日，我写好报告后去校园散步，在图书馆前的喷泉边上遇见了胡校长，居然不无胆怯地将报告直接呈给了他，不料想他认真看完后问我："带笔了吗？"我赶紧从书包里掏出钢笔，拧开笔帽，递到胡校长手里，胡校长竟然在报告上唰唰批示，要求历史系予以支持。我激动得忘了说"谢谢"，胡校长已转身走远。历史系自然一路绿灯，我顺利地借到了实习经费。这一次寒假往返家乡，可以报销来回路费了。

兰大给西安市人民政府开了介绍信。回西安后找到市政府办公室，一位接待人员很客气，他提起电话请示了相关领导后，问我："你想到哪里实习？"我说了长安和蓝田，并出示了兰大分别给蓝田和长安开的介绍信。他笑道："你拿兰大的介绍信直接去就是了！"兰大的介绍信还真管用。由于我调研的是家庭联产承包责任制，所以去长安，县上派妇联主任王春丽陪我，先去引镇，后去斗门乡，这一镇一乡，都是长安"先富起来"的地方。无论是引镇，还是斗门，政府都很重视，派人陪我去乡镇企业或直接访问农村"万元户"，吃住全包了。春节后，与蓝田县政府办公室接洽，政府办安排我参加"三干会"，吃住在会上，会后召集有关乡镇干部座谈，收获非常大。调研后回到兰大，我即撰写了大学毕业论文《家庭联产承包责任制与农民》，受到导师李世俊的好评。

此次调研有一个小插曲，也足见兰大对学生的关爱。回到西安调研，少不了去见老同学。我真傻，以为学生调研按出差办，啥费用都能报销。与老同学成群结队去名胜古迹参观游玩，车票、门票都是我掏钱，并索取了票据。回兰大报销费用时，会计指出一些票据不能入账，如连续号的车票、门票等。如果不能报销，就意味着我要退五十元差费，这咋办呀，我哪里有钱退呢？学校财务室会计批评我"不懂事"，说"账上不能马虎"。系上分管学生工作的副主任刘光华老师也是"批评"了我一通。于此，不能不提系办公室主任王文淑老师、年级辅导员冯学琴老师，她们对我可能印象好，所以竭力替我说情、通融，总算使我的出差亏空通过补助解决了。走上工作岗位后，只要出差，我就想起这个教训，再不敢犯此低级错误了。

1985年毕业前历史系1981级甲班合影

七

总结四年大学生活，总体上说，我上课积极，从不逃课，给老师留下了较好的印象；喜欢读书，常泡图书馆，给阅览室管理员也留下了较深刻的印象；不积极参加班级学生活动，能躲避则躲避，所以可能给一些同学、老师留下了“孤僻”的印象。其实，我在兰大接触面挺宽的，凡是与我有过交往的人，绝不会把我与“孤僻”联系在一起。我一入学就当了校报通讯员，与张硕敏老师、李生茂老师建立了良好的师生关系。

班上每次办活动，班长钟广军常找我谈话，希望我不要缺席。我那时有种错误的认识，觉得一些活动意义不大，白浪费时间，还不如寻一个清静的地方去读书。

与班级同学接触少，另有两个原因。其一是报到后丢失了行李、包裹，没有换洗衣服、鞋袜，走不到人前去，见人便自惭形秽。没有换洗裤头，就干脆不穿裤头了，一位同宿舍的同学背后取笑我，被我听到后曾与他发生剧烈冲突，他扬言要打我。他比我小，却比我高大，打架我自然不是对手。他不知道“陕西愣娃”愣起来不要命的，多亏有同学从一旁开导我，不然后果想都不敢想。此事经年，我多次梦见我袭击他，常吓得我出一身冷汗。与他的冲突，他可能没当回事，我却因此疏远了其他同学，不愿意在人前“招摇”“显摆”，发誓要活出自我来。

其二是那一年冬天，我感冒后，咽喉发炎失声，一直看不好，最后落下了嘶哑的后遗症。医生叮咛我减少说话，我即奉为金科玉律。实际上，我天生爱说话，一直自认是个毛病，很想趁此“戒掉”。对我来说，想减少说话，就要减少与同学接触，不给自己说话的机会。我是感性性格，理性思维，对自己言行比较能“管控”。与我有接触的人必觉得我健谈，或者还有思想；与我未接触的人必觉得我“孤僻”，或者有点“高傲”。

也有同学说我“过于自尊”，我曾经检讨自己，觉得我的“自尊”是面子，“自卑”可能才是里子。何以自卑，我是比较清醒的。一者，我是异乡人，身在异乡为异客，与人来往缺乏底气；二者，我是乡下人，身上总有乡下人的土气；三者，我个子低矮，与其他同学相比，没有优势。有一次晨跑，迎面走来一群女同学，其中有一位是我心仪已久的，我居然掉转身去，趋向了别处。我自己知道，这便是“自卑”。

读大三的时候，我的内心已经没有“自卑”了，这显然得益于母校兰大，是她给予我怀抱，赋予我自信，让我在校园杨柳春风的沐浴中脱胎换骨，很快找到了自信。平日戴着兰大校徽去商店，去饭店，去书店，基本上都能感受到羡慕的目光。回故乡去，一些陌生人听说我是兰大学生，那种高看的目光不加掩饰。自信在内心充盈，走到哪儿都不再胆怯。一些女同学向我示好，我居然能泰然处之；一些女同学对我视而不见，我居然一笑置之。这种心态一直维持到现在。

西安好多大学都有我的中学同学，我也都去过，听他们说话，我非但感受不到他们的优越感，反而使我的兰大优越感油然而生。兰大的校园，那真叫“高等学府”，总让我有“高等”的感觉。动辄就有中外名流学者来校园讲座，偌大的教室座无虚席。暑假或节假日，学术交流活动一个接着一个，学生可以随意去旁听。我记得史学家田昌五先生、历史地理学家谭其骧先生等人都曾到兰大演讲。有一年暑假，兰大举行“斯大林模式”研讨会，伍修权出席了，我曾经旁听。在此，我仅凭记忆提及他们，如果打开日记，我听讲过的名流讲座肯定更多。我曾经和其他学校的一些高中同学交流，他们对这样的讲座竟然一头雾水。

兰大有新老两个学生食堂，饭菜的确不错。我说这话，一些同学可能会反驳。也难怪，我来自农村，知道农村生活的艰难，所以总觉得兰大的伙食在天上。我不理解总有同学给学校食堂贴大字报，抗议饭菜质量差，兰大从善如流，竟然启动学生参与管灶，以帮助校方改善伙食。那时候，大学生月供三十斤全国粮票，70%细粮，30%杂粮。由于副食丰富，好多同学月月有余粮，有的用粮票换书、换鸡蛋。前边提到了，入学第一个月，我的伙食是六元，让今天的人难以置信。毕业那一年，我一个月的伙食是十六元。但有一点不能忽略，当时的主食是凭粮票购买的，粮票也是有价证券，特别是全国粮票，黑市买卖一直被打击，一直未绝迹。

如果不买书，我的大学花费不应该很紧张。每月领二十一元助学金，不买书绰绰有余，若买书就捉襟见肘了，故此，月月都少不了父亲的资助。我知道父亲月月入不敷出，总是告诫自己买书要克制，但每逢星期天，就蠢蠢欲动，去逛书店成了我一大快事。近的，去天水路书店；远的，去西关十字的张掖路书店。看见心仪的书就想买，尽管每本书定价也就几角钱，但几乎买每本书都要咬牙，脑海里总浮现家里人节衣缩食的恓惶日子。大学毕业，衣锦还乡谈不上，“书箱还乡”是名副其实的。我带着六纸箱书去上班，接待的同事看了都很惊讶，说我“很富有”，我的心里自然乐滋滋的。

我本来是立志考研的，报考的是中国人民大学胡华教授的研究生，结果俄语不及格，落榜了。总结落榜的教训，我知道问题出在哪儿了。扪心自问，如果读课外书克制一些，如果给文学创作时间吝啬一点，如果在感情上对自己要求严格一些，考研未必是件难事。但我只有在写作的时候会忘记了读书，只有在读书的时候才会屏蔽感情上的心猿意马。我的克制是有选择的，文学之梦萦怀，总想在文学的园地里经营自己的“一亩三分地”，只管耕耘，不问收获。总体上说，在大学时代，我的创作成绩甚微，主要是练笔了。但失之东隅，收之桑榆，读书、写作使我的文笔日渐得心应手，使我的文思也似乎取之不尽用之不竭了。故此吧，我虽然不无遗憾，却心安理得。兰大使我的人生之路不再盲目，而且可以说步入了顺境，未必尽如人意，也未必事与愿违。能从兰大顺利毕业，且走上了较理想的工作岗位，我知足了。

八

1985年春节一过，我即面临毕业。我还在西安搞社会调查的时候，兰大那边反馈给我一个信息，毕业分配的单位已经公示了，听说竞争激烈。我心里自然着急，没有心思再搞社会调研，立即返校了。到校后可以说虚惊一场。我的去向已经明确，就是回西安。陕西要人的单位绰绰有余，有高校，有省级行政单位，有省级科研单位。西北电管局一家就要五人，竟然无人报名。我考研考的是中共党史，希望毕业后继续从事党史研究或者教学，以方便今后再考。系上征求意见时，我报了陕西省委党校。后来几个陕西乡党找我，劝我争取去陕西省社会科学院，因为我有竞争优势，让出陕西省委党校给另一位陕西乡党。此前不知道陕西省社科院也要人。系上主管分配的是党总支部副书记黄兴吉老师。一天晚上，我去了黄老师家，向他提出去陕西省社科院的请求，黄老师当面没有表态，过后还是答应了。

想去陕西省社科院，我还有个“小九九”。陕西省社科院有个党史研究所，所长是齐心。记得在“斯大林模式”研讨会上，我见到过齐心先生，向他表示对党史专业感兴趣，他很支持，说搞党史有前途。毕业前，兰大校医院的乡党医生告诉我，我有咽炎，不适合从事教学工作，建议我争取去科研单位。故此，能去陕西省社科院党史研究所是再理想不过的了。历史系副主任刘光华老师特意把我叫到他的办公室，向我介绍了他的研究生、我的师兄王雷生，让我报到时去找他。

回到西安，我兴冲冲去陕西省社科院报到，没想到社科院与党校刚分家，孤零零一栋楼临近马路，另一栋楼还“孤零零”在党校院子里。环境是差了点，但我还是蛮上心的。先去找王雷生师兄，他自然非常热情。他带我去人事处报到，人事处的一位女士接过我的派遣证，看了看后柳眉倒竖，嘴里嘟囔：“兰大牛啥？我们要俩经管（专业）的，咋搭配一个历史（专业）的？”说要请示领导。王雷生又带我去拜访齐心先生，齐先生很冷淡，说党史研究所改名为陕甘宁边区研究所，但他已不在其位，对我的工作无能为力。下午，我只好又去人事处，被答复说，历史研究所可以接纳我，但必须先去资料室，至于从事研究工作，等以后再说。我断然拒绝，索回了我的派遣证。

我就像树叶飘落，一下子心里没有底儿了。好在毕业前黄老师叮咛过我，报到顺利与否，都给他回个话。这时候，我恨不得飞回母校去——兰大真成母校了。我打通了黄老师的电话，诉说了我的遭遇，因为委屈，声音近乎哽咽。电话那头，黄老师竭力安慰我，说我是优秀生，找单位不用发愁，兰大会负责到底。他建议我去找陕西省高教局学生处，能直接解决则罢，不能解决或者解决不满意，我可以返回兰大，另行分配。

黄老师给我吃了定心丸。我又想起我手里还有一张“王牌”。前一年，我曾经收到陕西省高教局学生处热情洋溢的贺年卡，卡里夹了一页贺年词，题目是《回来吧，陕西同学》。家乡在召唤，我当时的心真已飞回了陕西。想到这一点，我决定直奔陕西省高教局，不是投诉，而是寻找改分配的可能，因为我对陕西省社科院的态度已经“失望”了。

我从地图上寻找高教局，找到了大致的位置。坐公交到钟楼，沿北大街北走，一路盯着一栋乳白色的高楼——显然是新盖的，显得很气派，寻思，要能在那样的楼上上班该多美哇！到了那栋楼的大院门口，问传达室一位老者：“高教局咋走？”他的手往西一指，说：“那是青年路，进去一拐。”我即穿越了北大街，步入青年路。一路林荫，朝阳透过树叶，洒落一地斑驳的树影。我走得飞快，快到十字路口时赶上了一男一女正并排行走。我问男的：“师傅，请问高教局咋走？”那“师傅”回过头，一脸慈祥，笑眯眯回答：“跟着我们，我们也去高教局。”我就跟着。“师傅”忽然问：“大学生吧？哪个大学的？”听说我是兰州大学的毕业生，“师傅”的眼睛亮了，那一位女士的眼睛也亮了，都打量我。“师傅”又问：“你哪里人？”我提高了警惕，不愿意告诉他详细，就说西安的。他又问：“西安哪里的？”我答：“东郊的。”他反问：“蓝田的？”我答：“是的。”虽不情愿回答，却也不忍心撒谎，心里有点烦他，谁知他不依不饶，继续追问：“蓝田哪个乡的？”我老实答：“东川的。”他忽然眉开眼笑了，说：“许庙吧？”我这才意识到可能遇见乡党了，赶紧说：“是！”他更热情了，说：“我是山王村的，和许庙隔一条灞河。”乡党见乡党，两眼泪汪汪，我的心里真热了。他就关心地询问我的分配情况，我说我被分到陕西省社科院了，他说社科院好哇。我说我不想去了，他就很郑重地问我："想到陕西人民出版社工作吗？"我说："想啊，但不知道人家要不要。"此前我心里已经有过念头一闪，如果高教局学生处征求我意愿，我就说想去陕西日报社或陕西人民出版社。在我心目中，这俩单位是神圣得高不可攀的。那位女士咯咯咯笑了，指着"师傅"说："他就是陕西人民出版社的老总呀。"我还未回过神来，"师傅"就发话了："乡党，我们要你了。"这时候，经那位女士介绍，我才知道"师傅"名叫刘夏至，真是陕西人民出版社副社长（我报到未久，他就转任副总编辑了）。

说话间，我们进了高教局的院子。刘总指着女士说："她叫李淑兰，政治处的。我们来高教局，正是要人的，哈，太巧了！"李淑兰说："是缘分！"

我将派遣证给了高教局学生处一位姓陈的处长，刘总认识他，对他说："这个学生我要了！"那位处长不说二话，在派遣证上唰唰唰写了一行字"改分陕西省出版总社"，并在上边盖了印章。至此，我的工作单位总算尘埃落定了。

在此，不能不补一句：我从钟楼往北走，一直盯着的那栋乳白色楼，就是陕西人民出版社的大楼。冥冥之中，此非天意乎？

上班后，我给母校去了一封信。9月，母校寄来一张校报，副刊发表了我的那封信，拟题为《心里的话儿说给母校听》。这年冬天，兰大宣传部副部长张硕敏老师来西安调研新生就业善后情况，我的第一人便是我，可能与我写那封信有关。我在维龙春泡馍馆请她吃羊肉泡馍，和她一边掰馍，一边说笑，师生谈话，十分融洽。她的笑貌，至今历历在目。

1987年3月，听说我结婚了，在校时的年级辅导员冯学琴老师利用星期天专程来西安看望我，送了我一套瓷器。在我心目中，她像慈母，她代表兰大。

1988年，我曾经返回兰大，冯老师让我和低年级师弟、师妹见面，谈谈我对大学生活的一些心得体会。记得见面会结束时，我主动和一位师妹握手，她稍作迟疑，却还是将手伸给了我，握住时才发现她只有两个指头。那一刹那，我心里既羞愧又感动。我羞愧于我的莽撞冒失，却感动于母校的慈悲为怀。她能被兰大录取，足见兰大不一样，就是不一样！

1983年，与舍友王江川、尹清亮、冯学工在兰大图书馆前合影

九

从中学而大学，说是“鱼龙变化”一点儿也不言过其实。首先，既没有了高中时代的那种升学压力，也没有将来就业的压力，心灵骤然间放松了，一种理想在胸间酝酿、充盈、鼓动。我们需要的只是对知识没有穷尽的攫取、消化、吸收，使之转化为自己的技能、素质和本领，毕业时则服从祖国的需要和挑选，服从分配将是天职，而非讨价还价的砝码。

其次，大学生虽然过着集体生活，有学校规章制度及班系、团组织的约束，但相对而言，每个人还是相对独立、自由的，能从学校、老师那里感受到尊重，能从社会的窗口领略到被高看一眼的目光。过的是集体生活，却基本上靠自觉、自律、自省，一般都是自行其是，什么该做，什么不该做，多半自己做主。

兰州大学从1981级开始实行学分制，除了专业必修课外，学生可以根据自己的兴趣选修其他课程，哪怕是跨专业、跨系，也被默许。学生听课自由，师生之间容易交流，学习效果不言而喻。读书、自习、听讲座，学校都不刚性约束。一寸光阴一寸金，学生自己懂的，不用纪律约束。“混”的学生肯定有，我之所以给混打上了引号，是因为回过头看，那实在不能算作混，很多“混”出来的大学生步入社会后反而更有出息，我身边这样的同学比比皆是。兰大是个熔炉，只要身在其中，想不被锻造、塑造都不行，这恰是上大学的魅力、意义所在，也恰是兰州大学给我身上烙下的最深刻的印记。我的很多同学很爱兰大，原因很多，其一便在这里。

我从上大学那一天起，就有了一个强烈的自我意识，那就是我长大了，我成人了，我可以为自己负责了，我可以为自己的未来设计并绘制蓝图了。其实考上兰大的那一年，我才十七岁，我的同学中还有比我更小的。但在兰大，我很少感受到来自老师、学长的轻视或傲慢；我来自陕西农村，也很少感受到歧视或侧目而视的目光。所到之处，不是月光的祥和，便是阳光的灿烂，我真有归宿感、主人感、如鱼得水感。丢失行李是我的不幸，但由此而获取的资助和关爱使我在那个冬天倍觉温暖，使我在往后的岁月里总有暖流涌动——我知道那都是母校所赐。

是的，从接到兰州大学录取通知书的那一刻起，我已经命里注定不再是从前的我，而是今后的我。回想起来，就那一刹那，就是“鱼龙变化”的感觉。走在路上，看见树木花草都在为我点赞，看见地里的苞谷棒子都在为我咧嘴微笑，看见陌生的人迎面走来，都一脸的羡慕和友善——其实那不过是自我感觉罢了。记得上了大学后的第一个寒假回家，村里人看见我，没有不眉开眼笑的，很多人这样向我打招呼：“大学生回来了？”然后把我从头看到脚，满脸都是喜悦。我去一位堂兄家串门，堂嫂一句话把我逗笑了。她说：“孔，你现在是公人了，还认得嫂子么？”我也逗她：“我不认得你，我只认得我姐。”她欢喜地为我端凳子，为我倒了一杯白开水，却放进去了一勺白糖。在我的故乡，村人把在外边有工作的人唤作“公人”，潜台词是端公家饭碗的。她那样说，我心里是得意的。我去看一位小学老师，她的丈夫也是老师，走到我跟前，竟然拥抱我，说：“你看我娃文气的！”我上小学时爱打架，可能给老师留下了“蛮”的印象。如今吧，站在他面前的，居然是兰州大学学生，戴一副眼镜，没忘本，还来看老师。我的老师就是这样当面夸我的。返校后，我收到老师的信，信中谈了她好多心愿，其中有一句话我至今铭记在心，她说：“希望你将来能摘取历史学的皇冠。”这话令我至今惭愧不已，因为我辜负了她。

四年兰大生活，分明是我经历过的，后来回想，没有人在旅途感，却有如梦如幻感。故此，有人问起我的大学生活时，我爱说：“像梦一样美！”不，这不是煽情，不是文学修辞，更不是故弄玄虚。梦想上大学，梦想成真了，那大学生活不正是梦了吗？走出校园了，又好像走出梦境了；思念母校了，那留在记忆里的，只能是梦了。一叶一世界，一花一菩提。听老师上课，一个老师就是一本教科书；读圣贤书，一本书就像一位圣贤在耳提面命。何其美哉，又何其幸哉！总记得坐在多功能大教室里，台上老教授眉飞色舞、口若悬河、滔滔不绝，台下莘莘学子一眼仰慕、渴望，一脸虔诚、恭敬；总记得校园的路上，师生俱在胳肢窝夹着书和笔记簿，去教室的路上步履匆匆，下课的路上舒缓了脚步，别是一道动漫般的风景；总记得校园里是如此安静、祥和、优美，有人在树荫下读书，有人在草地上闲聊，有人在花园里散步，有人在操场上踢球。每到周末，学校会在大礼堂里放电影；星期天，学校会在大教室里办讲座；每逢重要的日子，学校总有文艺演出或其他文化活动。树木已有年轮，证明兰大的学府资历；花草更替荣枯，诉说着兰大的风雨兼程。

有人说：“大学生有啥？也就一张皮！”这话对，也不对。考上大学了，就是大学生了，可还是原来那个人，说是一张皮，也不无道理。但考上兰州大学了，披上“大学生”那张皮，还真就是大学生了。记得大学毕业的时候，历史系总支部书记张代经老师赠给了我们毕业生两句话，写在黑板上：“与善人居，如入芝兰之室，久而不闻其香；与不善人居，如入鲍鱼之肆，久而不闻其臭。”于我而言，兰州大学就是“芝兰之室”，经过四年熏陶，我自认我算得上“芝兰”了，若其不然，那兰大就是白上了。当年不上兰州大学，今天的我会怎样呢？不敢想象，却能想象，肯定不会像今天这样的！仅此而言，我当然要感恩我的母校兰大了！

2019 年 8 月 19 日

张宏发

作者简介

张宏发，中共党员，助理研究员。1987年毕业于兰州大学历史系历史学专业，曾任历史系办公室主任、校长办公室秘书科长、化学系副系主任、化工学院副院长等职务。2000年起任兰州大学出版社编辑部主任，2016年至今在草地农业科技学院任党务秘书。研究方向为社会学与党史。

出版《中国社会年报2002年——裂变与整合》、《中国社会年报2004年——风雨兼程》、《中国社会年报2007年——和畅》、陇上党史人物《欧化远传》等著述。

缘定今生　书画情深

——兰大书画社四十年

兰大书画社成立于20世纪80年代初，是在改革开放之初，高教复苏、群英荟萃的背景下，依托兰州大学深厚的文化底蕴，在美育教研室卢向铂、薛从伦、秦理斌、由旭生等诸位老师悉心培育支持下发展壮大起来的大学生社团。本文分上、中、下三篇将兰大书画社四十年发展脉络加以梳理，点点滴滴形成文字，算是一份简史，留住那些美好。期间涉及的人和事，定有疏漏与不当之处，敬请朋友们海涵。

20世纪八九十年代，时在甘著名书画名家何裕、顾子惠、王创业、曾来德、肖弟、何鄂、马负书、赵正、黎凡、靳鉴、马玉浩、马啸、张玄英、李葆竹、李保峰、阮文辉、韩不言、蒙子军、黄汉卿、马力、申晓军、王见、王兵等，都曾或为顾问或为艺术讲师，来兰大开展过讲座、座谈及笔会，点点滴滴都是留存在兰大人心中抹不去的美好记忆。由“兰大书画社”到“兰大书画协会”再到“兰大校友书画协会”，其主旨不变，精神不变，都在凝聚兰大人集体智慧和力量，书画同源，我兰同心，诗文唱和，五彩人生；都在传承弘扬“勤奋求实进取”精神，自强不息，独树一帜，竖起每一个时代兰大人独有的精气神。

那时，最有影响力的事情有以下几起：

一是在东方红广场举办的大兴安岭火灾书画义卖捐赠活动。

二是在东方红广场举办的抢救四川大熊猫大型书画义卖活动。

三是范国明个人书法展，在全国高校举办个展尚为首次，开启了先河。

四是兰大书画展，影响颇大。

以上活动均是兰大书画社组织并主办，在当时极具影响。

书画社凝聚了几代兰大学子的力量，凝聚了多位老师的心血。前前后后有数百名书画爱好者享受着书香墨缘，人人得到提升，获得进步，奔赴天南地北贡献力量，成为各自岗位上的佼佼者。

历史不会忘记远在异国他乡寻找家园的美学家高尔泰先生，忘不了已仙去的工艺大师卢向铂先生；历史更将我们的导师薛从伦、秦理斌、李恒滨、由旭生推向了全国知名书画艺术家的行列，将为我们书画爱好者作出许多指导工作的顾问曾来德、何鄂、阮文辉、马力、朱冰等推向了艺术大师的行列。

历史也记录了那些书画社学长的名字，诸如肖小尧、高建峰、张苏云、弋舟以及同道中人李荣虎、李思春、李明元、范国明、何科敏、华光、魏翰邦、杨成田、吴铭、刘永明、刘志华、刘中冰、张宏发、丁辉、邓辉、段竑、何双玄、陈卫国、王志宏、杨定君、孔立、杨耿洁、刘白瑜、卢国荣、孙璋、黎晓春、李邦贤、伍春杰、杨全胜、吴强、唐雁、华晓东、杨成新、郭新荣、邱宣美、张红文（重望）、陈明、刘中冰、蔡骅、唐富荣、张志彪、郑玉梅、尚靖、路野、焦炳章、李维亮、包随义、白儿兵、李细芳（李涛）、沈叶青、李星宇、张得煜、蔡海庆以及后起之秀张莹、王鹏、马宇、杜江、张重文、王晓华等等。

卢向铂、薛从伦老师与社友们合影

如今，已有众多同道好友，在书画艺术上有很深造诣，如知名的有范国明、魏翰邦、孙璋、卢国荣、华光、杨成田、郭行云、李明元、马宇、杜江等等，绝大多数书画社同仁则依托书画专长，在各行各业引领风骚。走出校园的社友，以书画成名者，除了魏翰邦、范国明、孙璋、华光、卢国荣、杨成田、吴铭诸君外，还有张宏发、刘白瑜、李思春、高建峰、刘中冰、白九兵、王鹏、路野等，他们得益于书画，守望着书画，坚执着书画，经营着书画，快乐着书画……

更多的书画社同仁师弟师妹们，坚持书画艺术不间断，每一届大学生都会以不同形式传承与发展兰大人的书画艺术情怀，仅“一二·九”书画笔会、神笔杯书画大赛及各类书画展，就举办了百余次，形成了品牌，上了规模，在校园内外颇有美誉。而走向专业书画艺术培训及经营行业中的吕思、张莹、李新宇、路野、杜江、王晓华等诸位，必然会将这根艺术脉络无限延伸。更有范国明、孙璋、魏翰邦诸君挥舞如椽巨笔，畅游于书画艺术著书立说之中，畅游于艺术品鉴与评论的风浪中，搏击向前，势如破竹，可喜可贺。我们当然更不能忘记那些默默地不求回报地支持书画活动的爱好者们，他们的宣传与帮助，给兰大书画社艺术圈插上飞翔的翅膀，有了他们，这世界充满爱。我们更不会忘记一直关心支持着我们在清贫中坚守的亲人们，是他们甘为后盾，可以容忍书屋凌乱，容忍我们费时费钱，甘心在寂寞中守望，甘心在挣扎中磨炼，才让我们有了不图名不图利只为了一个爱好，那就是书画情缘的坚守和勇气。

愿我的老的少的大的小的男的女的所有书画社的同仁、同道、同窗们，以及正在努力的小师弟小师妹们，不忘前贤，坚持自己，勇往直前。

兰大书画社走过了四十个春秋，为兰大学人留下了宝贵的精神财富。无数兰大校友忆起在校尤其在书画社各类活动时，无不津津乐道，无不情意深深。那些点点滴滴的印记，汇成涓涓细流，无声无息地流进每个兰大书画人的心田……

大熊猫是我国的国宝。1984—1985年，从大熊猫的故乡——四川卧龙山地区传来噩耗，大熊猫的主食——箭竹大量开花死亡，大熊猫也开始成批迁徙，离开长期生活的生态环境，另寻栖息之所，这预示着大熊猫濒于灭绝的边缘。大熊猫告急！党中央为此采取了紧急措施，联合国也伸出救援之手。来自全国各地的参加中国动物学大会的我国动物学专家和科技工作者朱靖、胡锦矗、王平、赵尔宓、陈服官、卿建华、陈玉林等二十多位同志向全社会、向各级领导发出紧急呼吁，建议立即采取果断措施，抢救大熊猫，并要制定长远保护计划保护珍稀动物大熊猫。在此背景下，1985年5月的一个周末，在时任书画社社长肖小尧及理事张素云、张宏发、李思春等组织下，邀请三十余位在兰知名书画家何裕、王创业、阮文辉、张玄英、靳鉴、黄汉卿、马负书、曾来德、马力等，在东方红广场举行书画现场义卖活动，经过一天的辛勤劳动，共筹得善款八百余元，如数捐出，为抢救大熊猫尽了一份力量。该活动受到在兰媒体关注并报道，书画社也被评为年度“优秀社团”，骨干成员均受到学校表彰、表扬。

1987年5月6日至6月2日，黑龙江省大兴安岭发生了特大森林火灾。大火波及漠河县的西林吉、阿木尔、图强三个林业局和古莲、河湾、依林等林场。这次大火是新中国成立以来烧毁森林面积最大、伤亡最多、损失最惨重的一次。在党和政府的倡议和领导下，全国人民积极开展救灾捐款活动，兰大人也是第一时间积极行动，各系各社团采取不同方式支援大兴安岭。书画社更不甘落后，发挥专长，数十名成员在时任社长张宏发、秘书长李思春等人组织下，邀请在兰的知名书画家何裕、王创业、顾子惠、黄汉卿、韩不言、骆石华、曾来德、屈军强、肖弟、李葆竹、秀石、黎凡等四十余人，于5月中旬，在东方红广场举行书画义卖活动，当日筹得善款1100余元，全部捐出，体现了兰大书画人的担当精神和家国情怀。

记得当日，高度近视的韩不言先生用了两个小时现场画成一对金鱼，卖了58元，这在当时来说价格很高，引起围观者啧啧称赞。该项活动，当时在兰各大媒体均有报道。书画社因此被评为兰州大学“优秀社团”，团委、学生会还奖励一部照相机供书画社开展活动时使用。那个年代，兰大书画社由于活动突出，引来不少大学生羡慕或参与，成员最多时达到130多位，各类书画展览、竞赛、笔会、讲座随之兴起，并由此产生了几个成果影响了后来者。一是吸引众多书画名家前来授课、指导、笔会，书画社成员们的书画艺术鉴赏水平逐年上升；二是各系海报水平越来越好，形成你追我赶之势，极大地丰富了校园文化；三是美育教研室以此为契机，迅速开设了几门书画艺术选修课，为以后艺术学院的筹建与发展做了一些铺垫；四是直接或间接培养了一批青年书画家、书画爱好者，而后他们在各行各业一展身手，充分展现了兰大人的精神风貌……

十英展成员

1988年12月，纪念“一二·九”运动书法十英展诸君子，他们是卢国荣、孙璋、杨成田、魏翰邦、华光、蔡骅、唐富荣、孙奇志、刘白瑜、张志彪。荟萃兰大书法精英，吐纳风流千古墨华，弘扬时代进取精神，张起弄潮竖桅巨帆，是十英展鲜明的主题。书画人始终弘扬主旋律，舞动正能量，用心灵智慧谱写历史篇章，在当时轰动全校，亦为后来者树立了标杆。书法十英展在兰大书画社历史上占有很高的地位，也代表着当年兰大学子的书法最高水平，那是兰大人的“魏晋时代”，多年以来不论展览风格、书体水平、轰动效应等鲜有超越者。据当事人回忆，宣传板上的板书是卢国荣手写，书法十英展那行文字是魏翰邦手书，十位精英的名字由刘白瑜手书，展览宗旨“荟萃兰大书法精英……”四句话应是出自魏翰邦之手。

从当年十英展部分作品中，我们读到了青春活力，读到了兰大学习刻苦奋斗的精神，那种扎根黄土迎风斗霜的气质，如胡杨般面对天底下再大的困难都会昂扬向上的品格，坚韧不拔，永不退缩……

兰大书画社造就了一批热爱书画艺术的精英，虽奔赴世界各地，然书画情缘牵定了精神世界，那份真、那份诚皆深深地根植于心，挥之不去。

20世纪80年代初创之时，兰大书画社没有自己的工作室，日常活动皆用美育教研室在新文科楼地下室的工作间，在那里进行书画交流、作业及笔会。那时，卢向铂、薛从伦、由旭生、秦理斌诸位老师对书画社活动给予了极大支持。每有活动，他们必到场指导、点评、总结，美术与书法的选修课也多是面向书画社社员开设的。此外，不定期邀请省内外知名书画家举办专题讲座，通常是在新文科楼举行，偶尔也会在旧文科楼（已拆）阶梯教室进行。

当时规模较大的书画展览如纪念“一二·九”运动书画展，面向全校学生征集作品进行评选，布展地点曾设在学生食堂二楼大厅、西餐厅二楼工会俱乐部大厅，风和日丽之时，也会在学校大礼堂（已拆）西侧那排大树上拉上绳子，用别针或小夹子夹住书画作品进行室外展示。“五四”纪念展以及迎新生入校时曾有过此类形式，师生围观品评热闹非凡，甚至一些校外的人也被吸引来参观。

那个年代时兴海报，凡有学术报告、社团活动、竞赛运动等，均会提前在各宣传栏内张贴海报。书画社社员由于自身特长及爱好，所出的海报通常在全校都是最抢眼的，也是最有水平的。海报比较集中的地方是东、西两大学生食堂前面的布告栏，学子们一边吃着饭一边看着海报及各类通知，享受着文化大餐，品品制作艺术，谈谈海报内容，成群结队，津津乐道，是一道难忘的风景。

那时，学生住的是2～6号宿舍楼，2号楼（已拆）即女生楼，5号楼也住了一部分女生，6号楼即男生楼。在2号楼后面、6号楼前面摆放水泥乒乓球台；西食堂与大礼堂（均已拆除）中间是膳食处，是各班生活委员领取饭菜票的地方。兰大饭菜票时称“流通币”，可对后门口那条小吃街流通，至今记忆犹新。

当年，曾有个学生在校园里为师生低价修鞋补鞋，一时掀起争议浪潮，有赞的，有批的，各抒己见。该同学经常参观校园书画展，也是个爱好者，只是一直没有加入书画社，不知何故。时过多年，早已记不起那个学子的姓名，但他的那份执着与胆气，以及质朴的形象，却让人难以忘怀。

兰大书画社也曾多次与西北师范学院（现为西北师范大学）、西北民院（现为西北民族大学）、兰州医学院（2004年并入兰大）等院校书画社团互通有无，开展书画笔会交流活动，具有较高声誉。那些青涩的岁月，依然历历在目，不舍离去……

看到兰州大学毕业证、校徽、毕业纪念册，还有照片上那早已不见踪影的老校门，任何一个兰大学人都会感慨万千，每个人心中也许都会涌动些许的感怀，或兴奋，或追忆，或遗憾……

校徽分成白色、淡黄色、红色三种，字体统一是毛体“兰州大学”四个字，以此区分本专科生、研究生、教职工。竖立在校门口的兰州大学的牌子，白底黑字，是十几代兰大学人心中美好的记忆，那洒脱的字体、精巧的布局，令人难以忘怀……

当时的毕业纪念册简单而有内涵，更具有保存价值。每到五、六月份毕业季，同学之间即互赠照片并在纪念册上题签留念。书画社社员通常是题签高手，或写或画，有的还动手制作纪念卡相赠，满是诗文画意，简单材料精心制作，别有一番情趣。杨成田与书画社众友分别时的书法题签、尚靖制作的钢笔画卡通纪念卡、张宏发刻制的节日庆贺印章明信片等等，都是珍贵的历史记忆……

岁月已逝，青春不再。但我们兰大书画人的心永远年轻，拥有活力，也充满斗志。因为我们忍得了苦痛，耐得住寂寞，也因为我们永远对过去尊重，对未来充满信心。天南海北的兰大书画社朋友们，让我们并肩携手，继续“勤奋求实进取”，一切才真正开始，向前，向前，永不止步。

20世纪80年代中后期，兰大书画社步入了一个高峰。那时，人们普遍使用书信进行联系，很少看电视（当时多数人家没有电视），没有互联网，没有手机，因而手写书信是最重要的交流手段。连大学毕业证书上面的一些内容也是手写的，当时毕业证各系领回去，找钢笔字写得好的同学填写（一般都是书画社社员，本人就填写过），核实无误后统一拿到校长办公室加盖钢印红章。

那时正值“文革”结束后的十年，人们崇尚文化，如饥似渴地读书求知，学习科学文化是当时的时尚。书画社秘书长李思春正是酷爱读书的一个，他的学生生活轨迹是教室—图书馆—书画活动室。当年他的英文水平高，可以看懂许多英文原版图书，每有收获即跑到我们宿舍畅聊，甚至还给我们这些当学兄的进行青春期扫盲呢，一时传为美谈。许多人误以为他是历史系1983级的，其实他真正的身份是哲学系1984级，只是他长期泡在我们宿舍，久而久之便自然成为我们班级不可分割的一分子了。

当时，学校每周末都放电影，大礼堂最多可以容纳1600人，票价为0.1元～0.25元，相当于当时的一碗牛肉面的价格。同学约会交友，时兴看电影，情侣在校园通常不会表现过分亲密，甚至都不敢拉手。记得当年因为谈恋爱越了红线，有好几位学生被开除，更多的则是由系党政及班主任诫勉谈话写保证书。如今想起来，那些被开除或受处分的同学有多冤啊。

每周二、周四下午，电教中心都播放由世界名著改编的电影，许多名著看过之后，再去找书，边读边比较，同学之间经常讨论，有时争论得面红耳赤，其中的收获自然更多。

学生社团则风生水起，诸如书画社、文学社、诗社、演讲协会、电影协会、摄影协会、登山协会、棋社等等。有些活跃分子加入了好几个协会，业余时间忙得不亦乐乎。纵观起来，书画社算是最好的社团之一，历届负责人都很热心，组织得很好，社员们动手能力强，能写能画，展览作品风格多样，影响力比较大，有良好声誉。

书画社导师薛从伦

书画社下设书法组、绘画组、篆刻组、活动组，同学们根据自己的爱好选择参加哪个组。兰大书画人的宗旨是只顾攀登不问高，当年的篆刻组虽然只有几个人，但也不甘落后，主要成员有高建锋、张宏发、焦炳章、刘永明、唐雁等，方寸虽小，但用心颇多，也是率先即可得到“润格费”的。1984—1986年，我是篆刻组组长，负责组织大家研习篆刻艺术，并将所学应用于实践。因为那个年代，人们领工资、填表格等往往要用私印，每周日，我们抬上桌椅在兰大校门口摆摊收印章订单，大家利用业余时间刻好，待下一周日交货付费。刻印材质通常是青田石，个别是普通寿山石，更普遍的则是塑料或有机玻璃。经过努力，高建峰、张宏发等人的篆刻作品还刊登在甘肃省文联主办的书法专业刊物上，范国明等人的书法作品登载于《兰州大学报》，杨成田等人的书法作品登载于《大学生》书画报等等，这些都极大地激发了大家学习的积极性。

在众多的书画社社员中，陈明、刘中冰、白九兵、包随义、郑玉梅、沈叶青、尚靖、杨耿洁、高建峰等也曾是活跃分子，“神笔杯”书画展就是魏翰邦、白九兵几位历史系学友发起举办的，如今已举办了三十多届，成为兰州大学书画活动的品牌和名片。

书画社的顾问和导师秦理斌为甘肃省书协副主席，李恒滨为甘肃省书协副主席，薛从伦为全国著名画家，在京渝川圳多地均有画室，由旭生为艺术学界教授、研究生导师……导师们为兰大书画学子所付出的辛劳，我们永生不忘。

兰大书画社历任社长有肖小尧、张宏发、杨成田、吴铭、孙璋以及吴炯炯、王鹏诸君。在众多书画社社员中，不乏帅哥倩女，以书画结缘牵手的青年男女大有人在，但如孙璋、沈叶青这对当年的金童玉女，则仅此一对。

1989年，时任社长吴铭即将毕业，书画社社长由孙璋接任。孙璋君长于书法，其书法与为人合而为一。孙璋性耿直，人憨厚，为人真实无妄，其书法格调古朴典雅，庄重厚实，笔法苍劲雄键，习古而不溺古，书法交友均持之以恒，品行极具齐鲁汉子风度，在学友中声誉颇高。

时任孙璋副手的沈叶青，则是学友中出了名的才女。沈君能写会画，且会剪纸艺术，在书画社是活跃分子，善于组织协调，是孙璋在书画社的得力助手。他们在共同兴趣爱好的牵线下，享近水楼台之益，终结良缘，比翼双飞，在京都开创了一片新天地。

孙璋君天资聪慧，加之广采众长，博览群书，且数十年如一日坚持书法研习，其笔法、墨法、章法浑然天成，独有风格，在全国金融界书法圈中是享有盛誉的佼佼者。

熟悉的校园，熟悉的心情。三十多年过去，弹指一挥间。当年每到秋季迎新，即是各社团纳新的时候。书画社向来有良好传承，每到此时，社长即带着书画社骨干分头到各系迎新点纳新，时时会搭手帮助新生拿行李，帮助引导新生办理入学手续。通常纳新一个月之内即召开社员大会，宣传书画社章程，分配书法组、绘画组、篆刻组、活动组等各组人员名单及联系住址（当年无手机，更无E-mail）。春夏之际召开社员大会，选举新一届社长、秘书长。

兰大书画人历经四十年，印痕深深，群星灿灿，正如这遍地可见的满天星一样，在寂静中成长，在无言中绽放，将那幽香散发人间。

兰大书画社历史上应浓墨重彩予以记载的有许多位，其中青年书法家、书法评论家魏翰邦就是重量级人物之一。

魏翰邦，斋号驰斋、弛斋，1967年2月出生于甘肃省皋兰县。兰大历史系1986级，1990年毕业。中国书法家协会会员，甘肃书法院院聘书法家，江苏省书法研究院特聘书法家，甘肃省书法家协会学术委员会副主任，甘肃省文艺评论家协会理事、书法委员会副主任。著有《书法门诊室》（与马啸合著）。出版有《东方艺术家精品集——魏翰邦书法集》《当代书法十家——魏翰邦卷》《十方书道——魏翰邦特刊》。2005年6月，在甘肃美术馆举办“心相——魏翰邦书法艺术展”。2007年11月，在兰州北岸艺术馆举办“我——王宏恩杜元魏翰邦书画展”。兰大书画社十英展成员之一，毕业后没用几年即成甘肃省有名的青年书法家。

翰邦思想敏锐，学识渊博，才华出众，对中国书法史的研究颇有心得。纵观书法世界，常撰文著述，或评或议，见解独到，是书法艺术界响当当的青年才俊。品味翰邦书法，人书一体，心性倔强，追求执着，率真率性，不弄纤巧，不媚时俗。骨子里透出的硬朗与豪气，表现在书法实践中则收放自如，率性而为，笔力遒劲可力透纸背，结体苍劲又龙舞飞蛇。传承古朴之中有独特创新，我心写我书，我书表我情，似将心灵深处之喜之忧毫不掩饰地倾泻于纸上，每一章每一字甚至每一点画，均倾注心血，或如江河波涛，掀起层层巨浪，咆哮河川，或如万马奔驰，起伏于群山峻岭之间，纵横于草原旷野之上，左右着读者的思绪，顺着墨迹舞动的方向信马由缰，肆意驰骋。

兴许是曲高和寡，抑或是秀木于林，独瞰森林，观其书法，常读出作者灵魂深处的孤独与清高来。自古而今，凡超凡脱俗者，必于俗世间为孤鹤，任我云游，不染半粒尘垢。欲真正品读其精妙、体会其用心、理解其艺道，必精研细品，反复琢磨，才能懂其一二也。

翰邦自我评价这种特立独行时将其归之为“我们几个都属于固执的人，写字是写心，因为喜欢，所以独立”。杨成田在评论时说：“孙璋的书法意境高古，天真烂漫，如乱石铺街，天女散花，实在难得。白瑜的书法瘦硬通神，变化多样。翰邦的书法超凡脱俗，情趣盎然，风格独特，独树一帜……”

翰邦君大学时代在兰大历史系历史学专业就读，故乡是干旱少雨贫穷落后的皋兰山区，自幼养成了坚韧不拔的奋斗精神，讷于言而敏于行。

1986年秋，在兰大迎新接待点，我第一次见到那个朴实憨敦的翰邦君，并帮他收拾行李搬往宿舍。交谈中得知他喜欢书法，且有相当基础，遂鼓动其加入书画社。那几年，由于自己身为书画社社长，传承着前任老社长的做法，深入各新生接待站或学生宿舍，宣传纳新，一旦目标确定，随身带着社员登记表，这样纳来的社员很多，比如杨成田、刘白瑜诸君也是这样招来的。

翰邦君书法功底当时就已见端倪，钢笔字很硬气，也很洒脱，与范国明君的清秀、吴铭君成田君的飘逸不同，翰邦君写的字更显凝重厚实，像钢筋水泥般实在。

当年的翰邦君，少言语，凡有活动则积极参加，笔会及各次展览、书画义卖活动均参加，鲜有缺席，每每为书写的顾问专家备墨铺纸，恭读挥毫。

翰邦君个性的另一侧重，是语出惊人，一针见血，毫不隐瞒观点，率真而直接，从不拐弯抹角。窃以为，一是天性使然，二是博览群书，言之成理，论必有据的史学观使然，三是才华超众，见识广博使然。这一特性，几十年一贯，至今有过之而无不及。

人常说，穷人的孩子早当家，吃土豆长大的人，骨子里即有几分坚韧与执着，认理而守理，有的时候执着得令人称奇。翰邦君概因这份执着与坚韧，才最能守得了寂寞，受得了苦痛，从而很早就成功，数于较早成名成家的书坛奇人。

翰邦君之于书法，不仅仅为写字而练字，他纵览古今，潜心钻研，总结前贤法度，横看天下书家，品鉴之中吸收，吸收之间批判，不盲目崇拜，更不迷信弄人。因而他的书道精研深判，他的笔端挥洒自如，他的评论一箭封喉百步穿杨。

有人说翰邦太过尖刻，也有人说其性格乖张。但凡懂历史的人都会明白一个道理：曲高而和寡，有争论的、能掀起争论浪潮的艺术，才是不朽的，也才是值得史书言官大书特书的，那样的艺术连同那样的艺术人生，才是光华四射的。

翰邦君供职于大型企业，在企业文化建设方面正可大显身手。他的活动很多，闲暇时日苦短，很少浪费青春年华，几十年坚持书法研究与探索，并在摄影艺术尤其是书法评论、艺术评论方面见解独到，风格归真，品位颇高。

书法实践中，翰邦君从不媚俗，追求自我，崇尚高古。历经三十年磨炼，如今用翰邦君自己的话说叫“毁掉一个我，再重塑一个我”。他的书风日渐古朴，返璞归真，如孩童学步，蹒跚任我。细细品味其新作，无论笔法、墨法、章法皆难定论，超脱的格调，古朴的书风，也许正是庄周思想的至高境界，是艺术追求本真的原始回归，是超然俗世俗书的空灵境界。

翰邦君之人、之论、之书，相信会历久弥新，在兰大书画人历史上独树一帜，在中国书法理论与书法实践中必有公论。

我们相信真实。

我们相信历史。

附：

我与书画社之缘

魏翰邦

1986年进入兰大第一个认识的人是宏发兄，他帮我拿铺盖到8号楼宿舍，他看了我的爱好有书法，告诉我兰大有个书画社，他是社长。宏发兄扛着我的铺盖跳过还没修好的下水沟时的情景历历在目。缘于书法，结识了张宏发、刘志华、李维亮、李思春、范国明、吴铭、何柯铭、杨成田、李细芳、卢国荣、华光、孙璋、沈叶青、郭新荣、杨成新、邱暄美、华晓东等等师兄师姐师弟师妹，并通过这些书画爱好者认识了更多的兰大校友。大兴安岭赈灾义卖时，我借成田兄五元钱（书画社中人半价）买了黄汉卿先生的一件四字横批，当时特别喜欢黄汉卿先生的字，成田兄还劝我拜黄老师为师呢。一次，借系里老师的自行车同成田兄外出请老师讲课，在会宁路被几个小流氓碰瓷，还是成田兄掏钱了却的。有次展览在新文科楼地下室举办，作品不知让什么人偷了，我和成田兄晚上在桌子上睡觉守着，知道了成田兄晚上睡觉怕见光。1988年因特殊原因举办了个人展，在新文科楼一层西北角教室展出，时任兰大党委书记刘众语讲了一番别有意味的话。在书画社，有幸给宏发、吴铭、成田、孙璋诸兄打下手，张罗活动，出点力气活，诸兄对我爱护有加，受益一生。

何俊芳

作者简介

何俊芳，1964年生，甘肃会宁人，中央民族大学教授。1983年考入兰州大学历史系，先后就读于哈萨克斯坦国立大学、莫斯科大学，获民族学博士学位。

致金色年华三十年

——感恩母校！感谢老师！感谢同学！

光阴似箭，想不到大学毕业已达三十载！随着三十年聚会的临近，模糊、零散的大学记忆在不断清晰、聚焦。呈现以下图文，以表达对母校、老师们的感恩之意，再忆难忘的同学之情。

一、感恩母校

1983年9月，相信因为缘分和对母校的仰慕，六十几位同学从全国各地来到兰州大学八三级历史学专业学习，我有幸成为其中一员。四年的专业学习，大大地提高了我们的综合素质，为我们日后在各行各业工作打下了坚实的基础。就我个人而言，母校不仅培养了我，而且后有幸留校还给予了我赴俄罗斯留学的机会，使我的人生轨迹发生了些许改变，有机会看到了外面的世界，开阔了眼界，丰富了人生阅历。但学成回国后，因专业不对口等原因本人并未回兰工作，感谢母校对学子们的包容和体谅！

二、感谢老师

就我个人而言，先后聆听过二十多位老师的课程，他们各具特色，我收获良多。记忆最深刻的是，大四时听杨建新老师的“西北少数民族历史”选修课对中国少数民族的历史产生了浓厚兴趣，大学毕业论文写的就是《高车与柔然的关系新论》（此文后在《西北民族学院学报》发表），这也许是当时自己能留在西北史地教研室工作的一点缘由吧。在此对每一位老师的栽培都表示衷心的感谢！还要特别感谢一下马曼丽老师和冯雪琴老师。在马老师的指导下，我初步学会了如何做学问，如何做一个有事业心的知识女性；从冯老师那里学到了做人一定要以慈悲为怀，以助人为己任，真诚做人，坦荡做事。

1991年10月，本人去北京准备赴苏联留学，杨建新、江波等多位老师和陈永保、谢国良、刘永明等同学相送。

三、感谢同学

感谢室友！照片中的我们，大一时略显青涩“土气”，毕业前则尽显靓丽风范。与你们四年的朝夕相处让我学到了很多，从学习方法、如何做菜到感情处理，方方面面，我从来自东西南北、性格迥异的你们身上第一次体认到了文化的多样性，也认识到了自己性格上与学识上的许多欠缺与不足，谢谢大学四年里大家对我的支持和包容！

除室友外，还要感谢其他同学在大学四年里与我的交流和对我的帮助、提携，一起度过的青春岁月永生难忘，一起经历的点点滴滴铭记在心！

在此特别感谢各位美女同学在我的毕业纪念册上留下你们对同学间美好情感的表达，良好的祝福与真诚的谏言，谢谢你们！

还要感谢其他众多男同学的毕业留言，谢谢你们对本人的肯定和鼓励！

感谢在兰同学对外地来兰同学的盛情款待。1998年，我享受到了众星捧月般的感觉，徐宏林则在两位女同学间似乎有陶醉之感。

另外感谢兰州的同学们为10年、20年、30年聚会所付出的辛勤劳动！还要特别感谢房地产老板张国辉同学，外地同学来京绝大多数时候都是他在张罗接待，我和李红很多次受邀既见到了久别的同学，又一次一次地蹭了饭，在这里说声"谢谢啊"。

四、关于我的一些过往和现在

1990年，我有幸考取国家公派留学，先在成都科技大学进修了一年俄语，1991年被派往哈萨克斯坦国立大学学习，准备将中苏哈萨克族的对比研究作为论文选题。但随着同年底苏联的解体，我被转学到莫斯科大学历史系学习，而新的导师皮缅诺夫是一位专制导师，他要求我必须研究俄罗斯少数民族的双语问题，认为这一问题在多民族的中国很有现实意义，在俄罗斯的相关调研能为我在中国的后续研究提供经验。正因为如此，之后我转向了跨学科的民族社会学和语言社会学研究方向。所幸1996年初终于混得一纸博士文凭。之所以说混，一是由于语言障碍，阅读量有限；二是为了练口语和挣一些收入，不时去做翻译，耽误了不少时间；三是把周末和节假日的大量时间都花在了游历原苏联国家的大好河山上。总之，历经波折总算通过了论文答辩毕了业。

回国后，1996年3月我进入中央民族大学博士后流动站工作，跟随我国著名语言学家戴庆厦教授一起研究中国少数民族的双语问题，博士后期间的我是真正的田野工作者，先后到云南、广西、内蒙古、新疆等多地进行双语教学实践的调查，最终以此为选题完成了博士后的出站报告。该报告出版后也成为我国第一部该领域的研究著作。

1998年3月博士后出站后，我留在中央民族大学工作至今，先后于1999年、2005年晋升为副教授和教授，2008年晋升为博士研究生导师。2014年和2016年我分别筹办了两次比较大型的全国学术研讨会，现在兰大工作或毕业于兰大的赵俪生老师、江波老师、李吉和老师、杨恕老师和张宏莉老师等前来参加过这两次会议。国良同学也参加了2016年的苏-俄民族政策方面的会议，并发表了精彩的演讲，期间由李红张罗还和夏愉、吴德义、王绍忠等同学相聚，可谓学术、同学聚会两不误。

和四位硕士生合影

最后，再赘言几句。才子宏发同学嘱咐我写点什么，但本人文采不佳，也不会讲故事，只能干巴巴地写下以上文字，以表达对母校的感恩之心，对老师和同学的感谢之意。弹指一挥间，三十年已过去，我们从青年已步入了中老年，除了工作和家庭，希望我们日后有更多的机会共同追随“诗和远方”！

刘永明

作者简介

刘永明，1966年生，甘肃秦安人，兰州大学历史文化学院教授，博士生导师。1983年考入兰州大学历史系历史学专业学习，1987年毕业留校工作，后就读于南京大学历史系，获博士学位，并在兰州大学历史系进行博士后研究，是甘肃省内第一位社会科学博士后。

初入大学：乡里娃进城

一

本人，姓刘名永明，如果在各位的大学记忆中还有我，那一定是墙角边那棵最不显眼的小草。俺来自甘肃中部当时号称十八个干旱县之一的贫困县的边远农村，记得第一次出远门是十五岁初中毕业到县城考县一中，那次终于第一次坐上了汽车——也就是不花钱顺便搭了个去县城拉货的卡车，和几个同学坐在后面尘土飞扬的车厢里。

说实话，我内心不是想考一中，而是想找个借口去趟从没去过的县城，坐一次羡慕已久的班车。但因为搭便车不要钱，班车也就没坐上。没想到最后竟然考取了，而且家里支持我去县城上学。从此八十几斤瘦小的我穿着不大合身的旧衣服，在离家八十里开外的县城开始了独立生活。当第一次乘着超员拥挤的班车回家时，我才真正领教了什么叫作晕车，才理解了原来看到班车时，不知道为什么有那么多人坐在那么好的车上，却把头伸出窗外呕吐，有的拿着缸子，有的拿着塑料袋……

二

在县一中上了两年学，1983年高考，我在预选和正式考试中居然都得了全县文科第一名，说真的我贪玩，也没有多么用功学习。当时我看到大红榜上自己名字之后还有些不相信。至于最后被当时响当当的兰州大学录取，在老家还是有点轰动效应的。我至今还记得在街上好多人围了一圈争着看我的录取通知书的场面，他们争着向我问这问那，还有不少虽然不问但一直盯着看的眼神。

当时报志愿，是在高考刚结束，分数还远远没有出来之前，那时候报志愿看到几张报纸上写满了各大院校的名号，真是让人目不暇接，不过百分之九十九以上是我第一次看到。我是在不知道该报什么学校的情况下，偶然一转头，看见后面的同学志愿表上写着兰州大学历史系，我就照着填上了。一位有高考经验而且和我关系不错的补习生同学曾经很严肃郑重地给我建议说："刘永明，你报个中国人民大学，那里面出来的可全是县长。"我听了也很严肃，而且真的很生气，瞪着眼睛说："你胡编，哪里有个中国人民大学。"我听说过中国最好的大学是北大清华南开复旦，也没这么大的名号啊！报志愿时才知道真有这所学校，我心里想，是我冤枉我的同学了。当时要说清楚兰州大学在全国的地位，有很多关键词，必须说全"教育部""十三所""直属""重点""综合""大学"才行，一个不能少，次序不能乱，不然就说不清。说完了还得来个补充：兰大还是全国前几名呢。

要上大学了，全家很高兴，亲戚邻居也很高兴，家里还专门做了一桌饭，请大家来共同庆贺。当时还流传着一段关于我的段子：说高考结束后，县长接见了全县第一名还和我握了手，当看到我是一个瘦小的穿着破衣服的乡里娃时，有点不相信，说他怎么会考第一名呢。我家里还专门问过我，有没有这回事。我说没有，见过不认识的人，但没见过县长。

开学前，家里准备行装，第一次征求我的意见，问我要什么衣服。我想了想，我还是喜欢绿色军帽，绿色制服，再配上绿色运动鞋，有点自小喜欢的解放军的样子。至于裤子吗，原来喜欢蓝色的，现在换一种洋气颜色，棕色的，再配上一件白衬衣，行头算是基本全了。

三

9月份开学了，这是我平生第一次出远门，记得录取通知书上有一个示意图，标出兰州大学的位置在离火车站不远的盘旋路，图上还画了个圈。我心里纳闷：盘旋路？车要是一直盘旋，只能上去了，那上去后怎么下来呢？我想下来的方法不外乎两种：一是原路返回，二是上下路必然交叉，要这样的话还用得着上吗？来了才知道，实际上远远不是我想象中让人晕头转向的盘旋，最多转个半圈，在我当时看来，那半圈也没必要转。当时和我同时被录取的还有从初中开始一直同班的同学，他是化学系，我是历史系。别人都说我们两个很小，可是我觉得不小了，他十六我十七。不过照照镜子，一看脸上是挺傻的，很不满意，皱眉装个老成，还是差远了。只能盼望着啥时候长出胡子来就好了。

当时，我们两个跟着已经在兰州上学的一位老乡乘坐班车到了兰州，在汽车东站下了车。车站上人很多，声音很嘈杂。刚一下车，就有人拥上来，问我们是不是兰州大学的，我们说是的，他们马上提起我们的行李卷，说让我们跟上。紧紧张张我们走到了一个小车前面，他们说，赶快上面包车。什么？面包车，装面包的？这我还第一次听说。不由分说，我们已经上了车。坐到了柔软的座位上，啊，这自然又是平生第一次。更不用说，后面的事情全都是平生第一次了。

上车后刚坐下，往外面一看，一位穿着短袖大约三四十岁的男子留着侧分头，拿着一个小喇叭在喊话，用的是普通话"有没有兰州大学的，请上车"之类。我一看一听，啊，很洋气，再看看自己，原来以为很好的衣服，怎么这时候觉得挺土的。这时候，有人用普通话问我们是从哪来的之类，我顿时局促不安，不知怎样回答好：用方言吧，很土，人家可能听不懂；用普通话吧，从没说过。但总得说话吧。看我那位同伴，头早扭向窗外，假装没听见。我是非说不可了。怎么说呢，我是用介于方言和貌似普通话之间的语言对答的，一言以蔽之，很蹩脚很狼狈。恰巧我们同车上还坐着一位女生，和接新生的人说话，普通话对答如流，声音又好听，长得又漂亮。不用说，那我肯定是不敢看了。

四

到了学校，糊里糊涂跟着接我们的人倒了几次手，终于到了宿舍。八人一间，上下铺。我是最后一个来的，剩下门背后的那个床上，有四分之一没床板，最后到处乱找了一些不合适的板子，凑合了大约一年吧。等到第二年有学生毕业离校，我才换得了平整完整的床板。我们405是混合宿舍，早有1982级的同学在里面。一位学长长头发比较凌乱，短袖衫，牙齿上似乎有斑，感觉好像是杂志上画的坏青年的样子，我稍微一怯。原本他们几个在下象棋，互相争执不已，也似乎没有发现我这位小兄弟的到来。但当我坐在自己的床铺上发呆时，突然，长头发学长看着我微笑着说了声："喝水。"然后又投入自己的战斗了。哦！他让我喝水，看来还有几分友好——当然以后我们关系很好了。慢慢地，宿舍的同学都来了。

徐宏林，小胡子上有一双锐利的眼睛，一口流利的普通话，衣着洋气，小喇叭裤折子显出尖尖的棱，标准城里人。那时候我不知道"帅"这个词，只能暗暗地说"兴时"（时髦之意）。直到后来王果同学到了我们班，徐宏林一见之下，回到宿舍情不自禁地眼睛发光，大呼："这小伙子长得太帅了！"我心里想，是你的小胡子和人家的一比，败下阵来了吧！这是后话。王树华，个头不高，有点瘦，两道剑眉引人注目，不太说话，不过眼神不吓人。宿舍同学谁心烦的时候，就找王树华下两盘棋，杀他个人仰马翻，出出气；感觉还不过瘾，就再拉着他杀几盘。因为他不管输得多惨也不吭声不生气，就这样好歹把酷爱棋艺但零起步的王树华练成了高手。张新平，一个健壮的农村棒小伙子，说话踏实，看着踏实、亲切。张宏发，高高的个子，一看眼神，很亲切，说话很随和，理解人，关心人，言谈之间，我感受到了兄长般的温暖。印象深的还有来串门的刘志华，长发，瘦高，短袖衫塞在裤腰里，系着一条铁皮带发着亮光，踱着步子，看似有几分冷硬，他抱着膀子用流利的普通话严肃地问我从哪里来，越问越细，像是审问，我蹩脚地对答着，似乎有几分紧张。至于李维亮，那是后面调进来的，对他最深刻的印象是好长时间他说话我一句也听不懂，只能“嗯嗯”答应；再就是，十分让我钦佩的是，我眼睁睁地看着他硬是不择手段地通过剪刀、刀片，好像还有牙签之类从光秃秃的嘴上拔苗助长式地捣鼓出了一茬茬所谓的胡子，到处招摇……还有陆华柏，1982级休学留到我们宿舍的，印象里他总是满脸笑容，从不生气，大概是凭着这点，到我们宿舍混了个半仙绰号。不过大家不要忘记半仙有一段惊心动魄的历史，这里不便叙述，只能等待历史评价了，我想半仙的绰号一定不会是浪得虚名。大学生活的画卷就在这种陌生新奇有趣中展开了。有多少情景，一言难尽，时隔三十多年，依然历历在目，依然回味无穷，并渐渐地熬成了沁人肺腑的心灵鸡汤。

说到这里，也应该谈一谈很多同学最期待并拥有过的第一次问题，不好意思，我没有什么好分享的。大家猜得出这里当然说的是女同学了，本人自打高中时期就几乎没和女生说过话，有漂亮的远远看一眼就已经很奢侈了。女生，在我而言，很尊贵，大致相当于只可远观而不可近亵吧。上大学后就不必说了，当同学们津津乐道地评头论足或者为本班女同学排座次的时候，我主要是听众了。要说，那时候倒是有一个问题曾经让我好生疑惑：为什么女生走路姿势和男生不一样呢？这个问题终于在一次宿舍关灯后热议女同学的互动环节中，被我郑重其事地提了出来。话音刚落，有位同学从枕头上抬起头，侧着身子，为我作了一番科学的阐述，我总算弄明白了。他现在是一位当红院长，讲课特有名，稳重宽厚正直，能力强，有魄力，这里顺便点赞一下。——各位不要笑话，那时候咱只有十七岁，别人还以为十五岁，乡里娃，糊里糊涂上学，各方面缺乏指点，很多方面真的十分懵懂，十分幼稚……

五

大学时代，真的是人生中最重要的起点和转折点。从此以后，我们不知遭遇了多少陌生和第一次，在这种遭遇中应对、摔打、磨炼、成长，风风雨雨，弯弯曲曲，跌跌撞撞，从糊涂到一点一点明白，从模糊到清晰，从空虚到充实，从无知到有知，从无志到有志，从没有责任担当到有了责任担当，从没有人生目标到有了一定的人生目标。曲折是有的，停步也是有的，但只要总体上在进步就好。古人说："或安而行之，或利而行之，或勉强而行之，及其成功，一也。"我想，我们不要把自己看得太高，也不要看得太低，不管我们当初有多么幼稚无知，起点有多低，只要找见属于自己的那块立足之地，经过脚踏实地，不断努力，就会不断长进，就会对单位的发展、对社会的进步起到一定的积极作用。回头看看，当初那种幼稚无知中也许还带几分可爱，如同泥土中自有芬芳，同时也沾带着几分时代的印记，而且那也不正是我们的可塑性所在吗？再回头想想，我们当年可是精英教育时代，同学都是各地多少同龄人中的佼佼者，高考中名列前茅；尤其在重点大学，我们享受到的也是极少数人才能享受到的教育，更不用说我们现在享受的是自有人类历史以来最优越的物质生活。毫无疑问，我们是幸运儿。按说，我们这些幸运儿的水准应该代表时代的水准，我们的进步也代表着社会的进步。总之，我们是有责任的，我们应该回报社会……想到这里，我不免汗颜，不敢说了。以后努力努力再努力，向各位同学学习学习再学习。

最后再祝愿我的同学合家健康、幸福、快乐、长久。

段辉

作者简介

段辉，1965 年生，湖北宜昌人，研究员，刘松清的爱人。1986 年本科毕业于兰州大学。在甘肃省分析测试中心工作近三十年。1986—2003 年先后在甘肃省分析测试中心、兰州民营药物研究所、甘肃省质检所工作；2003—2007 年任实验室主任，先后在甘肃省分析测试中心食品室、环境室从事仪器分析及实验室技术管理工作；2007—2012 年任中心副总工程师，主要从事植物提取分离、分离分析方法等科研基础、应用研究及平台建设项目工作；2012—2019 年任副总工程师兼科研办、研究开发室主任、研究员，承担科研项目，为企业提供技术支撑服务。

以赤子之心在平凡岗位坚守

——记共产党员刘松清同志

如果你身患癌症，是否还愿意继续走上岗位，对同事缄口不提，像个“正常人”一样地工作；是否愿意每天回家后忍受须用吗啡压制的疼痛，但是第二天照样打起精神挪着病体、捂着肚子、独自走去上班；是否愿意刚完成右侧肝脏切除手术一周，就出现在年轻的同事面前，笑着说“只是小手术，没什么，这段时间的工作麻烦你了”，同时依然给予温暖的问候？

一个人做一件事坚持一天两天很容易，但坚持做十几年甚至是一辈子却不容易，更何况自知身体一天不如一天，还安慰家人说已经做好与癌症长期斗争下去的准备，继续努力地坚持工作。作为兰州大学功能有机分子化学国家重点实验室的一名高级工程师，作为兰州大学化学学科进入ESI全球总影响力前千分之一的幕后工作人员，在多套单台原始价值500万以上人民币的进口设备组成的大型仪器共享平台上，他十几年如一日，用掌握的测试技术为兰州大学以化学为核心的物质科学学科群的研究工作提供着基础性的数据支撑，以实际行动弘扬着“自强不息，独树一帜”的兰大精神，即使在患病期间，他仍然坚持每天都出现在实验室，直至走到生命的尽头，因为他深爱着这所培养过他的母校——兰州大学。

他就是兰州大学的一名普通教工，名叫刘松清。刘松清同志在2018年7月被确诊为肝癌后，于同年8月21日在北京301医院做了肿瘤切除手术。2018年9月底，医院复查显示癌症复发，刘松清同志一边抗癌，一边继续工作。2019年11月20日12点58分，刘松清同志在兰州大学第一附属医院与世长辞，年仅五十四岁。

一

刘松清同志生于1965年，湖南隆回人。少年时代，他家境贫寒却好学上进，1983年考入兰州大学化学系分析化学专业。从遥远的湘西来兰州得坐三昼夜的车，母亲牵肠挂肚的日子里，他简短的书信把华北平原、黄土高原和黄河描绘成美丽的画卷。他说自己此生无悔，他爱上了千里之遥的这片土地。从此，江南水乡一位青涩的文弱书生，被西北风沙吹打成硬汉，一蹲便是三十六年，兰州已然成为他的第二故乡。成绩优异的他屡获三好学生，但他从不骄傲松懈，用做家教挣来的钱给自己添置录音机学习英语。1987年考研究生时，他免试英语并成为陈耀祖先生的门下弟子。

1990年7月，他在兰州大学分析化学专业硕士毕业，同年在化学工业部涂料工业研究所工作，担任涂料与涂装杂志编辑部副主编、涂料所检验站站长。由于工作出色，1995年涂料所积极推荐他加入了中国共产党。在涂料工业研究所工作的十年，他的音乐、文学及学术才华尽显绽放。1995年，甘肃湖南同乡会在《兰州晚报》发起的有奖征文活动中，他的一篇《西出“阳关”是故乡》尽情舒展思乡之情，感动了许多扎根西北的游子，他从此成为《兰州晚报》的特约撰稿人，发表了几十篇脍炙人口的作品，如《“儒商”的思绪》《装修谨防“居室病”》《造福人类的基因工程》《21世纪的电子货币》等等，并获得《兰州晚报》的多次奖励。所里每年的职工群演都有他独唱、领唱及吉他弹唱的风采。所里每年评选优秀科研论文，他都能入围获得奖励。1998年，在担任涂料工业研究所检验站站长期间，为了方便职工操作进口仪器设备，他将仪器说明书全部翻译成中文，并中英文对照写出操作规程，学习并精通了气相-质谱、X光衍射、凝胶渗透色谱、光谱等多种技术，发表了多篇论文。2000年，他留恋母校的恩情，放弃了去中国空间技术研究院读博的机会，毅然选择回母校效力，由兰州大学的贾忠健、刘中立、吴隆民三位教授共同举荐，调入兰州大学化学化工学院功能有机分子化学国家重点实验室（原名应用有机化学国家重点实验室），随后担任液体核磁共振波谱仪的管理和测试工作，一干就是十几年。

回到母校工作后，他满怀责任心和上进心，潜心研究仪器的应用，每天都有做不完的样品，经常利用休息时间去实验室维护仪器设备，还经常晚上被学生叫到实验室处理仪器故障。为做好测试服务，他加强学习，潜心研究液体核磁共振波谱仪的应用，对核磁共振测试技术及仪器维护熟悉到极致，他辅导过的本科生曾在大学生化学竞赛中获奖，他帮助过博士、硕士研究生在化学专业期刊发表过高影响因子的文章。他把自己掌握的测试技术和仪器使用心得耐心地教给研究生们，便于他们独立使用仪器测试、完成数据分析，直到每个人能利用测试数据完成论文发表。每年，有机化学专业二十多个课题组近八十名研究生都会来向他学习核磁共振测试技术，而他为其他非有机化学专业的师生提供的科研测试数据更难计其数，甚至有校外学生专门来找他进行测试。

2013年，他参与核磁共振仪器示范机组（CERS-1-59）建设的省部级科研项目，担任操作、培训工作。2014年，他同齐奉明工程师、薛华栋博士参与拍摄了《开放核磁培训视频》，希望通过可视化的操作教程，帮助高校研究生和刚开始接触仪器的管理人员，在参考学习后能更高效地开展核磁共振检测技术。2015年，他与同事共同参与CERS管理中心依托兰州大学开设的核磁共振（NMR）基础及应用培训项目。2017年，他与同事在国家级期刊上发表论文，一起总结在实验室仪器开放实践中积累的丰富经验，希望能对核磁开放实验室的管理者在培训及机时管理方面有所帮助和指导。同年，他与同事共同参与了兰州大学核磁大厅的装修工作，在多台超导磁体不搬移、不降场、不失超的情况下顺利完成仪器防护、气体管路铺设、吊顶重建及空调和新风系统的安装，创建了国内高校核磁共振仪器实验室装修的样板。他所参与的基金项目全部顺利结题，达到了预期的科研目标。他所在的功能有机分子化学国家重点实验室产出的多项研究成果已取得国际领先水平，承担了国家、省部级科研项目近千项，多次获得国家级、省部级奖励。

二

刘松清同志平时话不多、为人亲和。一提起他，同事们最先想到的是靠谱和准时。为做好本职工作，他主动放弃节假日，风雨无阻，几乎每天都会出现在实验室。测试样品、维护设备和处理故障都需要现场解决疑难问题，他便长期驻扎实验室，从无怨言。如果有人请他帮忙做样品、找数据，不管是相熟的同事还是叫不出名字的学生，他向来是有求必应，从不推脱，尽最大努力满足所有人。如果与对方约好时间，他总是提前到达的那一个。“刘老师是整个实验室最守时的。”同事们这样评价他。他的努力让实验室的设备运转正常，测试效率不断提高，收集数据真实可靠，功能有机分子化学国家重点实验室的科研成果也稳步丰收。他对母校、对化学化工学院，都有深深的眷恋和责任感。他的诗词抒发了他的深深情怀：

水调歌头

——兰大化学化工学院建院七十周年抒怀

才戏黄河水，又上皋兰山。百年学府在望，思绪泛波澜。回首当初岁月，春天黄沙弥漫，冬季冷雪寒。陇原苦甲地，办学甚艰难。

化学院，七十载，更非凡。先辈无私奉献，情系戈壁滩，培养英才无数，享誉神州海外，业界传美谈。勤勉如往日，明朝更辉煌。

2018年5月，刘松清同志就感到身体不适，突然饭量大减，但为了不耽误工作，直到当年8月放暑假才去医院检查，结果被告知右肝十公分肿瘤并血管癌栓伴淋巴转移。医生认为已错过手术时机，可他不服输、不认命。2018年8月21日在家人的陪伴下，他于北京301医院顺利切除肿瘤。为了不耽误开学样品测试，8月30日晚他又与妻子乘上了回兰州的高铁。术后一周，他便缠着厚厚的绷带到岗上班。他拒绝妻子用轮椅推送，每天早晨提前半个小时出门，慢慢步行到学校，伤口坠得疼痛难忍，每走一段路程就要靠着树干小憩两分钟。

2018年9月底，医院复查显示癌症复发，他与妻子段辉又走上了漫长的抗癌之路。吃抗癌靶向药的副作用导致他手脚脓肿，严重的时候走路疼痛不已，可他还在坚持按时上下班。就这样又坚持了两个月，他颈部淋巴侵犯开始，疼痛难忍。无奈之下，他与妻子又选择在西安交通大学第一附属医院进行“免疫+靶向药”的临床治疗之路。

他一面冷静地观察着自己的病情，和病魔做着顽强而乐观的斗争，一面时刻关注着实验室设备的运转情况。妻子劝他请假治病，他却说仪器要正常运转，学生的实验不能停。在西安治疗期间，医生建议每隔一周治疗一次，他怕影响工作就牺牲双休日的时间，怕耽误上班就坐夜班车往返于西安、兰州两地。他常常是一只手扎着针，另一只手打着电话为学生解答仪器操作问题，有时清晨刚下火车就直奔实验室。实验室里的体力活不少，他每周维护时要推着近百斤重的低温容器给核磁共振仪器加注沸点约-196℃的液氮，每天测试样品时要在一米二高的四层台阶上上下下至少走十几回。这些事，只要能坚持住，他绝不麻烦同事。他依然像“正常人”一样，每天提前半小时出门，步行至学校。在家查资料看文献，在学校处理学生问题和维护保养设备，同老师们构思科研项目；不忘每年一次代表1983级校友给化学化工学院困难学生颁发“83级校友奖学金”。

他每年都要利用假期回家乡看望高龄的父母。为了不让父母牵挂，他总是给父母讲西北的风俗和美好，说学校的工作如何顺心顺意。2019年初，在西安做完治疗后，他回到故乡过春节，这是他和亲人们过得最轻松开心的一个春节。或许是不用操心工作而身心放松，或许是家乡的食物都是有机食品，或许是家乡的山水更养人，药物副作用引起的腹泻等各种反应全部消失，完全不像一个身患绝症的病人，兄弟姐妹亲戚朋友轮番陪伴他，这是他患病以来过得最舒心、最自在的一段日子。

乡　恋

雾散云开听鸟啼，青山绿水两相依。
怡情垅亩身心爽，久住乡园不忍归。

思　乡

微雨过后天放晴，房前屋后鹁鸪声。
行遍天涯万里路，犹记桑园正春耕。

可是，他还要回到西北，他还要上班工作，他不愿意放弃他的责任。自从老家回到兰州，药物的副作用又开始了，经常腹泻，常常出现感染。他一边忍受病痛的折磨，一边默默坚持工作，还与别的老师一起构思科研项目，在家查资料看文献，在学校处理学生问题和维护保养设备。

2019年暑假，在西安交通大学第一附属医院检查后，医生建议他停药更换治疗方案，其他医院的大夫也给出方案，但一年要六七十万的高额费用，他很快做出了放弃治疗的决定。

2019年下半年，他的病情进一步恶化，9月30日再次住院，此时的他已被病魔折磨得无法睡眠，医生不得已开了吗啡帮他缓解疼痛。之后他一直依靠吗啡坚持上班。因为仪器总是出现小状况，主要问题没有找出来一直困扰着他，他有些焦急，每天早出晚归，回到家里累得只想躺着休息。吗啡的副作用随着服用时间加长逐渐表现出来，恶心呕吐，情绪不稳，严重便秘……看着他一天天消瘦下去，家人轮番劝他放弃工作回家养病，他却执意上班，就这样坚持了一个又一个月。2019年11月，生病期间体重一直控制在六十公斤的他，此时已经开始急剧消瘦，饭量大减，呕吐次数频繁，体重只剩下四十五公斤。因为仪器故障问题没有找出来一直困扰着他，他依然坚持去单位，利用学生不做样品的间隙去查找原因。在夜里身体疼痛，他难受得无法睡眠，靠听音乐缓解，家人劝他去医院系统治疗，他总说等仪器正常再说。11月中旬，他似乎出现肠梗阻的迹象，难受得整夜睡不着觉，妻子很揪心，于是让国外留学的儿子回来劝他去医院。

2019年11月18日傍晚下班回家，他面带倦容却很欣慰地告诉妻子，经过一段时间的努力，仪器经常出现的小问题已经全部解决，吃饭时却说很累吃不下去，就想躺着休息。

11月19日，多日整夜不眠的他吐血了，家人用轮椅将他推到兰州大学第一附属医院急诊科，紧急止血处理，清晨9点转入消化科病房，此时的他再也坚持不住了，他告诉家人别打扰，他只想睡觉。

11月20日12点58分，刘松清同志年轻又坚强的心脏停止了跳动。他带着对工作的无限牵挂，带着对母校的无限眷恋，永远地睡去了。那座陪伴了他三十六年，让他为之献出了生命的金城为他合上了人生的扉页。九十岁的老父亲在老家执意要去为儿子选墓地。瓦子屋场后的山峰，正是西北方向，山中有青松翠竹，有香樟兰花草。父亲说儿子现在枕着西北可以好好睡觉了，眷恋的家园就在他的脚下。

浣溪沙·中秋

皓魄当空似玉盘，晚风吹送桂花香，高楼独上倚轩窗。

遥望家园何处是，山高路远水茫茫，此心安处是吾乡。

三

2019年11月21日，中央一台《新闻联播》“不忘初心，牢记使命”主题教育进行时报道了兰州大学完善产教结合的人才培养机制，新闻中播放的正是刘松清同志在实验室悉心指导学生测数据、做实验的日常工作情景，他看上去精力充沛、精神饱满，没承想，这是他留给大家的最后画面。新闻播出的两天前，与病魔继续抗争了二十七个小时的刘老师最终停止了心跳。

“忽闻噩耗，震惊、难以置信……”听闻刘松清同志去世的消息，同事和学生无不诧异，都以为第二天一定又会看到刘老师穿着整齐、踩着布鞋穿梭在仪器之间的忙碌身影。

高坤教授回忆说，在刘松清同志去世前几天，她因为机时收费问题还向刘老师咨询过，刘老师予以了耐心的解答，并就高老师提出的问题进行了汇总，希望在2019年年终总结会上提出来，商讨解决的办法，没承想几天后竟是噩耗传来。“刘老师在那么大的肿瘤切除手术后一周就来上班，真是难以置信。”“以前找刘老师测试，数据结果易于辨认，可是自己的学生花了同样的时间在同样的仪器上测试结果却不尽如人意，刘老师为了一个好的数据不知道花费了多少心力。”

张辅民教授经常看到刘老师加班的身影，本来约好了19日上午找刘老师测试样品，但是刘老师居然少有地爽约了，后来到医院看望刘老师时，刘老师已经昏迷，“当时刘老师脸上只有痛苦的表情，平时若没有吗啡，真不知道刘老师是怎么挺下来的”，“我们年轻老师平日里忙着搞科研，和刘老师见面话不多，说的也是工作上的事，对刘老师的关心太少了。刘老师也知道年轻人压力大，不敢耽误我们太多时间，有事全是自己扛着……”

谢新刚老师说，和刘老师前一阵在党支部学习会上见过面，当时一点也看不出刘老师身体状况极差，换一般人知道自己癌症复发早就请假了，哪里还有心思工作，“好几次看到刘老师走路步伐很慢，还捂着肚子，现在才明白原因。”

众多老师纷纷为刘老师的才情感动，刘老师的“俯身不比参天树，平生勿与花竞红”与刘老师的为人低调十分契合。

“愿刘松清同志一路走好”的微信哀悼持续刷屏，上百人的追悼会上，往日的老师、现在的同事和生前的亲朋好友个个泣不成声……

刘松清同志一生勤恳，不卑不亢，淡泊名利，甘于奉献，是好老师、好同事、好师长，是一代代兰大化学人追求的目标，更是党员科研工作者值得学习的标杆和榜样。他以实际行动践行了他的入党初心和誓言，他的工作态度和敬业品质激励着更多兰大化学人奋勇向前。作为一名党员科研工作者，刘松清同志牢记自己的党员身份，树立起良好的党员服务形象，攻关在前、吃苦在前，为党和国家的事业殚精竭虑，把为师生服务作为自己科研与教育工作职责的根本，用强烈的责任感践行着“团结、进取、求实、创新”的兰大化学精神，努力干好本职工作。

鲁迅曾这样写道：“愿中国青年都摆脱冷气，只是向上走，不必听自暴自弃者之流的话。能做事的做事，能发声的发声。有一分热，发一分光。就如萤火一般，也可以在黑暗里发一点光，不必等候炬火。此后如竟没有炬火，我便是唯一的光。”

刘松清同志就是这样一道光——他有爱岗敬业、无私奉献的“孺子牛”精神；他有善于学习、勤于攻关的“钉子”精神；他有传承知识、传播技能的“园丁”精神。他以萤火似的微光坚守着平凡的岗位，书写了自己纯粹的闪光人生。

注：文章由段辉、刘伟珍、齐奉明、张桐菲等四人合作完成。

刘伟珍

作者简介

刘伟珍，湖南省隆回县七江镇人，自由职业。隆回县民间文艺家协会会员，镇人大代表。在新媒体发表散文、诗歌八十多篇（首）。

江南烟雨西北的云

乡　情

莺飞蝶舞花千树，缕缕炊烟。戏水溪边。梦里归乡仍少年。
一壶老酒辞亲友，强作欢颜。离别家园。白发高堂莫挂牵。

这是小哥2018年5月12日发在朋友圈的一首小词。从这一天起，他屏蔽了朋友圈。接下来的7月他确诊为肝癌，8月底在北京301医院做右肝切除手术。在术后的一年里，每两个月去西安做一次临床治疗，2019年初冬逝于兰州大学。

这是一个让人无法相信的梦。小哥才五十四岁，正是精力充沛、学识经验丰富、大有作为的时候。他仿佛江南的烟雨柔然而至，飘然而去，做了西北圣洁的云朵。那座陪伴了他三十六年，小哥为之献出了生命的金城为他合上了人生的扉页。

小哥长我四岁。他喜欢将怯怯的我拉到他的朋友面前，“这是我妹妹，小尾巴哩!”在六都寨读高中时，大冬天睡竹席，秋霜里穿一双轮胎皮刮制的凉鞋。小哥饶有兴致地把霜花踩得咯吱咯吱响，告诉我他从不生冻疮。

在我的记忆里，少年的小哥哥是营养不良型的，身子瘦弱，头大个儿小。大队文艺宣传队竟看中了这位天生的小戏骨。小哥腰扎一条长汗巾，手端竹烟杆，唇上描几笔黑墨，就成了戏台上惟妙惟肖的老爷爷了。白天上学，晚上随宣传队到望云山洞头印等地演出，半夜回家又饿又累，母亲心疼得直掉眼泪。

小哥安于清贫，忍辱负重，不抱怨任何人，也不抱怨自己。因为祖父是地主，我家的黄牛也不能与生产队的牛群为伍。小哥从不与队里的放牛娃争议，领着我把牛赶到另一个山头，所喜故乡的山水不将我们另眼相待。那些大孩子缚了我们的双手，把我们推下荒废的水渠，小哥哥让我向着他哭，也可以朝着山谷哭喊，但告诉我不可在父母面前流泪。又因为交不起一块二角钱的学费，小哥领不到新书。他借来同桌的课本，硬是将语数教材一字不漏地抄完。那一期省了学费，小哥还得了“优秀学生”的奖状。

1983年去兰州得坐三昼夜的车，母亲牵肠挂肚的日子里，小哥简短的书信把华北平原、黄土高原和黄河描绘成美丽的画卷。他说自己此生无悔，他爱上了千里之遥的这片土地。从此，江南水乡一位青涩的文弱书生，被西北风沙吹打成硬汉。

前年夏天，嫂子在电话那头啜泣，小哥肝病恶化，右肝坏死。我拐弯抹角地试着告诉父母小哥要去北京治病。老父亲很警觉，反复追问：“该不会是癌症吗?”8月23日手术，右肝切除，已成一方焦炭。30日晚坐高铁回兰州，小哥不愿耽误9月1日入校签到。8月31日，两个侄儿分别从福建和东莞赶过来。小哥忘了自己是病人，叔侄三个像追梦的少年，摇荡着记忆的小船笑着乐着。

小哥腹部缠着厚厚的绷带，不敢挤公车。他拒绝嫂子用轮椅推送他，每天早晨提前半个小时出门，慢慢步行去学校。伤口坠得痛，走一段路程就靠着树干小憩两分钟。他害怕遇到熟人，不敢主动招呼，他不希望师生们对自己有半点同情，他总是将最美的一面展示于人。去年校园内忽然传来小哥去世的噩耗，无不诧异，和他们朝夕相处的良师益友，竟用美丽的灵魂支撑起一个沉重的病体！

小哥积劳成疾，也是积郁成疾。在兰大求学的七年里，为了节省车费，假期少有回家，多在金城做家教。结婚时，是化学系的师生做了小哥的娘家人，凑钱为他置办了被褥。待到儿子一天天长大，父母慢慢变老，他像一匹被鞭策的骏马，欲在亲情滋润的草原扬蹄飞驰，又得驮起祖国的重托。

小哥在化工部涂料研究所工作没几年便回到了兰大。假期多了，回家的次数便多，往后每年寒假都会回老家过春节。一说父母年龄大了，相陪的日子越来越少，再说家乡的春节披着浓浓的年味，令他久住乡园不忍归。前年手术后，他管不了身体虚弱，不畏舟车劳顿，依旧回家陪父母过年。小哥和千千万万游子一样，肩挑故乡和他乡，把奔波的人生吟哦成诗。

我到兰州是前年9月，小哥给我订的机票。朋友说兰州的天空很美，可否带朵白云回来。兰州确实是一座美丽的城，南山绿北山青，天空大地一尘不染。手术才半个月的小哥站在雄浑的黄河边，也像一朵倜傥的云。

小哥那几天胃口好了，喜欢吃我做的蛋饺，西红柿炒鸡蛋，小葱拌豆腐。还盼着退休后，要和嫂子来我家搭伙。我还真憧憬着，白发苍苍的兄妹在江南水乡牵手漫步呢。

去年暑假，嫂子陪小哥又回来了。可是只待了一周，要去西安接受治疗。来我家吃了一顿饭，精神也好。却再不敢去看望子君姐的母亲，徒增伤感。子君姐和小哥是本家，又是老同学，去年春因胰腺癌去世，享年五十四岁。惺惺相惜，谈及故友，我小哥声带哽咽。这一代同龄人到底怎么了？在风云雷电中，在秋霜冬雪里练就了飞翔的翅膀，命运之神偏偏在高空中将他们击落！

去年10月，嫂子偷偷告诉我小哥已用吗啡止痛了。视频里我再三要他回来养身体，吸田园的空气，吃自种的菜蔬。小哥强调身体还行，他离不开工作，让学生单独操作放不下心。当时他头抬得很高，伸长脖子不看我，他是不想让我看见他眼中的泪花。他何尝不想回到故乡，回到父母兄长们的身边！

小哥娴诗词，歌喉好，舞步美，擅弹吉他。说他多才多艺毫不夸张，嫂子也宣告自己爱上了“学霸”。但小哥一生内敛，就如他《春草》中写的那样，“俯身不比参天树，平生勿与花竞红”。多年来，我们家里人只知道他在兰大任教，追悼会上始明白他拥有十来个头衔，担任多行多种职务。

小哥是个壮志未酬的人啊！

去年11月18日，小哥还在有机分子化学国家重点实验室指导研究生，19日大吐血进急诊室，下午进入昏迷状态，直到第二天还没醒来，最后诊断为肝性脑病。中午12点58分，小哥那颗年轻又坚强的心脏停止了跳动。而那时刻的家乡置身于窒息的世界，无助的家人遥望西北而泣。21日14点08分的《新闻联播》中，我们见到了哥哥在实验室的最后身影。

小哥来不及留下一句话。他还想工作，故乡有年迈的双亲，12月儿子要论文答辩，他给嫂子留了一大笔债，怎么会放心地去呢？他不甘心！

小哥的骨灰接回来了，九十岁的父亲执意要去为儿子选墓地。瓦子屋场后的山峰，正是西北方向。山中有青松翠竹，有香樟兰花草。父亲说小哥是操劳的命，生前太多奔波酸苦，现在枕着西北可以好好睡觉了，眷恋的家园就在他脚下。

清明节，小哥坟头的白纸在绿色的山腰飘着，如一片吟唱着孤独的云。小哥，我不哭，我们兄弟姐妹都不能哭！

翟亚军

作者简介

翟亚军，笔名中和，字亦吾，河南永城人。兰州大学物理系1982级磁学专业，现居深圳，从事金融工作，对佛学、哲学、历史、文学、经济、金融均有研究。

云鸿逝影海天空

——缅怀李吉均先生

2020年7月21日2时07分，尊敬的李吉均先生因病在兰州逝世，享年八十七岁。云鸿西驾，从此海天俱寂，万岳息声。

李先生作为我国著名地理学家、地貌学家，中国科学院院士，兰州大学资源环境学院教授、博士生导师，以严谨务实的作风切实践行着兰州大学代代相传的“勤奋、求实、进取”的治学精神，一生成果丰硕，育人无数，在学界享有崇高的声誉。他身上既有自然科学工作者严谨细致的作风，又不乏浪漫主义的诗人情怀，可谓文理兼修的真正的大师、大先生。

因为《兰馨集》编辑约稿的关系，笔者有幸与先生有过亲近，回想起来，不胜感慨！

2019年，为庆祝母校兰州大学一百一十华诞，校友发起《兰馨集》校友诗歌征集活动。编委会辗转联系到李吉均院士的儿子李丁老师，并通过他联系到先生。其时先生年事已高，身体也不太好，精神有所不济，但我们与先生沟通后，他欣然应允担纲《兰馨集》顾问，并惠赐大作。此后，李丁老师协助在先生笔记中找到了先生在1959年写下的部分诗作原稿，并拍照发给我们。编委会把这些手稿进行整理，经先生确认后，录入《兰馨集》。

兰州大学建校110周年纪念大会上，甘肃省领导为李吉均先生颁发“坚守·奋斗杰出贡献奖”

在校友及相关组织的努力与协助下，2019年《兰馨集》由兰州大学出版社正式付梓。同年9月，笔者有幸参与了母校的一系列校庆活动。15日上午，作为校庆活动之一，我们在兰大物理楼三楼组织了“庆祝兰州大学百十华诞《兰馨集》馨友座谈会”，李吉均先生之前应允参加会议，但因事未能出席。之后，通过李丁老师，笔者与馨友何双玄（兰大哲学系1985级校友）于23日下午在兰州大学第一医院住院部21楼特需科拜谒了先生。

先生所住的26号床是一个一房一厅的小套间，房间和客厅都很洁净。李丁老师到门口迎接我们，李吉均先生躺在病床上，身着医院的住院服，神态安详。我们捧着鲜花和新出版的《兰馨集》样书来到先生跟前，一番问好，又向先生汇报了《兰馨集》的有关情况，并展示了刊登的先生的作品及手迹图片。先生头脑清晰，反应灵敏，思维逻辑严密，一举一动都特别和蔼可亲。

我们非常珍惜这次拜谒先生的机会，临别前我斗胆征求先生和李丁老师的意见，请先生在《兰馨集》上签字作为留念。李丁老师犹豫了一下，觉得先生状态不错，就问他“行不行”，先生毫不犹豫地答应了。于是李丁老师把床摇起来，把笔递到先生手里，我们俩又把书展开，捧到先生跟前。先生用左手执笔顶着纸，非常缓慢、吃力地在纸上一笔一画签写自己的名字。当写完“吉”字时，感觉他有些累，我们请他歇一歇，先生抬起头，以拉得很长的节奏，深深地舒缓了一下，又鼓起一股气，把“均”字写了下来。这三个字似乎是先生用一生的力气去写的，他有些气喘，李丁老师急忙在先生前胸后背上下抚弄推拿。我当时觉得很内疚，又深深为先生对兰园事业的挚爱和对后辈的提携之情而感动。少顷，先生缓过劲来，瞪大眼睛盯着刚刚写的“均”字，笑着说，怎么像个“狗”字。一句话让我本来紧张的心情放松了下来，先生幽默诙谐的师长之风，令人钦敬。

如今，手捧当时先生签字的这本《兰馨集》，品读着先生于20世纪50年代风华正茂之时出野外考察期间写下的诗作，心情十分激动。这本书见证了先生与兰大的深情，弥足珍贵，我当终生珍藏！先生虽然与世长辞了，但他对生活的热爱，对诗词的热爱，对后辈的关心，都让我们深深感动和钦佩，足为我们的楷模。先生的音容笑貌激励兰大学子继续践行兰大精神，为中华民族的伟大复兴做出新的贡献。

斯人已逝，风范永存！愿先生安息。我辈当踵武先生的精神，自强不息，砥砺前行。

刘雁翔

作者简介

刘雁翔，1964年生，甘肃武山县人。1983年就读于兰州大学历史系历史学专业。现为天水师范学院历史文化学院教授。著有《伏羲庙志》《大哉羲皇》《羲皇故里与伏羲文化》《杜甫秦州诗别解》《杜甫陇上萍踪》《陇月向人圆——杜甫秦州诗图景》《天水金石文献辑录校注》《秦州文史研究》《走进天水》等专著9部，合著《天水史话》等专著3部，主编《天水市志》（下卷），发表学术论文80多篇。主持完成国家社会科学基金项目《黄河流域伏羲祠庙及伏羲信仰研究》。

我的高考

要上大学先得参加高考，只有过了高考这道几家欢乐几家愁的关口才能上大学。高考是上大学的充分必要条件。既如此，那我的大学的回忆就从我的高考回忆开始吧！

我的生日，农历是1963年腊月二十九日，公历为1964年2月12日。1971—1978年上的小学和初中，1978—1980年上的高中。我的功课，语文较好，五年级就能读旧小说，如《三国演义》等，数学尚可，物理、化学平常，也能考上高中，但学习成绩中等。1980—1983年参加过四次高考。因为那时候学制短，高中、初中各两年，当1983年“中举”的时候，年龄还不算太大，刚刚十九岁。

情况如是。1980年夏，也就是高中毕业的当年，第一次参加高考，理科，昏打糊涂去，昏打糊涂来，就不知道考了个啥。一战一北。我高中上的是一个乡办中学——龙泉中学，这个学校全校基本上考不上个学生——哪怕是中专。某次回老家，无意说到高考，我家老大回忆，我们俩一起参加高考，是他用自行车带着我去县城考试，中途发现我准考证没拿，害得他又回家取了一趟。到底是老大，比我潇洒多了。说他数学什么都不会，压根儿就没考，索性去电影院看了场电影。等考完了，就带着我回家了。这个秘密一直保密至今。在一旁的我老娘淡然一笑：哎！狗吃的货。

而后转到洛门中学，上补习班，依然是理科。1981年夏，第二次参加高考。不知是哪位高人或哪家大神机构的馊主意，先得预选，到达指定分数线，才能参加正式考试。最后，考是考了，就未能过那个预选的坎坎。没得上“战场”，已二战二北。

而后，我亲爱的洛门中学开办文科补习班，要通过它的考试才能上。不错，我还以高分考上了。1982年夏，第三次参加高考。预选坎坎，一晃而过。高考总分327.2分，大学、大专都不成，够中专的线。甘肃省警察学校派人来武山县面试招生，一看我就不是干警察抓坏人的料，看而刷之。现在想来，警察叔叔英明。不过，当是时也，面试者四人名单以大字贴在武山县委门侧粉壁墙上，赶集的乡亲们远远都能看见，也拉风了好一阵。上了“战场”，但三战三北。特别强调一点，当年，英语按70%算分，我冒画钩钩，得到神奇的6分，折算得4.2分。

而后，继续补习。1983年夏，第四次参加高考。预选制度还没有废除，因为上年度高考成绩上线的缘故，免试。高考总分得431分。妥妥地上了一本线，甚至比我考前多次预计过的英语20分，其他功课平均80分，总分420分还要高。四战功成。报志愿，大致半个小时搞定，我点“菜谱”，我“同桌的你”填。一本第一志愿兰州大学，当时不知道我的大学有多牛，是冲着其在甘肃招人多去的，再报专业历史学、经济管理，其余第一志愿依次是西北师范学院、武汉大学、南开大学。一本第二志愿是中央财经学院等，大专若干、中专若干全部填满。是否服从调配，全部用“服从”填满。等啊等，我的大学——兰州大学的通知书就来了。我自己、家人、班主任、学校都很高兴。洛门中学文科班在举办两年之后有人考入教育部直属重点大学，大家都很高兴。我们要总结一句诗意一些的话——野百合也有春天。《儒林外史》之范进同学教导我们说：“噫！好了！我中了！”当然，道路是曲折的，甚至是心酸的。

1983年我的高考成绩单

语文	数学	英语	历史	地理	政治
84分	78分	26.5分	80分	83分	79.5分

多年以后，2016年高考结束的那天，我不知犯了什么神经，感慨地写下这么一段话：“一年一度的高考结束。一如既往，很汹动，很受重视。遥想当年我的高考——家长为省钱，安排我住在县城工作的族叔单身宿舍，而伙子里（方言同姓家族称谓）一考生家长也是同样想法——于是我们两个就只有挤一张单人床。大伏天，加烦乱紧张，再加上睡惯大炕的我认床，失眠了。三夜失眠，三天高考，那是怎样的世界啊！最终结果还好——我考上了著名的兰州大学，伙子里低我一辈的同命考生上了西北农业大学。附记：当时我的高考盘缠是一张‘大团结’。自打参加完这次高考后，惊魂多年未定，凡参加任何重大考试便习惯性失眠。不过，只要不考夷人鸟语，任何考试我都能过关。再附记：当时我的夷人鸟语——英语足足考了二十余分。”场外附记一条：当是时也，我戴一只父亲授予我的价值十余元的走私“上海”牌手表，这货走下就歇菜了，害得我是差点没考成地理。

有哲人说，人生如游戏。由此似可以推导出来，农家孩子的高考也如游戏，好玩着呢！

陈炜

作者简介

陈炜，1967年生于河南，1989年毕业于兰州大学新闻系。1989年6月至今就职于河南日报社，先后在河南日报资料室、文艺处、工商处做编辑、记者，在河南日报文化周刊部、总编室任副主任、主任，现为河南日报文艺部主任。为高级编辑、河南省委宣传部部管干部、全国新闻出版行业领军人才；河南省“四个一批”人才；河南省优秀新闻工作者。获得包括中国新闻奖、河南新闻奖在内的数十个奖项。四次担任河南省新闻专业高级职称评定委员会委员。曾在《人民日报》《光明日报》及河南省内外报纸期刊上发表文艺作品。在《新闻战线》《新闻爱好者》等新闻专业核心期刊上发表新闻专业论文十余篇，其中数篇在全国及省内新闻论文评奖中获奖。

心底是兰州

一、初遇兰州

兰州，是一个长满兰草开满兰花的地方吗？

1985年秋天，怀揣兰州大学录取通知书，我从中原大地搭乘西去的列车，奔向一个陌生的城市。

哐当当、哐当当……铿锵之声周而复始。一天一夜，我不吃不喝不闭眼，就伏在小桌板上，看向窗外。天色，白了黑，黑了又白；风景，从平原变成山峦，从绿色变成土黄。穿越了一个个隧道，经停了一个个车站之后，我拖着僵硬的双腿，踏上了那个叫兰州的城市。

已是次日的下午。斜背着军挎包，我站在9月1日的兰州火车站广场举目四望。斜阳正浓，阳光的芒刺穿越干燥的空气打在脸上，有些疼。眼前，一条宽阔的马路笔直向北，路的尽头，隐约着一脉远山；转过身，看见候车大厅上面红色的“兰州”二字，然后，视线被一架馒头状的土黄大山阻隔；一条东西马路上，跑着通身红色的公共汽车。广场到处是拉脚的三轮车，还有面色黑黄、扛着袋子的农民工。三轮在行人中蛇形穿梭，行云流水，蹬车人甚至能将一侧的车轮抬起来，穿越看似无法通过的窄道。那车，已化为骑手身体的一部分。

“师傅，三轮的一个坐上！”伴着短而硬的方言，一个瘦小伙将三轮挡在我面前。他侧伏于车把，上下打量我。对面的他，绿军帽，宽裤脚，鞋很惹眼——黑色布面、鞋跟高而白。我摇摇头走开，惊讶于他的高跟鞋。之后我才知道，这种装束是当年兰州小伙的时髦标配，大街上，迎面走来几个年轻人，他们脚下玲珑的白色鞋跟，如竹笋拔节。

夕阳余晖里，我在新闻系接待处报上姓名。一个身材高挑、披肩长发的漂亮师姐审视着我的录取通知书，抬眼看看“满面尘灰烟火色”的我，轻轻叹气：“哟，新闻系的这么不新啊！”

我没接话，低头离开。刚刚还饥肠辘辘的我突然不饿了，尽管周边弥漫着蒜苗和牛肉的清香。来到宿舍，我爬上一个上铺，胡乱摊开被褥，倒头便睡。

梦里，我没有见到兰草。

作者

二、一“面”之缘

日子一天天过去，陌生和不爽烟消云散，兰州正一点点融入我的心中。我开始喜欢她了。

牛肉面的清香再次打动了我。一个周日的上午，我终于走进了街边的一爿小店。“宽的么细的?”带着回族白帽的小伙子问。我如堕雾里，只好指指旁边一位的碗，“这样就行”。

几分钟后，一碗浮动着红色辣椒油、隐约着碧绿蒜苗、香气氤氲的牛肉面摆在我面前。狼吞虎咽，风卷残云。抹抹额角细密的汗珠，咂咂唇齿间余留的香味，我留下三毛钱，走出小店。

从此，我与牛肉面结下不解之缘。

兰州人对牛肉面的爱深入骨髓，从黄发垂髫到青壮汉子，从都市白领到市井商贩，没有人不喜欢牛肉面。他们的一天从一碗热气腾腾的牛肉面开始，没有早晨这碗面垫底，他们这一天就少了精气神；没有这碗面伴随，兰州人的生活就缺了底蕴。他们从不叫拉面，只有外地人才这样说。似乎，那个“拉”字会阻隔开兰州人与牛肉面的亲密。

1988年春天，我在兰州晚报社实习。一次，我写一篇关于兰州牛肉面的稿子，采访了好几位拉面师傅，翻阅了不少资料。原来，兰州牛肉面有“一清、二白、三红、四绿、五黄”之说——汤清、萝卜白、辣油红、蒜苗绿、面条黄亮，还有大宽、薄宽、二柱子、三细、二细、韭叶、毛细、荞麦棱等几种品相，宽若皮带，细如游丝，粗可直立，真正形色各异，款款有致。

那年暑假，一位美国眼科专家来兰州访问，我陪着她来到位于盘旋路上的和平饭店，吃了大厨精心拉制的牛肉面。只见汤色清亮，面呈微黄，碧绿的蒜苗和朱红的辣油散发出诱人的香气。饭店用的不是市井大碗，而是口径若拳头般的小碗，那位专家吃完一碗又叫一碗，仍意犹未尽。我问她味道如何，她露出洁白的牙齿，兴奋地说了一个词：delicious（美味）！从此，我记住了这个长相挺拔的单词。

前年春节假期，我和弟弟带着家人自郑州一路南下自驾游。大年初一清晨，我们在古城扬州幽静的瘦西湖畔徜徉。忽然，一丝久远而熟悉的香味越过眼前的拱桥，热情地拥抱了我。兰州牛肉面！

于是，戊戌年的第一个早晨，在离家千里的扬州城，我和家人沐浴着新年的金色阳光，围坐在面馆门口的小桌旁，吃了一顿令人难忘的美味早餐。

这么多年，走遍大江南北，眼见着兰州牛肉面越拉越长，地盘越来越大，甚至远涉重洋，在许多国家和地区开花结果。但是不管走到哪儿，那独特的香气总能带我瞬间回到兰州，回到那青春飞扬的年代。

三、黄河母亲

黄河，是融化在我血脉里的母亲河。少年时晴朗的午后，我喜欢坐在姥姥家的堂屋门口，目光越过邻家的屋顶，看七八里外悬在“天上”的黄河，粼粼波光中，白帆片片日边来。多少次，我幻想自己跟随一片白帆，从西往东，顺流而下到大海。

终于，我踏上了著名的兰州黄河铁桥——中山桥。站在这座始建于20世纪初的“黄河第一桥”，脚下是滔滔东逝水，我的目光随一片落叶顺流而下，乡思缕缕。我在想，这片孤独的叶子会经过激流险滩一路东去吗？

它什么时候到达我的家乡呢？

摆弄着借来的“红梅”120照相机，三个同学依次坐在兰州铁桥南岸的桥墩上，抬头望远，意气风发，留下难忘的瞬间。当天下午，那胶卷送到了兰大对面的盘旋路照相馆。

每天傍晚，我都会站在照相馆的阔大橱窗前，想象着柜台后面那一排方方的小纸袋，想象着其中一个纸袋里，有一个坐在兰州铁桥桥墩上的我。

几天后，我拿到了半个香烟盒大小的照片。第一眼，我看到了高大的铁桥，黑色铁栏纵横交错，仰拍的视角让它十分巍峨，滔滔河水从桥下通过，在远处呈现一带亮光。接着，我看到了桥头的自己，尽管豆人寸马，依然须眉毕现，神清气爽。大喜！过马路走进邮电所，把一个渺小而又无比单薄的自己装进信封，小心投进橄榄绿邮筒。我知道，要不了几日，“我”就会翻山越岭，顺着黄河回到故乡，回到日夜牵挂着我的父母的怀抱。

四年似在转瞬间。1989年6月，我又一次踏上兰州铁桥。毕业在即，前途漫漫，此次一别，不知何时归。伤感袭来时，看见远处河滩上，有汉子扛着羊皮筏子走向流水。那筏面方方正正，与十几个黑乎乎圆滚滚的吹胀羊皮捆扎一起，朴拙而简，别具一格。走过去招呼，递上香烟打着火，说要离开兰州了，想坐一下羊皮筏子。那红脸膛的筏子客爽快，歪歪嘴将半截香烟挪到嘴角，冲我一歪头：师傅上来！

但见他推着筏子推着我，在看得见青绿卵石的浅水里一阵跑，然后轻轻跳上了羊皮筏子。

顺流而下，筏子越行越快，铁桥越来越远，岸边老树行人，纷纷后退。索性躺下来，面朝蓝天，闭上双眼，听着耳边哗啦啦的水声，恍惚间变成了少年时的那片白帆……

四、故地重游

一别三十年，再回兰州时，已是“华发春催两鬓生”。去年秋天，我和妻送儿子赴兰州大学新闻与传播学院读研。

走出站台，伫立兰州火车站广场举目环顾。眼前一切熟悉又陌生，阳光明媚，空气清润，绿树葳蕤，鲜花明丽。顺着宽阔的天水路放眼北望，车流滚滚如水，远山隐隐如黛；转过身，目光越过候车厅高大屋宇，竟与绿色的皋兰山撞了个满怀。它是当年那个光秃的大山吗？卅年一瞬，古城换新颜。那个骑三轮车的瘦弱小伙儿在哪里呢？

接下来的两天，我领着妻儿，循着记忆的小径走回过去，又沿着崭新的路标来到现实。那个傍晚，我们怀着感佩的心，沿着杨柳依依的滨河路，听着数十万年绵绵不绝的滚滚涛声，走过美丽的白塔，走过阔大的水车，走过雄健的中山桥，来到青春依旧的“黄河母亲”身旁。紧紧地偎依着她，让相机镜头定格这个难忘的瞬间。

魏宏远

作者简介

魏宏远，兰州大学文学院教授，博士生导师。主要从事明清文学、中国古典文献学研究，出版专著《王世贞文学与文献研究》等。

心量广大，以成治学之大

受疫情影响，校园安静下来，停课不停学。2月8日收到严纯华校长、潘保田校长“治学大家谈”的邀请，言之谆谆，意之殷殷。本应奋笔直言，却提笔又止，原因有二：其一，自己不是“大家”；其二，自己进学艰辛，无可称道。后受李利芳院长、庆振轩教授鼓励，不再以陋辞，想就古人所言“学问之功，全在变化气质”，略谈浅见，以期“就有道而正焉”。

古人进学，求“变化气质”。吕大临说：“君子之所以学者，为能变化气质而已。”朱熹也有类似说法：“惟学为能变化气质。”读书穷理，改变自己的气度、格局和境界，然后才能影响别人。治学达到一定程度，已不再是知识的累积、专业技术的圆熟，而是人格境界的提升，也就是从“专家”到“大家”，提升人格境界才是第一要务，沈德潜说“有第一等襟抱，第一等学识，斯有第一等真诗”，就是这个道理。

欲成“治学之大”，首先要心量广大。心量多大才算广大？依据陆九渊的说法，“四方上下为宇，往古来今为宙。宇宙便是吾心，吾心便是宇宙。”人心之大，超越时空，包举天地，方能“家事国事天下事，事事关心”。王阳明对此又有扩展，提出“心外无物”“物外无心”。在阳明思想体系中，世界的“存在性”只有通过与“心”的共在关系建构，才能实现“存在性”的存在，也就是说认知对象离不开认识，否则就无法实现“存在性”的存在。心量广大，容纳万物，以宇宙为一家，以天下万物为一体，如此才能走出“小我”之私，走向“万物一体之仁”。《坛经》说“心量广大，犹如虚空”，心体虚空，无所不包。六祖慧能解说“摩诃般若波罗蜜”，认为襟怀“宏大”才有“智慧”，有了“智慧”才能到达“彼岸”。治学就是自我人格气质不断“宏大”的过程，在此过程中治学者不断提升自我，以天下为公，以建构人类命运共同体为己任。治学是主体世界和意义世界构建同一性的过程，不是外部世界决定了主体世界的样貌，而是主体世界决定了外部世界的呈现方式，主体世界通过向外部世界展示自己而成为自己，并由此获得了自我的现实性。心量广大，内心光明，“满身明月大江流”“月明飞锡下天风”的治学之境就会涌现。

治学之大，需心量广大，如何才能做到心量广大？王阳明说：“人须在事上磨炼做工夫乃有益。”黄宗羲《明儒学案》有这样记载：

> 阳明在南都时，有私怨阳明者，诬奏极其丑诋。始见颇怒，旋自省曰：此不得放过。掩卷自反，俟其心平气和，再展看，又怒。又掩卷自反，久之，真如飘风浮霭，略无芥蒂。自后虽有大毁谤，大利害，皆不为动。尝告学者曰：君子之学，务求在己而已。毁誉荣辱之来，非惟不以动其心，且资之以为切磋砥砺之地，故君子无入而不自得，正以无入而非学也。

王阳明升迁南京刑部四川清吏司主事，与黄绾论“实践之功”，以

“事上炼心”立教。恰逢此时，遭他人诽谤，阳明经历了心气不平。在不断“反求诸己”过程中，阳明将外来诽谤作为炼心机遇，调整情绪，控制内心，从而成为“治学”炼心的经典案例。当“毁誉荣辱”来临之时，以事炼心，通过事上磨砺，便有了治学境界的提升。有人曾问王阳明：“叔孙、武叔毁仲尼，大圣人如何犹不免于毁谤？”阳明回答说：“毁谤自外来的，虽圣人如何免得？人只贵于自修，若自己实实落落是个圣贤，纵然人都毁他，也说他不着。却若浮云掩日，如何损得日的光明？”圣贤如孔子，亦无以免受他人诽谤，但圣贤贵于自修，他人诽谤也不能损其分毫。寒山与拾得有这样一番对话：“寒山问拾得曰：世人谤我，欺我，诟我，笑我，害我，轻我，骗我，辱我，如何处之？拾得曰：我只是忍他，让他，耐他，由他，避他，敬他，不理他，再过几年，看他。”对拾得的回答李登斋说：“但惜其多末后一语，那得闲工夫去看他！”在“我”与“他者”构成的对象性交往关系中，当我“心”不在焉时，“他者”的毁誉就会“视而不见，听而不闻”，这样“我”与交往对象的关系就会无效，也就是“你未看此花时，此花与汝心同归于寂”，如此“浮云”虽能“掩日”，却无法“损得日的光明”。

心量广大，“人”才成为“天地万物之心”“天地万物之主”。既然人能为“天地万物之主”，那如何在“橘生淮北”的环境中长成“橘”，而不是长成“枳”？在草的世界，长成大树可能就是罪责，大树不要期待小草的鼓掌。虽然个人与周边环境的理想关系是“水涨船高”，而不是“水落石出”“一花独秀”，但并不是所有的小草都有大树的梦想，长成大树往往会被一些同伴视为“异端”。治学改变“气质”，就是个人生长的高度不是由“他者”和环境所塑造，长成小草还是大树，完全由治学者个人决定，依据王阳明之说：“吾性自足，不假外求”，治学由我不由人，别人知我罪我，悉由其便。

治学要治心，“破山中贼易，破心中贼难”。战胜“心魔”，自我“自治”，是治心的重要过程。治心起于日常，以生活入心，与生命本体建立链接，以破除人生之困，构建起“自信”而独立的精神家园。陈献章说：“天自信天，地自信地，吾自信吾；自动自静，自阖自辟，自舒自卷；甲不问乙供，乙不待甲赐；牛自为牛，马自为马。”不膜拜权威，不受制于人，唯其自信，才能虚怀以求真理；因其自信，才能铢视轩冕，尘视金玉，成就治学之大。

如果把治学当成一种修炼，就是持之以恒、终身学习的过程，“昔之君子成德立行，身没而名不朽，其故何哉？学也”，“君子之于学也，其不懈犹上天之动，犹日月之行，终身亹亹，没而后已”。生命不止，学习不息，海不辞水，才成其大，山不辞土，方成其高，“士不厌学，故能成圣”。王国维先生认为古今成大事者必经“三种境界”，在“治学”方面“心量广大”，视野开阔，目光高远，不失为一种至高之境。只有“春风大雅能容物”，方可“视天下犹一家，中国犹一人焉”，由治学而建构起自我独立的精神家园，就可以“诗意地栖居在大地上”。

王安应

作者简介

王安应，中共党员，文学硕士，兰州大学《秘书之友》杂志编委、副主编，中国高等教育学会秘书学专业委员会常务理事，全国商务秘书与行政助理专家委员会委员，中国写作学会公文写作专业委员会会员、研究员。

文厚理长 情满兰庠

——读《我的兰大——诗词赋散文集》有感

经过近两年时间的筹谋、组稿、编辑、印刷，《我的兰大——诗词赋散文集》今天终于正式出版了。在这个举国欢庆新中国70华诞、兰州大学上下喜迎建校110周年的时刻，这本书的出版无疑是对伟大祖国最好的礼赞，也是献给亲爱的母校110岁生日最珍贵的礼物。

《我的兰大——诗词赋散文集》由阎军、孔玲任主编，兰州大学出版社2019年8月出版。全书收录了来自全国各地91位兰大人的194篇稿件，计42.9万字，按古体诗、现代诗、辞赋、散文四种不同的体裁分为“兰苑古韵”“毓秀文章”“积石赋彩”“萃英翰香”四个版块，汇编成册。这些文章或梳理兰大历史，或讲述昔日故事，或抒写恩师风范，或感怀同窗情谊，或寄语母校发展，无不蕴含着广大兰大人对母校、对青春、对恩师的一往深情，读来让人心潮澎湃、思绪万千。

从外观上看，全书设计精美、装帧考究。首先，深蓝色的封面配以兰大标志性建筑积石堂的底纹，再加上兰大校友、著名书法家秦理斌题写的书名，给人一种古朴典雅、厚实庄重、纯净安详之感，而这正是勤奋、务实、坚守、奋斗的兰大人的底色。其次，全书彩色印刷，图文并茂，除文章外还有作者简介及近照，让人既可以读其文又可以睹其人，平添了几多生动和亲切感。再次，全书营造了一种浓浓的“兰大味”。不光是兰大人写兰大文、兰大人抒兰大情、兰大人忆兰大事，版块的冠名、文章中插图的配置，校友会的介绍、校友活动的展示，都充满了兰大元素。萃英门、积石堂、毓秀湖、校友墙……已成为兰大的标志；柯杨、林家英、张文轩、冯诚……也已成为兰大的名片。这给人一种家的思念、家的味道——对每一个校友来说，无论走多远，无论离开多久，兰大都是他们永远的家。

从内容上看，书中所收录的文章尽管体裁多样、长短不一，但读来无不情真意切、感人至深；同时，又充满理性的思辨和智慧的光芒，催人奋进、引人深思。一方面，文章写出了兰大的精神。百十年来，扎根在甘肃这片深厚、贫瘠黄土地上的兰大人，不抛弃、不放弃，不抱怨、不退缩，披荆斩棘，栉风沐雨，弦歌不辍，薪火相传，实践着“偏居一隅，胸怀天下”的远大抱负，传承着“自强不息，独树一帜”的兰大精神。这种精神是中华民族精神和时代精神的综合体现，是中华文化底蕴深厚、大气磅礴、品位独特、和谐兼容、与时俱进的文化气象。通过一篇篇文章，可以清晰地触摸兰大历史的印记，感受其中的思想、精神、希望和梦想的光芒，体验源自于兰大人心灵深处的精神诉求——这种精神不仅流淌在文章的字里行间，映衬在兰大人的眼角眉梢，也必将由一代一代的兰大人赓续传承、发扬光大。另一方面，文章写出了兰大人的情怀。怀念，是一种铭记在心的记忆；感恩，是一种心灵深处的悸动；礼赞，是一种跨越时空的祝福。怀念母校，因母校而骄傲；感恩母校，因母校而志得；礼赞母校，祝母校明天更美好。这种洋溢在每一篇文章中的，发自内心的、纯净厚实的情谊，既给人一种甜蜜的回忆，又给人一种亲人般的温情和慰藉。正如一首诗中所写的：离开了母校，才发现对母校的留恋是如此的深沉，留恋同学间的欢声笑语，留恋老师的谆谆教导，留恋四年里的蹉跎岁月，留恋激情燃烧的大学生活。这也许就是广大校友的心声。

从语言上看，书中所收录的每一篇文章，真可以说是钟灵毓秀、字字珠玑。古典诗词，无论写景抒情还是托物言志，壮怀逸兴、璧坐玑驰，既有古体诗的韵味，又不失现代人的豪情。现代诗，辞无所假、徜徉恣肆，既抒发了胸中意，又写出了精气神。

古体辞赋，最见功夫，包括宇宙、总揽人物，夸张铺陈、气势宏伟，辞藻富丽、令人叹服。现代散文，形散神聚、情文并茂，神完气足、硬语盘空，或如行云流水，悠然娴静，又似黄河波涛，浩浩荡荡。这些诗文，不仅揭示了兰大人之于兰大的所见所历所感所悟，更是一篇篇（一首首）不可多得的佳作美文。

全书制作精良、体例宏大、蹙金结绣、意境融彻，不仅对于展示和宣扬兰大魂、兰大情、兰大美、兰大志有着重要意义，而且对于人们从文学的视角了解兰大的历史、品鉴兰大的精神、感悟兰大人初心不改与艰苦奋斗的心路历程，进而凝心聚力、携手并行、开拓进取，书写新时代兰州大学建设和发展的新篇章有着重要意义。

这本书的出版，离不开社会各界的关心支持。在此，对袁占亭书记的亲切指导，兰州大学宣传部的大力支持，文学院专家教授的专业把关，兰州大学天水校友会的友情赞助表示感谢。

2019年9月24日

韩亮

作者简介

韩亮，兰州大学新闻学院教授，获评兰州大学“最受学生喜爱的十大教师”、全国优秀新闻工作者，具有二十三年甘肃电视台做记者的经历。

你们的大学生活要有“痛感”

——写给新闻学子

一

悲悯仁慈的兰州与兰州的夜晚，总是在恰到好处的时刻降临。

夜晚的兰州，夜晚兰州的海拔，仿佛比白天高了一百米，高了二百米，高出了白天的思考与积土成山的那种日常积累。

夜已深，无法睡眠：八十八岁的爹，在我的身旁，呼吸急促，正面临着生命最衰弱的阶段。

此刻，心跳，心痛，心伤；此刻，我做记者二十三年采访所经历的那些汉族的藏族的回族的东乡族的坚韧的故事与带着泪水的微笑，一起在我面前，和盘托出。

此刻，记者、痛感，这四个字，重新在这样的带泪水的夜晚，重新击打我！

我承认，我历尽沧桑。我承认，我今晚重新修改的这个话题，是一个必需的必然的话题：你们的大学生活要有“痛感”。

五年前，我写了《新生寄语：穿行在读书与写作的丛林里》，强调了文学、艺术素养对一个文科生的重要性，强调了读书和写作在大学生活中的显著位置。

现在，我更偏重于文科生的实践，偏重于“在路上”，偏重于“课堂的延伸”，偏重于一种责任和担当，偏重于跌宕起伏的时代，偏重于将西北，将西北的壮观、苦难与荣光，将这里的人生人性的宽阔与忍耐带进课堂，照亮课堂，照亮课堂上那一张张满怀新闻梦想的脸！

所以，今夜，不，今夜的凌晨，老韩我再次写下了这样的标题：《新闻学子：你们的大学生活要有“痛感”》。

二

西北是人生成长的高度。

西北是新闻学子的新闻富矿。

有痛感，才有悲悯！悲悯然后去爱！

爱了，才会去观察你的时代与生活；爱了，才会写出日常生活的温暖与惊心动魄。

爱了，你的脚步，你的角度，你笔下的温度，才会带着故事与故事中的细节，才会跌宕起伏，才会灿烂辉煌。

爱，新闻学子的爱，真正的爱，贴近泥土的爱，对国家的爱，对时代的爱，从哪里来，从哪里出发，又从哪里丰厚？

我的答案是：你们的大学生活要有“痛感”！

这种“痛感”是一种对日常生活、变革社会的触摸和靠近，一种关切和担当，是青春、责任、清醒、爱国、怜悯、时尚、坚持。

这样的“痛感”是属于我们自己的新闻专业主义：不空谈，不随大流地怀疑一切，不牢骚，不虚无，从国情、大局出发，健康、乐观、激情地学习、思考并实践。

记住：救苦救难的菩萨就是从困难中成长起来的！

菩萨有着普世的痛感，并把苦难升华！

三

你们的课堂，要延伸，要延伸自学的课堂，这需要自己去努力，去延伸社会大课堂，顺着老师和师兄师姐的指引，去农村，去牧区，去城市中心和边缘，去看那些充满故事和事故的喧嚣而又紧张的“工地”，去提问，去记录，去发现并思考那些如钻石一样折射着不同光芒的人物和细节……

四

读书、写作、表达。

新闻学子，必须要做好这样的储备。

你们的“仓库”里必须要有这“吉祥三宝”。

你们要读书。

读文学：文学是新闻采写的另一个“母亲”；

读新闻理论：理论会让你清醒并且坚定；

读电视电影、读新媒体，它们的表达在这个世纪依然“霸权”；

读报纸、杂志，他们日益丰富的写作手法，依然“坚挺”。

……

你们要写作。要每天进行有痛感的写作！

文字的，影像的，深度的，微博的，微信的，策划的，执行的，要在自己的生活中去写作，要在行进中写作，要在一波三折的时代大背景下去写作，写那些故事，写那些容易被忽略的人群。

文科生的本能就是写作，你们的血液里要流动着激情的文字，有力量的影象和多变的文体……

你们要完善表达。

要善于沟通，敢于交流，要周到礼貌，要高调做事、低调做人，高低并举。

记住：每时每刻，你都在表达！表达的对象：父母、同学、老师、陌生人……

你们为社会、为人生，表达！

记住，没有写作的青春，比苏武牧羊还荒凉！

五

站在西北看中国！

你们是幸运的！

你们必须提前认识到你们的人生所具备的一个不可复制的优势：你在西北读大学，你在西北这个新闻的富矿里读大学！

西北是一个多民族、多文化的地区，你们要走出历史和地理的课本，去靠近、去触摸这片中国的土地，用非常的眼睛去发现非常的西北。

西北，是观察中国的另一个窗口：一个垂直分布、自西向东瞭望的窗口。

在这个丝绸之路穿越的地方，今天，这里依旧是开放的热土，新闻的富矿。

你们将在西北的兰州度过本科生活或研究生生活，那么，了解中国，理解现实，观察并融入社会，就从这里开始吧！

因为，这里的生活充满着真正的痛与坚韧！

大学四年，每一天都很重要。

那么，从第一节课、第一天、第一周、第一个学期开始吧！

开始读书，开始写作，开始表达，开始有“痛感”的大学生活！

六

你身边的生活，你穿越南北的生活，你假期的生活，你的实习生活，你的采访生活，都应该悲悯达观，都应该带着梦想带着痛！

记住，你要善于，你要敏感于新闻学子永恒的新大陆：故事和人物。

人是故事的主宰！

故事是文章的主宰！

文章是记录历史的主宰！

已经进行五届的重走中国西北角接力采访，是行进中的记录，记录中的发现，是发现中的新表达。

现在想来，由老院长张民华发起并推动的重走中国西北角接力采访，是一次次重新的打量，一次次属于你们，属于兰大新闻学子带着爱带着痛的打量！

站在中国的西北，穿行在中国西北高海拔的历史与现实之中，让我们重新打量这片土地上的日常生活。

打量日常生活中的那些看似暗淡实则鲜活的生命个体，那些有着强大内心力量的为生存而奔波、而微笑、而哭泣、而抗争、而忍耐的男人、女人、老人、孩子。

打量、捕捉并放大发生在他们身上那些微不足道的大同小异的让人鼻子发酸的故事和事故、情感和感情、回家和逃离。

打量那些拿青春赌明天的年轻的没有文化的打工者；打量那些被迫留守的老人、孩子和那些正值旺年的留守妻子……

七

让故事之树，灿烂辉煌吧！

故事的力量，可以让灰烬重新燃烧！

故事就像那棵原始森林的秋天的桦木，随风飘洒着精灵般的叶子，让人惊叹，每一片树叶都有着各自飞舞的灵魂。

故事就像壮阔的河流，河道弯曲迂回，如同人性的深幽、复杂，每一朵微微泛起的浪花都植根于水面下那蓄势迸发的冲动和力量。

故事是一片片叶子，一朵朵浪花，

所有的故事，所有关于人的那些故事，碰撞在一起，就构成了秋天的仓库和蔓延的河流。

让我们丰厚我们的人生，温暖我们幽深的人性，有痛感地去触摸日常生活，发现并拉住、紧紧拉住故事的袖子，让它慢慢坐下来，慢慢地含着眼泪讲悲喜与温暖，讲疼痛与坚韧！

穿行与写作，我们会看见真正的带着人性的真实，那是千帆过尽的沉寂，那是沉寂之后的无数个碎片般的人物构成的伟大故事！

让我们一起努力，记录这个跌宕起伏的时代，为实现我们伟大民族的复兴之梦做一点贡献！

2015年11月14日凌晨4：45分于父亲的病床前

送给毕业生十段话

1. 今天我们最大的场景是一张桌子，五湖四海，善缘相聚，过后，我们又五湖四海，或许会因善缘再相聚。没有相聚，便交给来世，没必要叹息某段缘分的中止，一个段落而已。

2. 多看看韩亮的《师门手册》。

我希望你们降低欲望，强大自己，柔软自己……这是一个成长的逻辑，一个健康成长的逻辑。

多关心师弟师妹，你们是人生的同行者。

3. 取法其上，得乎其中。我希望你们把自己的人生价值最大化，起步要迅速稳当，要合乎本分，要明白自己是老百姓，高也是老百姓，低也是老百姓，别烦恼过度迷迷糊糊，也别因为青云直上而飘飘然忘了你是老百姓的孩子……

4. 害怕你们的慢，也害怕你们的快，害怕你们以牙还牙，害怕你们没有任何提防。无论如何，不要报复社会，也别为你的祖先去努力实现什么……一切都是因你自己而起。善因善果，多看几遍程派的《锁麟囊》。

5. 在办公室里，在饭桌上，总会有趾高气扬的人，总会有失意的人，总会有误会我们的人，总会有我们误会然后伤害了的人……总会有散了的时候，总会有大雪飘炉火灭，也总会有云开雾散，好日子到来……然后悲悲喜喜，往复轮回。

6. 爱自己！我们要有定力，要反省自己，自己错在哪里？活人都不容易，饶恕别人，就是饶恕自己。该看的眼色，就从容镇定看过去，然后，风过耳。

我认为的定力就是：我们是老百姓的孩子，各有伤痛，各有鲜花开放。

老百姓就过老百姓的日子，难，每一天都不容易，但积累起来，就是清水一杯，喝多喝少，看正常需要，看基本需要。

7. 再说说如何看人。

看人：看他对别人，看他喝酒之后如何，看他如何对待喝酒的人，看他如何在悬崖上选择……想自己，更要想想他人。

8. 再说说婚姻。

婚姻不可超出世俗的最底线，你要有定力。定力，我前面说过了，再翻译一下，便是“门当户对，携手一生”。

9. 再说几句：善于帮助， 敢于求助；和领导相处就是把领导当人；受得了委屈，别逞强；鞭子抽上就要挨上；把苦难升华，别沉溺在自己的苦痛之中。

10. 送几句很闷骚的话，二十多岁的时候，在济南，在济南的夏天，毕业离别时，我写下这样的句子：

对所有的人欢笑
只对一个人哭泣
所有的广场都是角落
所有的流放都是回家

最近，我又写了这样的句子：

一碗清水敬菩萨
三碗浊酒散江湖
我在群山的怀抱里
我手里捧着群山的花
各种颜色的有六朵
象征着六字箴言

最后，如若有缘，我们江湖上见。如若有缘，我们更高处见。

2019 年 6 月 2 日

杨许波

作者简介

杨许波，1983年生，河北沙河人，兰州大学文学院古代文学与古典文献研究所副教授。2005年毕业于兰州大学文学院汉语言文学专业，获文学学士学位；2007年毕业于兰州大学文学院中国古代文学专业，获文学硕士学位；2010年毕业于南京大学文学院中国古代文学专业，获文学博士学位。主要从事中国古代文学的教学与研究，侧重唐宋文学、辞赋研究。出版《苏舜钦研究论稿》，参编《历代赋汇校订本》《中华大典·文学典·文学理论分典》等著作多部，发表《汉赋模式影响唐诗考论》等论文二十余篇。兼任甘肃省唐代文学学会秘书长、甘肃省古代文学学会副秘书长。曾获“兰州大学110周年校庆工作先进个人”、兰州大学2019年“课程思政”示范课程讲课比赛一等奖、兰州大学第五届青年教师教学竞赛一等奖、兰州大学2019年度“隆基教学新秀奖”。

庆老师二三事

庆振轩老师是我的硕士导师。第一次见到他是2001年刚进入大学军训时，学校安排了许多专家教授开设讲座，其中给我印象最深的就是庆老师关于毛泽东军事思想的讲座。静静地听着他抑扬顿挫的声音，当时做梦都没有想到以后竟然可以成为庆老师的研究生。再次见到是2003年9月，庆老师为我们开设宋元文学史课程，这门课很自然地成为了我最用心去听的课程，98分也是我大学四年最高的分数。最后走上研究古代文学道路除了兴趣之外，跟这个分数也有很大关系。2004年10月在选择保研专业与导师的时候，我毫不犹豫地选择了中国古代文学专业，并忐忑地打电话给庆老师。我清楚地记得当时在一分部操场边的主席台上走来走去，终于鼓足勇气拨过去电话，然而事实证明之前的种种顾虑都是多余的，庆老师听我介绍完情况后很快就答应了请求，并对之后要进行的保研答辩提出一些建议。之后，我顺利地通过答辩，成为了庆老师的研究生，并在老师的带领下初步进入古代文学研究的大门。

从2004年保研到现在已将近十六年，在这段时间里，无论是生活还是学习、工作上庆老师都给了我莫大的帮助。读研究生时的几件小事，对我触动很大，令我时时感念警醒。

因家里比较困难，上本科时只有第一年的学费是从家里拿的，后面三年有两年用学校的奖学金，一年是减免学费。所以我对母校时时感念，能够留在母校工作觉得很幸运幸福。读研之后，每个月有231元的补助，生活比较拮据。研一的暑假没回家，庆老师就让我把《中国文学史发展纲要》中他所写的宋元文学部分书稿打到电脑上，然后给我些劳务费。没记错的话，应该是500元，比两个月的补助还要多，对我当时的生活有极大的改善。更为感动的是，庆老师想帮助我这个困难学生稍微改善下生活，但他并没有直接将钱给我，而是为了保护家庭贫困学生常有的自尊和自卑，特意采用了这种方式。

研二的寒假，因为考博日期在开学后一周，考虑到回老家过年不能专心复习，我就留在学校没有回家。那是第一次在外面过年，虽然读书学习可以冲淡些思家之情，但是每逢佳节倍思亲，大年三十晚上听着外面的鞭炮声声，内心还是有很多落寞。就在这个时候，手机铃声响起，庆老师打电话说初一中午一起吃饭。接到电话的同时，感觉一股暖意从心底升起，庆老师在一家团聚共度佳节的时候还记着我这个过年没回家的学生。当时情景，真是记忆深刻，终生难忘。

当然，庆老师对我们并不是一直和蔼可亲。当我们做错了事的时候，他就变得严厉起来。毕业论文答辩完成之后，庆老师让大家第二天上午八点到研究所自习室填材料。临近毕业，大家都有些松懈。我去打印社打印东西也迟到了四五分钟。到了自习室之后，发现气氛特别严肃。还有几个同学没来。庆老师一声不吭地等着最后一个同学赶到落座，严厉批评了我们这些迟到的同学，然后语重心长地给我们上了最后一课。他告诫我们以后无论什么场合，都必须要有时间观念，不能迟到，无论做什么事，都要尽量提前做，未雨绸缪。

像这样的小事还有很多，对于庆老师来说，这可能只是教书育人过程中非常普通的事，但对我来说，却影响深远。相信任教兰大三十多年，庆老师一定影响了许许多多像我一样的学子。正像兰州大学第三届“我最喜爱的十大教师”颁奖典礼时，给庆老师的颁奖词所写：“静静播种不问结果，回首桃李已满天下。”

陈斌

作者简介

陈斌，1987 年生，甘肃礼县人，现居北京海淀。2005—2009 年在兰州大学大气科学学院国防生班学习，毕业后分配至北京卫戍区某团工作。2011—2014 年在兰州大学研究生院攻读气象学硕士，2017 年至今在军委联合参谋部某直属单位工作。

梦回兰大

最近常梦见兰大校园，翻开尘封已久的日记和泛黄的毕业照片，距今已是十年。在这里，连一草一物都承载着我大学所有的回忆，珍贵得唯恐失去任何一帧一秒。

大 学

出身田垄的我于 2005 年有幸折得桂枝，进入梦寐以求的学府——兰州大学。和我一起考进兰大的还有两位挚友，力学院的马战奇、化学院的张玉珍，我们曾在同一所初中的同一个班级共同学习，如今马战奇在哈尔滨工作定居，张玉珍在北京工作定居。新生报到那天，隐隐约约记得，当我们坐车到兰州时已是晚上，接待我们的迎新志愿者好像是高一届的哲学院学姐，从本部到榆中校区的大巴上，需要穿过三条隧道，隧道的灯光让车内显得更加安静。

在兰大，有一个特殊的群体，名叫“国防生”，是当时校园里独特的一道风景线，我就是其中一员。我们国防生，是我校在中国人民解放军驻兰州大学后备军官选拔培训工作办公室的协助下，从参与全国高校统一招生考试的普通中学应届高中毕业生中，为军队定向选拔培养的学生。然而，自2017年起，国防部通知不再招收和选拔国防生。国防生，最终成为历史绝唱。从新生入学军训开始，我们就得接受更为严格的训练，大学期间，还要参加特定的军政训练。每天穿梭在昆仑堂、教学楼和国防生训练场，四年来，我们不但积累了专业知识，练就了强健的体魄，而且收获了珍贵的友谊，因为我们是同学，更是战友。为了方便行政管理和军事训练，学校以专业和年级为依据将我们划分到不同的中队里，我当时在五中队，队长是宋凯敏和王海坤，每个周末的清晨，当别人还在酣睡时，我们已经穿上迷彩服，喊着口号整齐地跑进国防生训练场，从最基本的军事动作、军事用语逐项训练，期末还要进行考核评分。

大一时，我加入了学生会，在这里有人收获了文字整理、办公软件应用等各项专业技能，有人收获了爱情，而我从中学到了宣传、合作、协调等在以后工作岗位上必备的社交能力。大学所有课程中，最让我头疼的莫过于高等数学，而我们用来学习的教材还是兰大出版的难度最高的“高数一”。一节课的内容在课上完全来不及消化，剩下的就要靠自学或者利用可贵的答疑机会进行咨询，所以，大学教给我们重要的技能就是自学能力。后来考研时，我反而觉得最简单的是高数，最难的是时事政治，考研成绩也正好说明了这一点。

大二时，学校邀请新东方教育集团的创始人俞敏洪在西区的体育场做了一次慷慨激昂的演讲，现场被学生们围得水泄不通，演讲频频被热烈的掌声打断。他用诙谐幽默的语言讲述自己在北大的学习生活和毕业后的创业经历，鼓舞激励着现场所有的莘莘学子，当他说到大学期间至少要读

500本世界名著的时候，我才认识了自己浅见寡识的窘迫。自那以后，图书馆成了我频繁光顾的知识圣殿，进门的左手边有个小卖部，学习累了，就买些零食调剂一下心情，地下一层有个放映室，里边除了播放纪录片之外，还会定时免费播放经典电影，这成为我们课后娱乐的一部分。当时，图书馆前面有一排树林，当我们在教室抢不到座位的时候，就只能在这片树林里发奋图强，尤其是四、六级英语考试前夕，大家人手一本新东方英语辅导教材，教室、楼道、大厅里，学生们摩肩接踵，读书声此起彼伏。2008年发生汶川大地震时，我们班正在西区气象观测站三楼教室实习手绘天气图课程，当意识到发生地震，全体师生有序冲到楼下后，余震仍在持续。让我印象比较深刻的还有第二食堂和综合市场可口的饭菜，每天下午校园广播里点播的青春歌曲，周末的黄昏里视野广场上的锅庄舞，在将军苑里的学术交流，以及每天晚上自习回来在西区体育场跑步或者在篮球场打球的时光，一幕幕情景至今难忘。

高大威严的萃英山，诉说着无数学子色彩斑斓的传奇。休息的日子里，我们410宿舍的四位青年会争着冲向萃英山巅。山后的田地整齐有序地镶嵌在连绵起伏的群山沟壑之间，似乎有世外桃源的感觉，俯瞰山前脚下，学校的宿舍楼、教学楼、图书馆、操场尽收眼底，校大门前开往榆中县城的公交车如同画卷上跃动的点缀，别样至极。这里有明媚的阳光和清甜的空气，没有拥堵的车流和忙碌的人群，在这儿可以放声歌唱，也可以在草地上打滚；闭上眼睛，心中是豁达、洒脱、豪迈在涌动。临近毕业，当大家选择报考外校继续深造时，我选择继续留在兰大攻读研究生。直至今天，我们四人依旧保持着密切联系，“阿黄”从国防科大博士毕业后就职于空军某研究中心，“菜鸟”始终坚守在内蒙古某空军基地，“老董”研究生毕业后从新疆转业到甘肃省局工作。时隔多年，虽都已结婚生子，但我们之间的友谊地久天长。

大学毕业后，按照当时要求需保留两年学籍到部队任职，后来再次返回兰大盘旋路校区攻读研究生时，我师从王式功老师。王老师有着非常丰富的教学科研经验，学识渊博，思路清晰，经常能将高等天气学中晦涩难懂的概念和算法等复杂问题讲得通俗易懂，他的课堂永远都是人头攒动。作为他的学生，我们都知道，王老师说话从来都是从容冷静而不失大师风范的。他喜欢晚饭后在本部校园里散步，当我们有事需要找他时，在那里肯定能"逮到"他。

我虽是理科生，但是我对中国传统文化和历史有更加浓厚的兴趣。一次偶然的机会，我聆听了历史文化学院王希隆教授的课程，王教授对西域历史和文化有非常深的造诣，听了他讲述"西北五马"和马家军的历史事件后，我心灵产生了很大的震撼，想起了家乡的老人们经常谈起的一些零碎历史事件，我因此还专门阅读了马步芳传、西路军史等，到回族自治县体验当地的人文风情，进一步拓展我的视野。

毕业后两个月，学校举办了百年校庆，可惜我身在军营，错失了与兰大学子同庆母校生日的世纪典礼，至今心有余憾。初入军营，有过懊悔、失落、沮丧，甚至一度灰心丧气，但是在军校培训之际，偶然在图书馆翻阅到一篇文章，里面记述了兰大文化中的胡杨精神，"那枯而不落，折而不死的胡杨，任时光在他们身上雕刻，在戈壁深处或笑傲挺立，或卧而不屈，铁骨铮铮，昂首屹立，虽历经沧桑磨难，仍坚韧不拔，顽强生长"。这不和我们军人特有的气质和品格一脉相承吗？从此以后，我不断学着融入军队环境，担任过学员队领导的通信员、军校报社的记者，下连后努力钻研军事业务知识和技能，积极参加各项军事比武竞赛、军事演习和抢险救援活动，为士兵们讲授书法、气象知识，开展各式各样的文化活动，组建擂鼓队并登上北京卫戍区舞台进行表演。担任连队主官后，竭力改变了连队连续多年落后的面貌，取得全团军事比武第二名的成绩，极大地鼓舞了连队士气。经历了脱胎换骨的蜕变，塑造了坚韧果断，这所有的进步，都离不开兰大根植在我心中的勇敢拼搏的力量和奋发向上的精神，我相信兰大学子们应当和我有着同样的感受。我们虽然身居世界各地，但是我们血脉里流淌着共同的使命担当，传承着自强不息的基因，孕育着顽强不屈的精神。多位国家杰青在此诞生腾飞，无数才俊巾帼交口称誉，正是在这片贫瘠的土地上，兰大创造着一个又一个不可超越的奇迹，国内高教界人士将此喻为"兰大现象"。这里是积淀知识的净土，是培育纯朴情谊的沃野，"千淘万漉虽辛苦，吹尽狂沙始到金"，君不见，黄土地上绽放的花朵更加绚丽，只有奋发向上的青春才能唱响振聋发聩久久回响的生命之歌！

军　训

军训是大学生的必修课之一，已成为高校加强学生国防教育、掌握军事理论和技能的重要措施，同时也成为增强学生体魄、磨炼意志、加强组织性和纪律性、提高团队合作精神的有效途径。读研期间，得益于学校领导的赏识和信任，我连续两年执行并圆满完成了新生军训任务。当时学校成立了军训团，我负责一千多学生规模的一个营，经过几天的训练，我所带的营，军姿最标准、步伐最整齐、口号声歌声最响亮、士气最高昂、团结意识最强，夺得了军训团组织的各项比赛第一。这种团结奋进的氛围，感染着周围的每一名学生和老师。许多事实表明，每个人的潜力都是巨大且无限的，如何去挖掘开发这种潜在力量，作为团队的带头人，需要深入研究和思考。

2012年兰州大学军训

记得军训时的一天晚上，负责军训工作的选培办赵干事突然打电话问我："陈斌，我现在问你，给你一周时间，能不能搞出一个战术表演方队来？"当时我先是一怔，我想他肯定是在开会过程中遇到困难提前征求我的意见，因为以往军训从来没有过这个经验，经过片刻沉默后，我回答道："没问题，但是我有一个条件，给我们更多的优秀学员奖励名额。""有几成把握？"他追问道。我非常坚定地向他保证："请您放心，绝对完成任务。"这时我感到他电话里语气中有了十足的信心。后来，我申请从全体新生中选出五十多名队员，其中还有几名回族小伙给我留下了深刻的印象，动员部署、选举骨干、确定集合联系负责人几乎就是一气呵成，后续的训练不断增加强度，炎热的天气并没有让大家退缩，当别的新生晚上休息时，我们继续在训练场摸爬滚打，休息时刻，明月当头，清风拂面，忘却了白天的疲惫，坐在草地上互相交流着自己的家乡和大学里的所见所闻，这何尝不是一种享受！最后的几天，我看到有的队员裤子已经磨破，膝盖处裂着口子鲜血已经染红了大半条裤腿，有的队员发着高烧仍在咬牙坚持，而大家竟都没有一丝怨言。此时，我终于控制不住眼泪，这也许就是兰大文化的魅力所在吧，纯朴、真诚、团结、勇敢等等这些词在此刻都显得那么苍白无力。军训结训典礼上，当他们同心协力以最高的标准做完全部科目后，观礼台上校领导大声喝彩，部队领导、老师还有教官们热烈的掌声经久不息。今天，他们当中有的人可能在国外深造，有的人可能在更高学府学习，也有的可能已经步入工作岗位，在我内心深处他们是最棒的。

李成晴

作者简介

李成晴，山东淄川人，2009年本科毕业于兰州大学文学院，2016年博士毕业于清华大学中文系，现为清华大学写作中心教师。

读林家英师《桃李情》随记

“桃李春风馨远近，新颜柳色惜惺惺。”每当重读林家英老师《桃李情》组诗中的这两句，我都会追忆起第一次拜访林老师的那个下午。为了平复激动又忐忑的心情，在轻叩林老师家大门之前，我在一分部的小花园里行了许久——那时园中柳色已深，桃花正静。

前不久，在母校兰大一百一十周年校庆的报道中，我读到了林老师的访谈，其中一段印象尤其深刻。林老师回忆抵达兰州的第一天，“我来的那天，欢迎我的是漫天风沙。”一生挚爱诗词的林老师，有着诗人的清澈与阔达。那是1956年9月的一天，只有二十一岁的林老师，为了践行与师兄于继岗先生的约定，甫一复旦毕业，便从家乡福建惠安只身远赴西北。有了伉俪、诗词的两重相伴，西北的风沙岁月，不仅没有消磨林老师的诗心与风骨，反而让这位来自古泉州的温婉女先生更加从容、平和、豁达

——在她眼里，海岸与荒漠都是诗歌里的景色。

十四年前，我初入兰大文学院，常听一些老师和学长谈起已经退休的林老师，她的诗词写作与诗词鉴赏课堂是几代文学院学子的共同记忆。林老师的诗词幼承庭训，蔚有家学。严修在《我与诗词“若即若离”》（《文汇报》2017年5月26日）一文中回忆道：“同班才女林家英记忆力强，掌握的数量最多，屡得高分，如果当时有电视台的‘中国诗词大会’，同学们一定会鼓动她去打擂台。”这些听来的“故事新篇”，陶铸了我对林老师的最初印象。

与林老师的诗缘，也是因了一位朋友的“有心”之举。一次，林老师受邀来兰大榆中校区讲座，朋友赵法山将我平时写的旧体诗打印出来，在林老师讲座之后，将诗稿呈给林老师请教。过了一周，我接到一位研究生师兄的电话，告诉我林老师已经把我的诗稿看完了，约我到她家坐坐。第一次拜访林老师，我不免拘谨，然而几句问候之后，她自然地将话题引入到诗词写作中，我的诗稿每一页都被林老师细细评点，对于一个对诗词充满痴迷而又尚未窥得门径的学生来说，那个下午的时光在我的记忆中悠长而又难忘。临别时，林老师将她的第一本诗集《雪泥鸿迹小集》签赠予我。书名来源于苏东坡的诗句“人生到处知何似，应似飞鸿踏雪泥”。在多年后，我和妻子再次回到兰州看望林老师时，她给我看她孙子从国外寄回来的全家福，里面有刚出生不久的重孙女，她说取名叫“雪妮”，我和妻子会心一笑。现在雪妮慢慢长大了，她会在某一天的某个瞬间，明白自己的名字后面藏着一段悠远温情的故事。

那天下午，我走出林老师家门，在走回学校的路上，内心充盈着诗意与感动。那份诗稿与林老师赠送的诗集，都成为我的珍藏。从兰大毕业时，林老师赠诗“萃英问学结诗缘”，又勖勉我登上三台阁，去远观东去的黄河与群山：“三台高阁攀越处，山外青山天外天。”

从兰大毕业迄今，整已十年。千里暌隔，相见颇难。林老师每有新作，都记得寄给我一份，有的是手稿，有的是打印稿——许多打印稿上都留存了林老师墨笔修改的痕迹。2016年暑期，我和妻子专程回兰州看望林老师，林老师又把新刊的《追光存稿》签赠。在返程的火车上，我一首首读着林老师的诗作，忘记了车窗外的风景。妻子递过一瓶水说：“你有没有想过，等我们退休的时候，会有多少学生不远千山万水来看望我们?”我没有思索便说：“一定不会像林老师那样多。”在林老师身上，我看到了中国传统书院式师弟情义的留存，林老师待学生之亲和，大约是我们三代后学的共同体验吧。林老师曾说，有时不知为什么，我就会想起你们，想一个个问问，你们现在好不好。人非草木，故能感应，林老师的学生，无论两鬓白发者，还是而立如我辈，也都时刻惦念着林老师的起居与心境，或登门探望，或电话问讯，或信札笔谈——林老师在《桃李情》中说：“江南塞北丝丝缕，牵曳高山流水情。”千言万语，尽在其中矣。

林老师一生读诗、写诗、教诗。她说生活中不能没有诗词，读诗可以培养一颗美好活泼的心灵。写诗要言之有物，有感而发，发自内心，真诚而自然，尤其是要体会生命的难得与悲悯，她以东坡“雪泥鸿迹”典故名集，也有此寓意。几年前，林老师专门将《桃李情》三首用挂号信寄给我，我拆信读后，感念莫名，当即写了三首和诗，用快递给林老师寄去。过了两天，林老师打来电话，告诉我和诗收到，接下来的一句话，我记得尤为清楚，林老师说：“我一生的师生情，都写在《桃李情》里面了。”

杨艳超

作者简介

杨艳超，内蒙古赤峰人。2016年毕业于兰州大学文学院，同年留校工作。现为兰州大学学校办公室秘书。

诗书继世长

危时守正，读书养心。疫情当前，每个人都不敢有丝毫松懈，每个人的身心都受到了不同程度的震动，每个人也都在以自己的方式共战疫魔，哪怕只是老老实实待在家里。在被迫延长的假期里，于迅捷的网络信息洪流中，我们曾为受赠防疫物资上的“山川异域，风月同天”所感动，也曾为“青山一道同云雨，明月何曾是两乡”所感慨，优美雅致的诗句既成为一时热议，也唤起了大家重新捧读诗书的热情，让脚下受限的日子多了些思想放飞的热闹。这个长假，诗书或许是温暖我们的最好源泉，也给了我们重新拥抱生活的力量，放下手机，放慢时间，在更多安静的时光里，翻开那些一直想读而未读的诗书，俯而读，仰而思，于五千年文明中遇故友，在三千年诗章中交新朋，从字里行间寻遍八千里路云和月，让琐碎的时光因阅读诗书而变成巨大的享受时刻，让平凡的日子因阅读诗书而充满光彩明亮，不负生活，亦不负生命。

当疫情消散、天朗气清之时，或许我们会发现，在做“天下第一等好事”的过程中，视野会更加开阔，思维会更加敏锐，胸襟会更加豁达，知识会更加丰富，在继续向光而行的岁月里，温暖了自己，也温暖了世界。

当历史发展波澜壮阔的大潮浓缩成一个时段的惊鸿一瞥之时，便成了诗书。书者，著也，记也，著明万事，记往知来。自仓颉造字，天雨鬼哭，文明传承，简策帛书，书中解析五行八极，指点日月星辰，大话四方六合，细论生死阴阳，溯源三教九流，追根千宗万派，收永存之诗赋，藏不朽之辞章，佐天地之理，正乾坤之道。时代变迁，沧海桑田，千百年来，一切最伟大的智慧、最伟大的思想和最伟大的科技成果都化为文字、图画，与世长存，与时俱进，成为人类发展史中最闪亮的存在。

一书一卷一乾坤。打开一本书，就是打开一个世界，没有时间和空间限制，在书中可以明理，可以赏景，可以观史，可以鉴人，观之梨花带雨，诵之玉盘落珠，纵览江山岁月，横观时代潮流，让人思接千载，视通万里。在这里，春有“沾衣欲湿杏花雨，吹面不寒杨柳风”，夏有“接天莲叶无穷碧，映日荷花别样红”，秋有“树树皆秋色，山山唯落晖”，冬有“绿蚁新醅酒，红泥小火炉”。在这里，有“大漠孤烟直，长河落日圆”的雄浑苍茫，也有“西塞山前白鹭飞，桃花流水鳜鱼肥”的恬静安然，有“明月松间照，清泉石上流”的疏朗清峻，也有“无边落木萧萧下，不尽长江滚滚来”的壮阔悲戚，有“行到水穷处，坐看云起时”的悠然惬意，也有“黄沙百战穿金甲，不破楼兰终不还”的慷慨悲歌，有“寄蜉蝣于天地，渺沧海之一粟”的生命之叹，也有“可上九天揽月，可下五洋捉鳖，谈笑凯歌还” 的自信从容。喜则“一日看尽长安花”，悲则“天寒日短更心伤”，慨则“古今多少事，都付笑谈中”，愁则“落花寂寂黄昏雨，深院无人独倚门”，豪则“为有牺牲多壮志，敢教日月换新天”，惘则“雾失楼台，月迷津渡”。可以在浩瀚的《四库全书》海洋里激浪扬帆，也可以在巍峨的《名人传》高山上汲取力量；可以在亘古的《资治通鉴》幽林中闲逸漫步，也可以在壮阔的《荷马史诗》激流中涤荡灵魂；从《饮水词》中能看到纳兰容若那情真意切的传奇；从《兰亭集序》里依稀闻到王羲之那流芳百世的墨香。在书中，可以去古罗马斗兽场看一场酣畅淋漓的角斗，也可以到春秋战国时期去探访诸子百家的争鸣，可以去古希腊听智者们激动人心的演讲，也可以去大唐长安感受空前的繁华热闹。山川大地，五千年英雄肝胆，万类生聚皆学问；日月星辰，九万里古道热肠，明光灿烂俱文章。从夜雪初霁读到朝晖甫上，从大漠孤烟塞北读到杏花春雨江南；从春日融融读到秋月满满，从山水田园牧歌读到金戈铁马阳关，在时光的默然交替里，在岁月的寂然运行中，朝赏千篇，暮读万卷，天地宇宙、古今中外尽在心间。

中华千年远，诗书继世长。崇尚读书是中华民族历来的优良传统，不仅仅是因为读书可以“朝为田舍郎，暮登天子堂”，也不仅仅是因为“天子重英豪，文章教尔曹”，而是诗书文明已经深深地嵌入这个民族的骨子里，流淌在生生不息的血液里，化为恒久绵长的文化基因。在几千年的文明追求中，乐读苦读的范例不胜枚举，人有文周孔孟、班马左庄、葛陆范马、周程朱张、韩柳欧曾、李杜苏黄、许郑杜马、顾秦姚王等，事有韦编三绝、囊萤映雪、刺股悬梁、牛角挂书、凿壁偷光等，流传了一代又一代。有关读书的格言也是灿若群星，古有陶渊明的“既耕亦已种，时还读我书”，颜真卿的“三更灯火五更鸡，正是男儿读书时”，王贞白的“读书不觉已春深，一寸光阴一寸金”，赵恒的“男儿若遂平生志，六经勤向窗前读”，于谦的“书卷多情似故人，晨昏忧乐每相亲”，左宗棠的“读破万卷，神交古人”；今有孙中山的“我一生的嗜好，除了革命外，只有好读书，我一天不读书，便不能生活”，毛泽东的“饭可以一日不吃，觉可以一日不睡，书不可以一日不读”，习近平总书记的“让读书成为一种习惯”等至理名言，激励了一代又一代。从一定程度上说，辉煌灿烂、博大精深的中华文明之所以能在人类发展的历史长河中，一枝独秀、生生不息、代代相传，屹立于世界东方，一个重要的原因在于我们有世界上最古老的书籍文明和最久远的读书传统，诗书继世、崇尚阅读之风绵延数千载。正是一代又一代的读书人，夯实了民族的文化根基，筑牢了凝聚家国共识的基础。

“粗缯大布裹生涯，腹有诗书气自华。”书籍是世间最大的宝藏，里面藏着无穷无尽的财富，自然科学揭示物质世界的本质和规律，人文科学为人生提供安身立命的根本。“书犹药也，善读者可以医愚。”一个人的精神发育史实质上就是一个人的阅读史，脚步到不了的地方，读书可以；眼睛到不了的地方，读书可以。简单地说，读书就像捡拾一块块铺路石子，然后为自己铺就通往智慧殿堂的通天大道。“立身以立学为先，立学以读书为本。”晚清名臣曾国藩说：“人之气质，由于天生，本难改变，惟读书可变化气质。”读书犹如饮清泉、沐春风，在汲取精华、滋润肺腑的过程中，鉴兴亡，知荣辱，明心性，塑风骨，从而汇聚起成就事业的志气、锐意进取的勇气、自强不息的锐气、光明磊落的正气、不卑不亢的骨气、襟怀坦荡的大气和广闻博学的才气，在天长日久和潜移默化中丰富知识、拓展视野、提升心智、升华品德、净化心灵，最终“善养吾浩然之气”。“鸟欲高飞先展翅，人求上进先读书。”读书，让我们人情练达，下笔文章，于读书中拥有诚实舍弃虚伪、拥有充实舍弃空虚、拥有踏实舍弃浮躁，在当下快节奏的生活中让自己成为一个不太苟且的人，用富庶的生命、最好的自己“铁肩担道义，妙手著文章”。读书，让我们洞悉万事，人生况味，在读书中经历的一千种人生，会让自己即便在面对人生的重要选择时，也会拥有一个更大的格局，能够清楚地知道自己最适合的位置，从而握住拥有更多丰富人生的可能性。就算偶然深陷泥泞、洗尽铅华，也依然可以仰望星空，哪怕生活卑微，也会充满期待。读的书多了，就会发现，以前从未注意过的大千世界竟然如此鲜活，方寸屏幕之外，自有一番万水千山；书读的多了，就会发现，在浩瀚无涯的知识海洋面前，再大的烦恼都只是沧海一粟。当然，并非说读书本身有多么神奇或者了不起，而是如果选择了读书，也就意味着自己还在找寻另一种可能抑或另一种生活方式，还没有向现实低头。简单地说，读书是成本最低的投资，书前从来没有高低贵贱、穷富优劣之分，却能塑造一个志存高远、远见卓识、博爱尚德、灵魂丰富的人，继而在平凡中生根开花，成为独树一帜的风景，成为留存在这个世界上最美丽的痕迹。

《左传》有云：“太上有立德，其次有立功，其次有立言，虽久不废，此之谓不朽。”古往今来，众多帝王将相、文坛领袖、博学鸿儒，都以此三不朽为终生奋斗目标，毫无例外的是都以读书为实现三不朽的最佳选择与途径。古圣先贤们既从有字之书中参悟，也从无字之书中找寻，耗尽毕生精力不断求索，于是在岁月的轮回中，便有了温良恭俭让的儒雅，琴棋书画唱的品味，更有了将“以天下为己任”的生命担当。于是，古圣先贤们便将从书中的体悟化作了“诚意、正心、格物、致知、修身、齐家、治国、平天下”的内圣外王之道，涵养了“和衷共济”“天下一家”“和而不同”的宏大格局，从“达则兼济天下”到“安得广厦千万间，大庇天下寒士俱欢颜”，从“先天下之忧而忧，后天下之乐而乐”到“苟利国家生死矣，岂因祸福避趋之”等等，无不是将书中所学以超越个体生命的形式融入无限的“大我”之中。更有北宋理学大师张载的“为天地立心，为生民立命，为往圣继绝学，为万世开太平 ”，纵绝千古，横耀八方，既是华夏民族脊梁，也成中华文化灵魂，正因为此，中华民族从来没有在任何艰难困苦面前退缩过、屈服过、沉沦过，而是知难而进，百折不挠并最终在挫折中奋起，创造世界奇迹。我想，这应为千秋万代读书之人终生铭记、毕生践行、恒久传承，以仰不愧天、俯不愧人、内不愧心。

读书天地大，我庐别有春。正值人间四月芳菲盛，何不携卷做侣，执书为伴，于纷扰尘世间，展一卷诗书，享片刻清闲，沐墨香之浴，惠泽于灵，气华及身，在浅读深念、冥思遐想中，走过千山万水，看遍世间繁华，阅尽人生百态，最终琢璞成璧，化为岁月安澜，人生清欢。

刁亚东

作者简介

刁亚东，中共预备党员，兰州大学文学院戏剧影视文学专业2017级学生。曾获国家励志奖学金，兰州大学优秀学生三等奖学金，第九届全国大学生电子商务“创新、创意及创业”挑战赛甘肃赛区三等奖，第二届甘肃省青年志愿服务项目大赛铜奖等奖项；曾获兰州大学“优秀学生团干部”“优秀学生干部”“优秀共青团员”“优秀学生社团联合会干部”等荣誉；所在暑期社会实践团队曾获2018年立邦“为爱上色”中国大学生农村支教活动全国银奖以及最佳视频奖。现为兰州大学文学院辅导员。

抗“疫”中的兰大人

寒冬腊月，年关将近，在千百年来被赋予着团圆与幸福的节日祥和氛围的笼罩下，每个人的衣角上都染了一层暖色，家家户户都弥漫着喜庆的气息，想起与家人团聚的画面，在外奔波一年的游子脸颊上被岁月镌刻下的痕迹也皱成了期盼的形状。也正是此时，荆楚大地上那座两江三镇、九省通衢的千年古城中凝聚了厚厚的一层阴霾，一种从未现于阳光之下的病毒随着满城烟波水气肆虐，又随着那座城市四通八达如蛛网般的交通线在几日内掀起席卷全国的风暴。这个饱经风霜却依旧屹立东方的民族又一次到了最危急的关头。

一千三百多公里外，神州大地西北偏北，层峦叠嶂的包裹中，有一座沧桑坚硬又不失温柔的城市叫作兰州，中华民族的另一条血脉——黄河，在这座城市中奔腾怒吼，仿佛为那些在病毒下呻吟的儿女们控诉着命运的不公。或许是因为肩上沉沉压下的责任，或许是因为胸膛中跳动不安的心灵，或许是听到了黄河母亲的呼喊，伫立在这座城市中，平日里低着头默默耕耘，显得谦逊又平凡的兰州大学猛然挺起胸膛，昂首阔步，用属于自己的朴实与坚定，在莽莽黄沙、凛冽寒风中谱写了足以点燃冬季、融化冰雪的灼热篇章。

在这场没有硝烟的战争里，那些身穿白衣的兰大人在本该与家人团圆欢聚的日子里毅然选择向着那座人们谈之色变、避之不及的城市出发。“我想清楚了，婚我先不结了”，兰大一院的黄护士认为自己身为医护人员，不能“临阵脱逃”，为抗击疫情推迟了婚期。“驰援武汉，我请战”，大年初三，兰大二院医师张蓓在至公堂下率队出征，逆向而行。“如果有任务，别忘了我这位老党员老医生”，“我自愿请战，不计生死”，兰大二院的医生在微信群里纷纷报名参加第二批支援武汉的医疗队，兰大一院的医生以科室为单位递交请战书，每份请战书下都有这些英雄们的签名和鲜红的手印。更有无数的兰大人奋战在抗疫一线，愿以微躯撑天地，甘洒碧血沃疮痍，他们用自己的骨血，守护兰州、守护武汉、守护中国。身为兰州大学一名学生，我虽没有能力和他们并肩作战，只能在公众号和新闻上看着他们伟岸的身影默默地祈祷着他们可以平安归来，但我为我属于兰州大学而感到自豪，为我和这些英雄属于同一座学府感到自豪！

除了这些在危急关头身穿白衣奔赴战场的“战士”，更多的兰大人在属于自己的世界里点燃了光明。1981级的校友为武汉新建的医院无偿提供物资，以兰大老校长的名字命名的隆基股份为医护人员提供专项资助，多个校友会为母校、为防疫工作募捐或无偿捐赠防护用品，印尼籍留学生陈俊文与其远在家乡的朋友为兰大捐赠上万只口罩，兰大的美籍外教不远万里带着医疗护具来到兰州……在难明的长夜里，是这些兰大人在全国乃至全球各地，举起炬火，照亮了前行的道路，也照亮了我们每一个兰大学子的灵魂。

在萃英山下，在至公堂前，在积石堂的阵阵钟声里，还有很多兰大人依旧坚守着岗位，挥洒着汗水，用血肉之躯为兰州大学筑起了防控疫情的严密防线。统筹全局，守土尽责，为我们的安全与成长呕心沥血的学校领导；春风化雨，诲人不倦，耕耘我们精神家园的老师；半盏寒灯下，盯着电脑屏幕，眉头紧皱，挂念着未登记学生身体健康的基层干部；刺骨寒风中，如胡杨般挺立在校门口，为每一个出入校门的师生测量体温的安保人员；还有我们这些为兰大人的奉献泪流满面，为兰大人的担当热血沸腾青年学子们。每一位兰大人都发一份光、尽一份力，我们站在一起，便是兰大挺立的脊梁！

蒋竺晏

作者简历

蒋竺晏，1999年生，甘肃兰州人。兰州大学外国语学院2017级本科生，专业为俄语。曾获得2018年全国书法大赛兰大赛区二等奖。

疫情之下我的学习生活

放假久居家中，很多鲜活的记忆冲散了，离原本计划中的返校日期也足足过去了快一个月。从一开始不想上学，到渐渐地被一种自己都意识不到的思念和期盼环绕，对于兰大的记忆慢慢复苏。虽说总是淹没在大量疫情的最新报道中，也不是每天都挂在嘴边，但不提起不等于忘记，不等于不重要。

近来最后一次印象，是在一月初考完文学史后。所有上半学年的考试结束了，宿舍内大家一边整理着垃圾，一边相互吐槽，今年的寒假未免太短，元宵节都来不及过就又得回来了。没能料到，一场新冠病毒毫无预兆地肆虐武汉、肆虐全国。它将每个人堵在家中，它生生冲断了属于我们的原来运行的轨道。

记不太清是在大年初几的时候，看见了全国推迟开学日期的通知，看见了e校通发来的通知：原定返校日期推迟，请全体师生注意安全。安全，自然是各种意义上的。只是相信当时我们的心都难以平静，毕竟对于很多年轻人也包括我来说，2020年的打开方式好像不应该是这样。一开始我们心中都充满了难过。

也正是在这时候，我看见了学校平台上发布的消息，手机响起QQ信息的通知，看到辅导员和老师们在群里问我们最近过得怎么样，看见黑夜里突然腾起的烟花，看见它们如何将夜空点亮，我突然感到了心安，感到了一种归属感，感到一种一切尽在掌握之中的从容。无所事事的日子里，兰大告诉我们，要好好陪伴父母，好好热爱生活。那些网络平台上，兰大人不定时晒出来的厨艺有好有坏，但我想，这都是爱的见证。平时我每每回家都只顾着自己放松，而在这个冬天，我才真正了解到，我不在家的时候父母是怎样过的，我才愿意真真正正静下心来去听听他们说话。我们所有人都没有停下，改变一种方式，才可能看到更多的可能。

我没有华丽的语言和优美的辞藻，可我仍然有许多思念盛在心中。家里的夜晚舒适宜人，沙发怎么躺都可以，可我总想起榆中昆仑堂中硬邦邦的凳子。想起临近期末的时候，我在太阳还没升起的清晨在西区操场跑步，冷气凝结了我的头发和睫毛，我一圈一圈地跑，从冻得哆嗦到浑身发热，寂静的空气里有我呼出的热气。然后一天由此开始。我想起两节课中间时排成长对的人，为了接水我往往要跑去另一边。从家里看月亮，总觉得没有从昆仑堂看见的漂亮。想来想去，我大概是真的想念我的兰大了吧。

去年八月的时候我去俄罗斯上暑期学校，一行只有我和另外一个女生是兰大的学生。短短两年的俄语学习生涯，我们从来没有真正地置身在完全俄语的环境中过，但是我没有怯懦。尽管有时还是因语言闹过不少笑话，但到底是坚持下来了。同行里来自其他大学的朋友都说我俄语说得不错，也都对兰大表示肯定。一瞬间我觉得这就足够了，简直比夸我还令人高兴。我感到自己是兰大在外的万千形象之一，我感到自己真的是兰大人了！

近年来，学校的改变我们其实都看在眼里，只是我们多多少少不会将它挂在嘴边，我们也从不向外夸耀。兰大磨平了我们不该有的尖角，就像贝壳磨砺一粒沙。也许没有所谓的多样性，没有所谓形形色色的新生活，它始终平静。可我知道，平静下头是波涛汹涌，是海一般的藏书，是无尽的电子资源，是无数日落日升中可以感受的永恒。

尽管疫情还在蔓延，而且现在在全球甚至有愈演愈烈的趋势，然而国家不会停止运转，我们也不会向它妥协。网络教学应运而生。在这次疫情出现前，我从来没想到过自己有一天居然会在一个网络平台上通过端口学习专业课。由于专业设置，大三下学期课程本来就相对繁重，无法去学校学习无疑又会使这种繁重加剧，再加之今年下半年也到了我们这一级学生考研的时候，网课平台出现之前，这无异于雪上加霜。

但是，正所谓“停课不停学”。教育部下发命令之后，我校立即响应，没有推迟原定开学时间，一早就为学子做好一切准备。

我记得我上的第一节课是俄罗斯文学史，星期二早晨十点半，我慌里慌张地打开平台。屏幕中虽不见老师身影，但声音还是那样亲切，老师问我们在家过得如何，大家互相聊了几句疫情相关的话后便开始上课。一开始自然还是不方便的，譬如没有课本、没有面对面随时提问的便捷，但是我们都在努力实现最大程度的还原。没有课本，但老师们每节课都上传自己辛辛苦苦做出来的PPT供我们学习，微信群里提问的频率也比原来在校内要频繁得多。我的专业是俄罗斯文学，自然离不了语言环境，那怎么办呢？——自然也有办法。外教和同学们互建了微信群，每节课通过语音通话的方式进行。情人节那天，外教还发来一个可爱的心形表情包。

话说回来，从前我在学校里封闭式学习的时候，父母只能通过微信里寥寥几句来知晓我在学校过得如何。恰好在这段时间里，有时候我上着文学课，有时二外老师在线答疑，父母经过也会好奇地探过头来看看我在做什么、学什么。甚至有一天午饭时候，妈妈突然问：“你昨天学的是写了那本《钢铁是怎样炼成的》的奥斯特洛夫斯基吗？”这种话题以往在家里是从来不会进行和展开的。我也打开了话匣子，一时间竟然滔滔不绝。

我来兰大已经快三年了。然而，突然间会有一阵恍惚，这时间竟过得如此之快！须臾之间，我已在慢慢和她走向相识的终点。可我总觉得我还是她的孩子，我才刚刚来到这里。仍有很多处小径我未涉足，很多图书来不及借阅，不曾想过校园卡上的期限会有一天走到尽头，不曾想终有一天她要放我离去，我竟然很快要失掉这涉足的机会。

生命漫长又短暂，看着前路总觉得遥遥无期，可回头望去却似弹指一挥间。人生仿佛匆匆落笔写就，我想有相遇总也有别离。人总说："没有一个冬天不会过去，也没有一个春天不会来临！"我现在还不知道什么时候才能再次回到我的学校，可我知道一切都会很快过去，一切也都会很快来临。我期待着全国乃至世界范围内疫情清零的一天，我期待着在春暖花开中相遇。

王昊祺

作者简介

王昊祺，1999年出生于甘肃省张掖市甘州区，兰州大学2017级管理学院基地班本科生。在校期间学习认真，成绩优异，团结同学，乐于助人。顺利通过大学英语四、六级考试。担任学生会宣传部副部长兼英语协会部长。曾获得“优秀团员”“国旗护卫队优秀标兵”等称号。

一花一世界

一花一世界，一树一菩提。初入兰大，怀揣着家人对我的期盼和对未来无限美好的憧憬，漫步在林荫小道中，在光影斑驳下的时光晕染里感受充盈的活力，投影下最是纯真无华的前方，未来的轨迹是否会投下浓墨重彩的一笔尚未可知，只知那时澄澈透明下的微风阵阵，一路走来的绿杨沙堤，相伴而行的欢声笑语，此间少年不识愁滋味。兰大，幸得此生遇见，方知惊鸿一影，流连止步。

一个人，从生命诞生那一刻起，能陪伴在至亲之人身边多久？从懵懂到成熟需要多久？从一蹶不振到重整旗鼓要经历多少？我想，际遇不同，感悟不一，每个人的理解也各有千秋。如人饮水，冷暖自知。

幸福与意外，永远不知道哪一个先到来，就像没有人知道下一秒会发生什么。我也没想到自己下火车出站后到达的第一个地方是殡仪馆，参加的是自己父亲的葬礼。我甚至清晰地记得上一次分别时的拥抱，带着淡淡的烟草味。他一个人躺在那里，那双手，牵着我走过孩提时代，一直到步入大学，牵着我时那么温暖，从此以后，再也不会有了。从那天起，爸爸，可念不可说的两个字，16画，陪伴了我18年又32天的人，没了。

冬去春来，生活仍旧继续，一切仿佛步入正轨，可内心依然感到焦虑不安，平时也没有好好照顾身体，导致学期快结束时得了重感冒。心理上的疲惫加上身体上的病痛让我一度萎靡不振，我一度觉得生活没有期望，失去了继续向前的动力。

一次机缘巧合下到一位德高望重的教授家中，谈话间说及此事，她对我说："人总是要向前看，生离死别每个人都会经历到，只是时间早晚不同，你的父亲给予了你最宝贵的生命，你是他留给这世界最宝贵的财富，你一定要好好生活，好好学习！"正是这番话，在我最迷茫无助的时候点醒了我，指引我前进的方向。临别之际，教授拥抱了我，是许久不曾感受到的温暖。为了这份温暖，为了身边关心我的老师、朋友们，我下定决心要从过去的苦痛中走出来。

与教授的交谈让我醍醐灌顶，我开始积极治疗，脚踏实地地认真过好每一天，认真学习，努力生活。在此期间，我加入了国旗护卫队，经过两年风雨无阻的训练，将我锻炼成为一个坚毅勇敢的人。正如父亲曾经所言：太阳每天都是新的，一天一天，日臻美好。作为一名兰大学子，我做到了自强不息、独树一帜。战胜病魔不是件容易的事情，但是有志者事竟成。我坚信我能活出自己的价值，连带着父亲那一份一起，好好生活。

在兰大学习生活的日子里，我感到了家一般的温暖。老师会在空闲时间询问我的近况，请我吃饭，与我谈心，关心我的生活和学习，给我及时的建议和帮助。同学们依旧像从前那样，相处得和睦自然，岁月静好。朋友们待我比从前更好，会不断地向我传递正能量，在我遇到棘手的问题时第一时间帮助我。虽然我失去了至亲，但是我得到了来自亲友、老师、朋友们的关心与鼓励，幸得此间，不负韶华。感恩兰大，感恩相遇相识相知的你们！

正是兰大始终如一的陪伴，让我与过去告别，有信心面对崭新的未来。感谢兰大，予我成长和承担，教会了我以自强不息的精神乐观地去面对生活。兰大，心之所向，此心终得安。

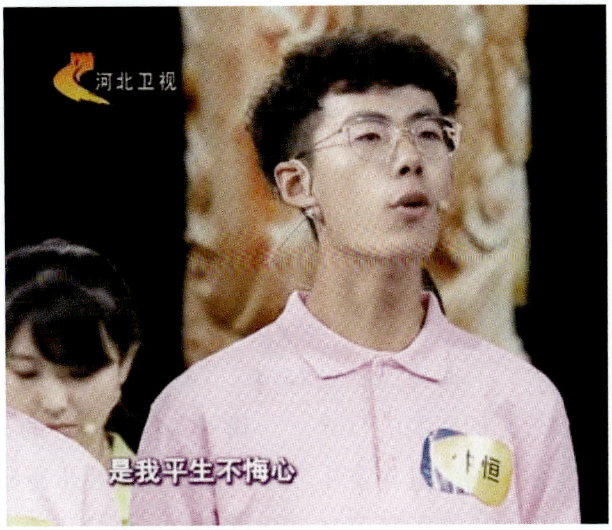

仲恒

作者简介

仲恒，吉林长春人。2021年毕业于兰州大学文学院汉语言文学专业，获文学学士学位，现为兰州大学文学院中国古代文学专业2021级硕士研究生。曾代表兰州大学参与河北卫视《中华好诗词》节目，曾任兰州大学文学院学生会常务副主席、团委副书记（学生），于《中华辞赋》《我的兰大——诗词赋散文集》等文学作品出版物发表诗词十余篇，于《乐山师范学院学报》等学术期刊发表论文六篇。

手捧微光　守望黎明

庚子鼠年，新春佳节，一场猝不及防的疫情自两江三镇而起，对着整个神州大地露出了獠牙，给本该是洋溢着欢乐与喜悦的新年涂上了一抹暗色。“疾风知劲草，板荡识诚臣”，在危急关头，无数中华儿女挺身而出，肩负起家国使命，谱写出时代赞歌：有人身着白衣，逆向而行，用生命诠释了医者的担当；有人披星戴月，四处奔走，只为给医护人员送去各种物资；而更多的人，是和我一样，被“关”在家中，每天只能通过网络了解战况，但也心心念念地想要点燃属于自己的光亮，贡献属于自己的力量。

疫情防控形势最为严峻的二月初，我主动去社区报名，成为了一名光荣的防疫志愿者。从那天起，我便是这座青春长城中的一块砖，和千千万万个青年一起构筑起保家卫国的坚实防线。我每天与社区工作人员一起到小区门口的检查点协助设卡巡防，查验每一位出入人员是否携带社区开具的居住证明或单位开具的复工证明，同时向过往居民宣传防疫知识，并劝导他们佩戴口罩，减少外出。在东北的严冬中站立四五个小时，双手被冻得通红，有时冷风钻进衣领，我的全身也随之战栗着，是奋战在最前线的白衣战士们坚毅的目光、与我一起志愿服务的青年们炙热的灵魂和兰大百十年传承的“坚守奋斗”的精神支撑着我步履坚定地走了下去。

做志愿者的日子里，我也常在思考，国难当头之际，我辈青年除了作为志愿者在祖国大地的每一个角落里点燃自己，散发微光，还可以做些什么？在一本本厚重的书籍中、在学院老师的谆谆教诲下、在学校分享的治学经验里，我想我找到了答案。

在这场没有硝烟的战争里，我们或许不能亲临一线，用身躯保家卫国，或许在整个防疫中，我们能起到的作用都十分有限，但我们身为学生，其天职本就是学习，在远离尘嚣的环境里放空自己，反观本心，在难能可贵的一隅天地里放慢节奏，潜心钻研，在书山坎坷、学海苍茫中汲取养分，在自己的灵魂中植起千层麦浪，在笔耕不辍、步履不停的求索中走入知识的殿堂。我相信只要我们抓住每一分每一秒充实自己、提升自己，在这场战争中我们潜心修行、求学问道，总有一天，我们会站在祖国和人民最需要的地方；总有一天，我们也会挽狂澜于骤起，撑大厦于将倾；总有一天，我们就会成为中华民族挺立的脊梁。

为了让我们更好地利用这段时间提升自己，老师们精心准备了大量的网络课程与学习资料供我们研习，字里行间流淌的都是知识的传承与老师们的心血，学校也开放了图书馆的各种资源，让我们可以随时都能与国家的最丰富的资料库进行对接。身为一名文学院的学生，利用学校与老师提供的资源，我将自己全身心地置于中华民族五千年的历史文化长河中，去亲吻这份珍宝。

这段日子里，我在各个网络平台学习网课的同时也利用这难能可贵的时光来钻研我的创新训练项目。在学校时我的大多数时间安排是碎片化的，没有大块的空闲可以让我静下心来系统性地阅读原始文献和名家专著，和项目相关的知识架构也就很难搭建起来。而在家独处的时光里，我为自己制订了严格的学习计划，每天坚持阅读文献材料，并将这些材料中理论知识以及阅读中所产生的心得按照自己的研究需求整理成读书笔记。我所研究的对象是南宋高宗朝的贬谪文学，经过不懈的努力，我已经通读了《宋史》《建炎以来系年要录》等史料和《庄简集》《梁溪集》等文人作品集，对两宋时期社会背景、政治环境的变迁有了深刻的认知，对那个遥远的时代中人们笔下诗篇的艺术风貌也有了全面的体认。同时，我徜徉在当前学界丰富的研究成果中，仔细研读了王水照、沈松勤、尚永亮这些学界泰斗的研究专著，透过纸张与荧屏，我走进了他们的世界，在同样的母题中，他们用自己的勤奋与智慧建起高耸入云的知识宝塔，拾阶而上的我追溯着他们一砖一瓦积累的过程，也看到了一望无垠的天空。在家“闭关”的这段日子里，我终于融入了曾经梦寐以求的世界中，在这里我可以拥抱知识，也拥抱我的成长。

在古代文学研究的道路上迤逦前行的我，对中国古典诗词有着更浓厚的兴趣。每天早上，啜一口香茗，伴着窗檐洋洋洒洒的风，诵出几句清丽诗文。满室竹兰，墨香入骨，字里行间的平仄风韵，如游龙一般蜿蜒曲折，随风而起，入心而化，清风徐来，吹老一池春水。在中华传统文化的海洋中，我找到了比门外更加广阔而精彩的世界：晨光破晓时庄周梦里的蝶翅轻展，潇潇暮雨下柳永眼底的冷落关河，玉门关外的金戈铁马，西子湖边的春雨梨花……他们都栩栩如生地走出了书卷，镌刻在我灵魂深处，在我头顶的苍穹上熠熠生辉。

我们的祖先留给我们最宝贵的礼物或许就是历史与文化，前者像一面镜子，映照出古往今来的得失兴废，后者像一场春雨，无声无息间润浸我们的心灵。“试玉要烧三日满，辨才须待七年期”，不正是要教会我们在纷繁复杂的情况面前保持清醒与冷静，不偏听偏信么；“天下兴亡，匹夫有责”，不正是要教会我们一个国家、一个民族的命运值得其中所有人为之拼搏么；“眼前直下三千字，胸次全无一点尘”，不正是教会我们沉心静气，论理读书的乐趣么？在中国的传统文化中，我更明白了一个祖国的青年在此时此刻应该做些什么。

“门下冷霜能醒骨，窗临残照好读书”，值此艰难困苦之际，正是琢玉成材之时，让我们捧起书卷，用书中圣洁的甘霖荡涤心田中荒芜的角落，留一腔豪气，积满腹经纶，东风定识英俊，斗牛终认奇杰。

李炳琰

作者简介

李炳琰，1999年生，甘肃兰州人。2018年考入兰州大学土木工程与力学学院地质工程专业。在校期间获得“中国科学院大学夏令营优秀学员”“军训优秀学员”等奖励，并在《兰州日报》发表社会评论文章20余篇。

萃英山：我扬帆起航的港湾

我从小在黄河边长大，父母亲时常带我漫步盘旋路宁静的兰大校园欣赏春景。人间四月春色好，杨柳依依，枝头繁花，迎春花、丁香、百合、连翘、紫藤、桃花、鸢尾、榆叶梅……黄的、白的、红的、紫的……姹紫嫣红，蝶飞蜂舞，满园春色。

最惹人的就数丁香花了，微风吹来，清香四溢，沁人肺腑。凝望着一簇簇丁香花瓣别具韵致，花朵细小，四个花瓣中嵌有一个花蕊，积聚成一个花的集团，每一朵都招人喜爱；她不像牡丹、芍药那样具有鲜艳的色彩与华丽的身姿，却有着胜过它们的馥郁芳菲。她绿色的叶片挂在遒劲的枝干上，衬托着淡紫色的花团；她的香气全然不似茉莉、桂花那般浓郁，而一如她雅致的外表，清馨淡雅；她洁身自好，悄然玉立在幽僻之隅，她纤小文弱却傲骨铮铮。正如清代诗人陈至言所赞："几树瑶花小院东，分明素女傍帘栊。冷垂串串玲珑雪，香送幽幽露簌风。"游逛在丁香花丛里，如在云中的感觉，飘飘欲仙，不知不觉来到了毓秀湖，在湖边端详：湖水倒映着湖边的垂柳，垂柳环绕着清粼的湖面，湖面漂浮着莲花的叶瓣，叶瓣上凝立着矫健的蜻蜓，蜻蜓翘望着湖边的草木，草木组合成瑰丽的园林，园林镶嵌着弯曲的小路，小路舒展着自由的臂膀，臂膀拥抱着美丽的校园，校园里学生或跑步、打球，或边散步边诵读……晨练声、读书声使校园更显幽静，正所谓"蝉噪林愈静，鸟鸣山更幽"。整个校园充溢着浓浓书香气息，弥漫着满满的正能量，散发着勃勃的生命力。"炳琰，你喜欢这里吗？要不将来你也来，好吗？"我微笑着点点头说："好的，我努力!"

少年时与兰大的邂逅，如今梦想成真。但当我拿着入学通知书从盘旋路校本部坐校车前往榆中校区，从车子驶出拥挤而热气沸腾的闹市，从高速公路到普通公路，路边的风景从高楼林立到阡陌交错时，心头不免涌起了失落情绪。当看到屏风似的黄土山，山顶上只有那稀稀落落而显得孤寂的几棵小树，静默而苍凉，还有那杂乱地生长着的错落的野草，再看看通知书上的地质工程专业，脑海中时时闪现着一句话：理想与现实未免相去甚远。

我在高中就希望大学能继续学我喜欢的数学，因为数学能够让人更加理智，更加冷静，然而事与愿违，我被调剂到了地质工程专业。这使得刚开始大学学习生活的我一边怨天尤人，抱怨命运为何如此捉弄人，一边虚度光阴，无所事事，不喜欢参加集体活动、宿舍聚餐、班级集会……陷入失望埋怨的泥淖，久久陷于其间而不得自拔，不愿正视眼前的一切。孤独的我经常在月夜徘徊于寂寞而宁静的校园，登临萃英山山巅，山下是明灭的灯火，山上却是肃穆的静谧，"云散月明谁点缀，天容海色本澄清"，这时候的心境总是澄澈的。萃英山虽没有枫桥流水、亭台水榭，却有着古道西风、黄河落日，虽没有江南"日出江花红胜火，春来江水绿如蓝”的诗情画意，却有着类似漠北“北风卷地白草折，胡天八月即飞雪”的豪迈景观，虽没有“小桥流水水潺潺”的轻缓有致，却有着“黄河远上白云间”的旷达悠远……站在山顶，就像站在云端，这一刻，我是南极仙翁，不羡凌霄宝殿，抖擞仙骨，气沉丹田，向着远方大喊：萃——英——山——

我在萃英山的校园里总能看到这样一条横幅：“山色横侵遮不住，明月千里好读书”，何必为了刻意追求一时的内心平静而做浩大的精神消耗呢？人生几何，如梦如露，何必总要乐此不疲地把自己套进烦恼的枷锁而自拔不得呢？我努力着让自己走进土的各种性质、各种材料的力学特点、运用CAD画出设计图……体悟着老师对地质工程专业的恶劣工作环境、发展愿景等问题妙语连珠、幽默风趣、富有哲理的阐释，渐渐发现地质工程学的奥妙。真是同样的事物，抱着不同的心态，结果看法就会完全两样。就像是面对同一朵玫瑰，有人黯然说：倒霉，每朵花下都有刺；有人雀跃道：多好啊，每片刺上都有一朵花。长久地将视线投落在刺上，难免将娇媚的花儿忽略，于是便轻易错过了欣赏的佳季。我庆幸没有放弃，尤其了解了中国工程地质学科的奠基人和开拓者——张咸恭老先生，于1973年创立兰州大学地质工程专业的经历后，被他坚守、奋斗的精神所感动，明白了人生的道路千条万条，你能走通的道路是最好的道路；人生的机遇千次万次，你能抓住的机遇是最好的机遇；世间的学校千所万所，接纳你的学校是最好的学校；世间的名山千座万座，镌刻你人生记忆的山是最好的山。

鸟儿飞翔，离不开赖以挥动的翅膀，在它的身下，是一片湛蓝湛蓝的天空。成长中的我在晨风轻拂下走进教室，聆听工程地质勘查、水利水电设计、注册岩土工程……夕阳西下，独自一人走向自习室、阅览室，游弋在知识的海洋。

成长中的我参加了中国科学院兰州分院优秀大学生暑期夏令营，尽情与哲人智士倾谈，与大家巨匠交流。霞光投在脸上身上，仿佛披上了一层圣洁的光环。

成长中的我参加了兰大军训团记者排，制作了“兰大版卡路里”视频；我幸运地成为“萃英记忆工程”项目的志愿者，以兰大一百一十周年校庆为契机，用镜头、用笔书写兰大追逐并实现梦想人的经历和轨迹……和兰大的莘莘学子一起拜读《我的兰大——诗词赋散文集》：他们在兰大大爱情怀的培育下，无论在什么地方，个个都是一粒粒饱满的种子，一旦落地，便即刻生根发芽展叶，不畏严寒酷暑，冰雪风霜，顽强生长，开花结果；他们在人生的道路上向来都是勤奋自励，艰苦奋斗，诚实做人，用心做事，毫无愧色地在祖国的大地上留下了深深的足迹。真是“苔花如米小，也学牡丹开”，把绿的春意、花的馨香，散发在各自不同的岗位上，为母校兰大增添了一色一香。

成长中的我被感动着、激励着……我要褪去“腹中贮书一万卷，不肯低头在草莽”的年少轻狂，卸下“抽刀断水水更流，举杯销愁愁更愁”的迷茫惘然，我要拥有“长风破浪会有时，直挂云帆济沧海”的壮志豪情，一载磨炼，一份成熟，要用峥嵘岁月来诠释。

萃英山啊！你见证了我最美好时光中的苦闷、压力和欢乐；你记录了我最关键时光中的单纯、激情和成熟。萃英山啊！你是港湾之山，给了我心灵的宁静；你是神灵之山，给了我科学的遐想；你是圣洁之山，给了我青春的力量。

萃英山不是最美的山，但它珍藏了我青春岁月的美好；萃英山不是最大的山，但它将记载我面向未来的博大期盼。萃英山啊！助我践行“自强不息，独树一帜”的校训，践行“勤奋、求实、进取”的学风，让理想从青春的萃英山——扬帆起航！

张福英

作者简介

张福英，1995年出生于甘肃武威，兰州大学文学院2018级汉语言文字学硕士研究生。

读《兰州大学校友墙序言》有感

2019年是兰州大学建校一百一十周年，学校隆重举行了一系列庆祝活动，美丽的兰大老当益壮，更显青春与活力。在整个校庆活动中，最具纪念意义的当属《我的兰大——诗词赋散文集》的面世，该书由阎军、孔玲主编，兰州大学出版社出版，收录了来自全国各地的兰大人的佳作。此书装帧精美雅致、体裁丰富多样、内容丰厚充实、感情真挚细腻，是献给母校一百一十华诞最为珍贵的生日礼物。细细翻看此书，我再一次为兰大人青春与梦想的故事而动容。书中收录了张文轩教授撰写的《兰州大学校友墙序言》，此篇序言还刻写在城关校区校友墙首端，我对其印象和体会最为深刻。在我心中，这是一份定格的美好，也是一股向上的力量，更是兰大人坚守奋斗精神的象征。

一进城关校区大门，迎面新建了校友墙，将建校以来登记在册的所有毕业学子与教职员工姓名按年代先后镌刻其上，红底金字，鲜艳夺目，为全国高校所罕见。校友墙首端刻有一篇序言，是学校请文学院教授、原中文系系主任、甘肃省人民政府文史研究馆馆员张文轩先生所撰。张先生专长语言文字研究及古诗文创作，不仅在教学和学术研究上建树卓越，而且在学院和学校建设中也做出了巨大贡献，是兰大师生尊敬和爱戴的好老师。张文轩教授虽已年过七旬，却仍积极参加各种学术和社会活动，密切关注学校和社会的发展，时常建言献策，在全校乃至社会上广有声誉。每次经过校友墙，我都会被先生撰写的《兰州大学校友墙序言》所吸引，不由得驻足观览，细细拜读。周围也常有人拍照留念，时不时发出赞叹的声音。7月31日上午，中国高等教育学会会长、全国高校设置评议委员会主任、教育部原党组副书记杜玉波莅临兰大，为兰大师生作了题为“新时代高等教育的使命担当”的重要报告。杜会长在大会上谈到张文轩教授为校友墙写的序言时说道：“这才是真正的文化，建议全校师生背下来。”这篇《序言》在全校广为传颂，受到社会各界的一致好评。

我有幸遵张先生之嘱，将此《序言》手稿打印布世，并目睹了定稿的全过程。先生严谨认真的治学态度和深厚的文字功底，无不令我敬仰。无论是字词、年代的考证，还是引文的核实，先生都仔细校对，做到了有证可查、有据可依，而且在崇古和尚今中做到了应有的调和，其用功用心之深，令我无比敬仰。

该《序言》正文共1594字，文言行文，内容丰厚；语言精要，志深意长；文采飞扬，引人注目；用词灵活、句法多样，具有灵动、变化之美。如《序言》中“劳心操觚者”“挥汗拥彗者”“甘餐東刍生湩汁之精神，精炼山铁铸黄钟之毅力”等表达，不但用词典雅，形象生动，而且对仗工整，富有文采。《序言》内容充实，立意深远。开篇点明了树立校友墙的缘由，接着追溯并梳理了兰大成立、发展的历史脉络，充分肯定了兰大已有成绩，并对今日兰大的发展充满信心，最后饱含深情地表达了校友墙对于兰大人及社会群众的特殊意义，读完后使人产生一种深受鼓舞、奋发向上的力量。从修辞看，全篇灵活运用了比兴、对仗、比喻、排比、用典等手法，其对仗、排比之句富有韵律之美，读起来朗朗上口，气势雄宏。引经据典，更是信手拈来。文中引用《大学》《孟子》《管子》《周易》

等中的名言警句，又不留痕迹地化用文学典故。如“囊萤刺股”一词中“囊萤”出自《晋书·车胤传》，“刺股”源于《战国策·秦策》。“怀珠抱玉”出自《梁书·刘显传》。“文王之苑囿”的出处为《孟子·梁惠王下》，“屈子之畹亩”来源于《离骚》“余既滋兰之九畹兮，又树蕙之百亩”。这些典故在丰富思想内容之余，又增添了历史的厚重感。从思想情感看，开头平实叙述，铺陈开来，接着情绪高涨，感情渐次饱满，最后在直抒胸臆的深情中收束全文，感情真挚，富有层次感，具有强烈的感染力和号召力，达到了晓之以理、动之以情的理想效果。

校友墙是兰大文化情怀的展现，它让兰大学子有了更加强烈的归属感和认同感。它不像校庆晚会结束时榆中夜空绚烂的烟花，已飞逝太空，而像一排排坚强的卫士，守护和激励着一代代兰大学子和教职员工。关于校友墙的建立，我们可能会听到不同的声音，有赞赏之声，亦有质疑之音。其实，张文轩先生在《序言》中高瞻远瞩，已给质疑者做出了最好的解答。《序言》曰：“其辞世者览之，九天含笑，知人生之情深，思来世而厚报。在世者览之，血涌涕零，感母校之恩重，愿发愤而增荣。后来之少者览之，将囊萤刺股，修身笃学，争相攀桂于壁后之黉林；后来之长者览之，将怀珠抱玉，越陌度阡，皆欲效力于墙内之杏坛焉。”无论是在世者还是辞世者，无论是长者还是少者，无论身在何处，身居何职，我们都能在校友墙《序言》中找寻到精神的寄托，感受到力量的催生。身份、立场不同不应是令人唱衰的谈资，兰大人更应有博大的胸怀，站在更加高远的角度，从全局出发，齐心协力，为实现美丽的兰大梦而不懈奋斗。

初心不忘，笔耕不辍，是张文轩先生现实生活的写照。先生把自己的青春和力量奉献兰大，深深扎根西部，坚守初心。虽退休多年，但仍坚持学术研究和古诗文创作，是教书育人的先进楷模，更是兰大坚守奋斗精神的有力代表。今日的兰大人更应不忘初心，坚守奋斗。《我的兰大——诗词赋散文集》是兰大人坚守奋斗、青春与历史的最好代言，更是兰大人自强不息、梦想与希望的最佳名片。因此，我们更应上下一心、坚守西部，续写西部故事，打造西部品牌，以期兰大“双一流”建设取得更大的成效和进展。

马清沣

作者简介

马清沣，2000年出生于山东省威海市。2018年入兰州大学文学院学习，曾获第一届兰州大学网络文化节三等奖及第二届兰州大学网络文化节三等奖。

萃英山下

静谧的夜空点点渗出鱼肚般晶莹的白，趁太阳还在山的另一侧缓缓发亮，我们一行人就从萃英山下的一条小路侧入进山，残落的花瓣、稀松的树枝都印在浅浅松软的石子路上。

未到半山腰，连绵的山线的一角便露出朝阳淡黄的光影，微露的星光变成透亮的白，隐匿于熹微的晨光之中，月亮仍旧静在天空的中央。日光斜斜打出萃英山的光影，路过的微风拨起脚下细碎的石子，从萃英山顶俯瞰渐升的炊烟、缓慢移动的人群和从山坡到山顶呈层层弧线的树坑。

山顶的风也是微微的，侧耳细听还能隐约听到石子被轻轻拨撩滚动的声响。一个大爷从山坡的拐角处闯入我们的视野，他的步子又稳又大，到山顶的时候也没有发出像我们一行人那样的沉重的呼吸声。

他就站在我们身侧的土堆上，我们视线一致，他也自然地开口，当得知我们是兰大学生的时候，他的神情未变，口气中却多了几分亲切和骄傲。“我儿子今年也考上大学了，”大爷吸了口烟继续说，“我想让他上兰大，但他想去外面看看。”

我听着他粗犷低沉的嗓音，视线却从萃英山山顶顺着弯曲的石阶，跳过山脚郁郁葱葱的一排松树划向更远处掩在薄雾之下的层层小楼，砌得整齐油红的宿舍楼里流动出星星点点的同学，兰大的操场变成拇指般大小，高高扬起的国旗在昆仑堂前迎着薄雾和渐渐升起的朝阳，萃英山路旁的树影浅浅斜斜地洒满了草香腾升的泥土小路，不紧不慢地一阶阶通上山顶。

“娃娃上学还要钱。”他的外衫上有几抹污渍，边角却早已洗得发白。

“嗒嗒……”几缕浓黑的烟被一路拖上山顶，大爷一同上山植树的同伴来了，二人着装一致，都是草帽配洗褪色了的外衫，阳光下油亮发黄的褶皱堆在眼角，用抽烟的手揩揩额角，挥走绕着飞的恼人小虫子，他们又一同点起了烟，二人用相同的口音在交流着，眼神都不约而同地盯着山坡上待填的树坑。

道别后，我和同行的同学顺着坡路向萃英山下走，七点多的太阳便升到山头，都掩不住一点阴凉，群鸟也伴着飞，掠过乌黑的山，攀上褐色的土丘，我们退着走到山都盖住了突起的树杈那群鸟还在飞着。

远处山丘绵绵，暗黑色的山脉腾起磨砂质感的薄雾，高高的日头一晒就变成了极浅极浅的黄，山色揩得浓淡均匀，半掩娇羞，只待升到顶点的太阳挑起笼纱，那庄严无比的山色就矗立在广袤的沙地上了。

又是一阵频率渐紧的轰鸣声，拉着树苗的卡车滚着浓烟赶上了山坡，上坡坡度不小，车上也都是本地人。光溜的树苗引来了好多鸟，它们也不怕人，就踮在树枝上随着车子上下起伏晃动，再毫无征兆地相约飞离，如同向远处滚动的黑珠，渐隐于银黄的流沙和墨黑色的水波当中。

从萃英山脚远望山坡，行行整齐，间隔一致的树坑勾勒出萃英山的腰线。当地植树的居民肩抗树苗，在山坡上慢慢地移动，日头已升得极高，来时曲折的山路被照得豁亮，低矮整齐的小树冒出的嫩芽也变得金黄。栽树是第一步，当地居民还要不时地松土、浇水，让绿意填满整座萃英山。

萃英山下已是初夏，我却总能想起那黑亮的脸庞，皱纹堆叠下的眼角闪烁着满是春意的光。

陆映同

作者简介

陆映同，2001年生，甘肃兰州人。于2020年8月考入兰州大学，现为兰州大学公共卫生学院卫生事业管理专业2020级本科生。

与兰大相识，与公卫结缘

有人说："理想就是离乡。"但我觉得，在我的故乡兰州，这个坐落在莽莽平沙间并不算很发达的城市里，我的理想也在悄然间生根发芽，因为在这方空气都显得粗犷坚硬的天地中，伫立着一座庄严而厚重的学府，为百十年间在这里度过自己人生中最美丽岁月的学子们留下了他们永生难忘的温柔，她的名字叫兰州大学。

还记得第一次开学报到时的场景。校车驶离天水南路，开过万达广场，从繁华的都市进入了一片苍茫之中，荒芜的黄土映衬着蔚蓝的天空，似乎在这寂寥的天地里不存在任何生命的气息。不知过了多久，我们进入了兰大的榆中校区，抬眼望去，起伏的山峦间正对着我们的部分竟有一片绿林在贫瘠而陡峭的土地上倔强地挺立，迸发出不屈的生机。他们静穆无言，我的耳边却仿佛回荡起声声呐喊，经久不息。

作为一个在榆中长大的兰州人，从儿时起我便听大人们说起在夏官营这个小镇里有一个很好的大学。他们提起这所大学时往往嘴角上扬，眉眼间洋溢着骄傲的神色，虽然当时小小的我并不懂得这所大学对于这片土地的意义，但“兰州大学”这四个字却深深地镌刻在我心灵深处。小时候，我还曾跟着父母在兰大本部的校园里游玩，美其名曰感受高等学府的学术氛围，但对那时的我来说，不过是去逛一个较为美丽而肃穆的公园。高中时，我们参加舞蹈比赛却找不到合适的场地，便再次来到了那个儿时记忆里带着缤纷色彩的“公园”里。最后我们一行人在兰大医学校区的一尊大鼎前停下了脚步，鼎的前方是一位老者的石像，下面刻着“敬赠兰大110周年校庆”的字样。顿时，一种历史的厚重与沧桑穿过陈仙洲的热血、江隆基的白发、李吉均的板书扑面而来，那时的我还在高考的泥沼中艰难地跋涉，并不认为有朝一日自己可以真正地属于这里。所以带着些许敬意，在大鼎对面的亭子里完成了排练后我便离去了。回去的路上，我心头没由来地泛起一丝酸楚，又隐隐约约地升起一股期待。

高中毕业填报志愿时，高考成绩比我预想的高了一些，竟然超过了兰州大学的历年录取分数线的平均数。于是，喜出望外的我怀着对更好的平台与学术氛围的追求和对那个无数次踏足却从未真正融入的校园的无尽向往填报了兰州大学。真正被兰大录取的那一刻，我心中满是抑制不住的喜悦。然而，当我仔细查看我要就读的专业时，原本炽热的心一下凉了半截：我被调剂了。

仿佛是命运和我开了一个一点也不好笑的玩笑，作为一个理科生，我未来的几年却要在一个文科专业里度过。在填报志愿时我曾深入了解过很多专业的培养方向和未来相关行业的发展前景，但“卫生事业管理”这个专业是我听都没听过的。收到录取通知后，我满心忐忑地上网查了一下这个对我来说完全陌生的专业，最终失望地发现这个专业里并没有自己感兴趣的字眼。收到兰大录取通知书时的喜悦一下子无影无踪，我心中充满了前所未有的迷惘，恍如置身于茫茫荒野，不知前路何方。就是带着这样的无助彷徨，我走进了那座校园，看到了萃英山上那抹葱茏。

虽然夏官营校区就在我的家乡附近，我觉得是从那一次起，我才真正地体悟到这座校园中流淌的奔腾热血。车子进入校门，看着两旁古朴大气的教学楼和图书馆，我的心也像路两旁的横幅一样飞扬起来。到达了位于游泳馆前的迎新点，学长学姐们热情地过来帮忙拎行李，不厌其烦地解答我关于学校的问题，缓解了初来乍到的我心中的紧张。在入学之初的军训中，来自马衔山雷达站的同志来作演讲报告时提到了一句话："苦地方，远地方，建功立业好地方。"这句话里蕴含着习总书记对他们多年甘于寂寞、为国奉献的褒奖，我也从其中感受到了先辈们对我们兰大学子的殷殷期望。这句话更让我明白了"血沃中原肥劲草，寒凝大地发春华"的道理，我们所处的环境越是艰苦，越能创造出常人所不及的成就，我就读的学院、专业如此，整个兰州大学亦是如此。

随着时间的推移，我对这个道理的感悟越发的深刻。昔日的同窗常常问我为什么留在这里而不是沿海省份的"211"。在课堂上老师一丝不苟的讲解中，在昆仑堂密集的身影和浓浓的书香中，我想我找到了答案。在实习机会较少、科研任务较轻的本科阶段，学校所处地理位置的优劣对一名学生未来发展并不能产生很大的影响，反而是在这个远离滚滚红尘的喧嚣的"世外桃源"里，可以让我真正地沉浸到浩如烟海的学问中，伴着日升月落、暑往寒来充实自己的灵魂。

随着专业课的学习逐渐深入，我也逐渐明白了我所学的专业背后承载的责任。现如今，国内疫情逐渐平稳，但国际形势依然严峻，国内防疫压力依然很大，而在疾控中心、医院一线为万家灯火奋然前行的医护人员，很多都来自于我所在的学院。他们怀揣着在这里学会的知识与技能，义无反顾地走上了和许多兰大先辈们同样的道路，扛起了时代与人民赋予新一代青年的神圣使命。前人既已沐风栉雨，我辈理当策马扬鞭，在那个天高云淡、桂花飘香的季节里，我与兰大相识，与公卫结缘，凝眸远望处，是萃英山上那抹由兰大先辈坚毅的背影和铿锵的步伐化作的蓬勃绿意。我相信，总有一天，我也会接过那凝聚着无数人血汗的炬火，向远方砥砺前行；我也会化作那抹镶嵌在山峦中的绿色，谱写属于兰大也属于自己的华章。

2021年2月25日

刘佳瑶

作者简介

刘佳瑶，2002 年生，甘肃兰州人。2020 年被兰州大学公共卫生学院公共事业管理（卫生事业管理方向）专业录取。在校获得“军训优秀学员”、公共卫生学院“优秀学生会干事”称号。喜欢跳舞、绘画和学习新的技能。

在朗月清风下寻觅远方

——我和兰大的故事

或许是因为蝴蝶飞向沧海时的一霎回眸，或许是因为飞鸟遇见菩提时的刹那感悟，或许是因为清风掠过山峦时的片刻驻足，我和兰州大学似乎在冥冥之中就结下了不解之缘。

在兰州长大、有着毕业于兰大的父母的我，在真正与兰大相遇之前，只是时常听到关于她的传说，听说她于盘旋路的万家灯火间，夏官营的层峦叠嶂里巍峨伫立，默默无言；听说她偏居神州浩土的西北一隅，缔造的传奇却让所有将目光投向这里的人为之侧目，听说那里的人用生命守护这片土地，黎明前的暗夜里，鲜血化作朵朵红梅；听说那里的人用汗水耕耘这片土地，繁华外的荒芜中，辛苦凝成丝丝绿意。彼时，“兰州大学”这个字眼在我的脑海中仿佛重重霄汉之上的琼楼丹阙，依稀可见熠熠光芒，但又隐于朦胧云雾。后来，在我人生漫漫旅途中，像是有一双无形的手在推动着我迈开步履，奋然前行。我先是考入了她的附属中学，在那里，干净的南风扯起我的衣袖，盈盈青灯下我以梦为马，扬鞭疾驰。再后来，我坐在了一张书桌前，伴着窗棂上明媚的光影，用几张考卷诠释十几年的光阴，在志愿填报系统里庄严而肃穆地填下了“兰州大学”四个字，当我收到录取通知书时，往日里模糊混沌的风景在那个瞬间变得清晰起来，那座学府不再是隐藏在心底的梦想，而是可以真切地触摸到的未来。

然而，我终究是孑然一身，来到了全新的环境里。同学们来自于五湖四海，承载着不同的过往，有着不同的生活习惯；大学生活中数不清的活动、竞赛、社团像错综复杂的蛛网一样交织纠缠，让我不知路在何方。我所在的公共卫生事业管理专业是我之前从未听闻的，我不但不清楚它的知识架构与研究路径，更是不能理解它的意义和价值。而那些曾在春风秋雨中和我一起陶然酣醉、慷慨长歌，芬芳了我往日韶华的朋友们，也在哗然流水中各奔天涯，只能透过一方屏幕询问彼此的音信。他们就读的学校大多位于车水马龙之中，充满了喧嚣热闹，而我却只有泠泠冷月、飒飒清风相伴。那时的我迷茫地环顾四周，怯怯地看着身边沉浸在忙碌和充实中的同学，看着这片对我来说全然陌生的天地，彷徨失措，不知道我的未来将要何去何从，也不禁怀疑自己当初的选择是否正确，怀疑让自己和兰大紧紧相连的命运是幸运还是不幸。

随着时间的推移，我逐渐融入了这里，心中的迷茫与苦楚也渐渐地释怀。没有一个年轻的鸟儿不渴望自由和远方，刚刚学会飞翔，就想要飞过高高的群山，看看彼地的风光，但羽翼未全的它总会忘记身后的土地有着独一无二的温暖和底蕴。滚滚红尘的喧闹固然可喜，但在宁静无垢的天地里打磨自己，更让我感觉到双脚实实在在地踩在厚重的土地上，让我心中生出一种沉甸甸的安稳。我也渐渐发现，这里的同学虽然来自天南地北，但大多都会心怀善意地面对生活，会向每一个初识的人绽放笑颜；这里的课程对我来说虽然是一个全然陌生且纷繁复杂的体系，但老师们都会耐心地解答我的疑惑，开解我的顾虑，引导我一步一步拾阶而上，以期触碰到头顶湛蓝的天空。同时，通过老师们的讲述、宣传网站上的推文，我也清晰地感受到了“公共卫生事业管理”这个专业的价值与魅力。庚子年关，神州泣血，新冠病毒自两江三镇席卷全国，兰州大学的公卫人手持炬火，身着白衣，挺身而出，逆风而行，奔赴抗疫前线，以血肉之躯再筑新的长城，王智永、张浩军、贾崇清、李晓静，这一个个看似寻常的姓名在那一刻好似凝铸着担当与奉献的光辉，永远地镌刻在我灵魂深处，为我照亮前方漫漫征程。

虽然我刚刚踏足这里，刚刚和兰州大学相遇。我甚至没有记下这里每一条路的方向，更别提清晰地看到远方的道路；我甚至没有触摸到校园里的每一个角落里的草木和砖瓦，更别提我和这所百年学府将要发生的故事。可我相信，当下要做的事情是平整土地，而非焦虑光阴，我或许尚不知路在何方，只要坚定远行的决心、提升跋涉的能力，那么在不久的将来，定能得见云看万里，旭日东升。所以，我怀揣着这样的心情，在浩瀚苍穹下雕刻自己的灵魂，在巍峨山峦间充实自己的行囊；于是，我抚摸牡丹园里的葱茏草木，我聆听昆仑堂里的琅琅书声。我殷切地希望可以在这里留下自己的痕迹，也衷心地企盼走出校门时回眸凝望，得见一路星光。